近代中国の国会と憲政

—議会専制の系譜—

金子 肇 著

有志舎

近代中国の国会と憲政——議会専制の系譜——

《目次》

序論　視角としての議会専制　1
1　本書の課題　1
2　中国議会史をめぐる先行研究　6
3　分析・方法上の諸問題　9
4　概観――近代中国の国会と憲政――　13
I　袁世凱政権と議会専制　19
1　問題の所在　19
2　臨時約法と天壇憲草　22
3　新約法体制と明治憲法体制　40
4　小　結　54
II　安福国会と臨時約法――世論に対峙する議会――　65
1　問題の所在　65
2　安福国会と中国銀行則例問題　68
3　政府、安福国会と国民的世論　78
4　小　結　84

Ⅲ　孫文の立憲構想――国民大会と立法院――　92
1　問題の所在　92
2　皇帝に代位する国民大会　95
3　治権機関としての立法院　101
4　小　結　107
Ⅳ　馮少山の訓政批判と立法院　112
1　問題の所在　112
2　訓政統治の特質　113
3　馮少山の立法院参政構想　116
4　国民党の批判と馮少山の追放　122
5　小　結　126
Ⅴ　五五憲草における国民大会と立法院　133
1　問題の所在　133
2　五五憲草の起草過程　136
3　憲草中の国民大会と立法院　140

4 小　結　150

Ⅵ　日中戦争下の五五憲草批判と国民大会議政会　157
1 問題の所在　157
2 憲政期成会の期成憲草　160
3 憲政実施協進会の研討意見　171
4 小　結　178

Ⅶ　中華民国憲法と立法院の国会化　184
1 問題の所在　184
2 憲草修改原則と政協憲草　187
3 制憲国民大会と中華民国憲法　200
4 小　結　213

Ⅷ　国共内戦下の立法院と憲法運用――総統・行政院への規制――　221
1 問題の所在　221
2 憲政実施下の立法院　224

3 行政院に対する規制 228
4 総統権に対する規制 238
5 小　結 242

Ⅸ みせかけの議会専制——人民代表大会制の歴史的位相—— 251

1 問題の所在 251
2 一九五四年憲法と人民代表大会制 254
3 選挙と議会専制の擬制化 262
4 小　結 269

結論 議会専制の系譜 277

参考資料・文献一覧 283
あとがき 293
索　引

日中両国憲政史年表

時代	年	中国	時代	年	日本
			明治	1889	大日本帝国憲法の発布
				1890	帝国議会の開設
				1894	日清戦争
清朝	1895〜	変法運動・改革（立憲君主制が目標）			
	1901〜	光緒新政の開始			
				1904	日露戦争
	1906	清朝，立憲制採用の決定			
	1908	清朝，憲法大綱の公布			
	1911	辛亥革命			
中華民国	1912	清朝滅亡，中華民国の成立	大正	1912	第一次護憲運動
		中華民国臨時約法の制定			
	1913	第1期国会（旧国会）の成立			
		旧国会による憲法草案の起草（天壇憲草）			
	1914	袁世凱，国会を解体．中華民国約法を制定		1914	第一次世界大戦の勃発
	1916	袁世凱の死．旧国会の復活		1916	吉野作造，民本主義を提唱
	1917	旧国会，再度の解体		1918	原敬政党内閣成立
	1918	段祺瑞による第2期国会（新国会）の設立			
	1919	新国会による憲法草案の起草			
	1922	旧国会の再復活（1924年12月に活動停止）			
	1923	中華民国憲法（曹錕憲法）公布		1924	第二次護憲運動，護憲三派内閣成立
	1925	段祺瑞執政政府，憲法草案の起草			
	1928	中国国民党の南京国民政府，全国を統一	昭和		
	1931	国民党，中華民国訓政時期約法を公布		1931	満洲事変
				1932	五・一五事件，政党内閣の崩壊
	1933〜	国民党の制憲事業が始まる			
	1936	国民党，憲法草案（五五憲草）を公布		1936	二・二六事件
	1937	日中全面戦争の勃発		1937	日中全面戦争の勃発
		戦時中，国民参政会で五五憲草の検討作業			
				1939	第二次世界大戦の勃発
				1940	大政翼賛会成立
				1941	太平洋戦争の勃発
	1945	第二次世界大戦・日中戦争の終結		1945	日本の敗戦
	1946	政治協商会議，五五憲草の修正原則を発表		1946	日本国憲法公布
		国民党と共産党の内戦が始まる（国共内戦）			
	1947	国民党の中華民国憲法公布		1947	日本国憲法施行
	1948	国会として立法院が開院			
人民共和国	1949	共産党の内戦勝利，国民党政権は台湾に移転			
		中華人民共和国の成立			
				1951	サンフランシスコ講和会議
					日米安全保障条約締結
	1954	中華人民共和国憲法公布			
		国会として全国人民代表大会が成立			

序論　視角としての議会専制

1　本書の課題

内実はともかく、現在の日本は議会制民主主義の下にある。その日本に住む私たちにとって、「議会専制」とは耳慣れない言葉であろう。民主主義を象徴する「議会」と、その対極にあるはずの「専制」を結びつけることに、違和感を抱く人も多いのではないだろうか。ところが、近代中国とりわけ中華民国の時代（一九一二～一九四九年）を通じて、この言葉は「国会専制」「立法専制」等々の表現をとりながら、歴史の舞台にしばしば登場していた。そして、そこには議会（国会）の権力が強すぎること、権限の行使が放縦に過ぎることへの批判が含意されていたのである。

あるいは、以下のような疑問が出されるかもしれない。中国共産党が一党独裁を続ける中国で、民主主義を象徴する国会の権力が強い時代などあったのだろうか。中華民国の時代は、民主主義とおよそ無縁な軍閥の内戦や革命、日本の侵略戦争等の混乱が続く時代ではなかったのか。また、そもそも国民を代表する議会（国会）の権力の強いことが、どうして批判の対象にならなければならないのか……。

本書は、この「議会専制」という言葉をキーワードとして、近代中国の議会制、ひいては立憲政治の歴史を体系的に読み解こうとする試みである。この「議会専制」という用語には、「議会が制度上において、あるいは実質的な意味において、統治権力の頂点に君臨して政府を過度に従属させる体制」というほどの意味が込められている。本書が具体的にめざすのは、辛亥革命（一九一一年）をはさむ清朝末期・中華民国初年（清末民初）に導入された西欧的議会制から、孫文・中国国民党によって構想された国民大会制をへて、中華人民共和国成立（一九四九年）後に中国共産党が組織した人民代表大会制に至る、「議会専制」の系譜を追跡することである。[*1]

「議会専制」の系譜は、議会権限の過度の強化を民主主義（民意反映）の制度的強化と同一視する立憲的志向の系譜と言い換えることもできる。本書の考察によって、そうした志向が近代中国史の底流にほぼ一貫して流れていたこと、とくに憲法の内容が政治の帰趨を直接左右する局面になると、政治的対立の前面に強く押し出されてくることを明らかにしてみたい。また、一党独裁体制と性格づけられる現在の共産党体制が、実はそうした立憲的志向の行き着いた到達点であったという歴史的な逆説も、本書の考察によって明らかにすることができるだろう。

かつての中国近代史研究では、研究者も議会権力の強化を民主主義の強化として積極的に評価する傾向が強く、そのため議会（立法権）の強化は「民主」的で、政府（行政権）の強化は「専制」的と図式的に捉えることが多かった。しかしながら、政府権力の強化は必ずしも「専制」と同義ではないし、議会権力の強化も決して「民主」と同義ではない。過度の行政権の強化は、確かに立法権を圧倒し吸収する「政府専制」的な統治形態を生み出すが、過度な立法権の強化もまた、議会が政府を圧倒し従属させる「議会専制」的な統治形態を導き出す。その意味で、かつてフランスの著名な政治思想家トクヴィルが、次のように語っていたことは注目されてよい。[*2]

万能の権利がなんらかの勢力に与えられた場合、その勢力が人民と呼ばれようと、王と呼ばれようと、また、民主政であれ、貴族政であれ、さらにそれが王政で行使されようと、共和政で行使されようと、そこに専制の萌芽があると私は宣言し、他の法制のもとに生きる場所を求める。

むろん、ここでいう「なんらかの勢力」から議会を排除しなければならない理由は何もない。議会に「万能の権利」

が与えられた場合、そこに「専制の萌芽」が胚胎するという視点は、本書を一貫して規定するモチーフである。「議会専制」に弊害や問題点が存在したことは、第Ⅰ章以下において近代中国の歴史的文脈に即して明らかになるはずだが、ここでは議会が「民意」を代弁するからといって、その権力の強化が常に肯定的に評価されるわけではないことを改めて強調しておきたい。

それでは、清末民初以降の中国において、なぜ「議会専制」の志向——議会権力の過度の強化を民主主義（民意反映）の制度的強化と同一視する立憲的志向——が持続することになったのだろうか。以下、個別具体的な政治局面において生起する政治戦術レベルの問題はさておき、その志向を根本において支えたであろう立憲思想的レベルの要因について、簡単ながら私見を述べておきたい。

まず、近代中国に限らず、一般的な議会（立法府）の性向として、こうした立憲的志向にはそれなりの根拠がある。それは、やはりトクヴィルがいみじくも指摘したように、「民主政体は自然な傾向として、社会のあらゆる力を立法府に集中しがちである。立法府こそもっとも直接に人民に発する権力であり、その全権をもっともよく体現する権力」であって、「立法部には、あらゆる種類の権限を自らの手中に収めようとする傾向がいつも認められる」からである。また、トクヴィルがそれに続けて、「この権力の集中は政治の正しい運営を著しく損なうとともに、多数の専制を基礎づけるものである」と指摘している点は十分に留意される必要があろう。[*3]

だが、こうした議会（立法府）の一般的な性向以上に重要と思われるのは、近代中国の立憲制受容をめぐる特殊な事情である。清末の改革「光緒新政」によって立憲制が導入されたことを契機に、中国では王朝的な「天命」に基づく統治観念から「民意」に基づく統治観念への移行が生じた。権力に正統性を与える根拠の「天命」から「民意」への移行である。ただし、中国の天命思想は、「天が実は人民であり、天子たる皇帝は、天下に君臨する究極の根拠を神ではなく人民に負う」という論理を内包していた。また、易姓革命の思想を代表する孟子の天命観は、「天意＝民意・人心という『天人合一』の思想」であり、それが皇帝権力に正統性を付与してきたとされる。[*4] つまり、中国の王朝を支えた「天命」に基づく統治観念も、究極には「民意」に根拠を置いていたわけだが、立憲制導入後の「民意」に基づく統治観念の独自性は、「民意」が天災や反乱によってではなく、「議会」を通じて制度的に集約され表出されるという点にあった。

ここに、「議会」によって表出され、権力に正統性を賦与する「民意」の至高性が、伝統的な「天命」観が根拠を置く「民意」の延長上において、当時の中国で強烈に意識される素地があったのではないかと思われる。かかる議会観の下にあっては、政府は至高の「民意」を体現する議会に拝跪せねばならない。事実、そうした思考は民国初年の国会議員の言説（第Ⅰ章）からも、孫文の国民大会構想（第Ⅲ章）からも抽出することが可能である。また、一九二〇年代前半に至るまで、辛亥革命後に制定された「中華民国臨時約法」に根拠を置く国会は、民国の「法統」を体現する制度的なシンボルとして重視された。それゆえ、この時期を通じて国会は繰り返し解体されたが、その都度執拗に復活が試みられた。この事実も、体制に正統性を賦与し国会に集約される至高の「民意」という観念を前提にすれば、よく理解できるのではないだろうか。「議会専制」的志向の背後には、以上のような「天命＝民意」に基づく統治観念から「議会＝民意」に基づく統治観念への横滑り的な移行があったように思われるのである。

ところで、現在の日本で「近代の中国に憲法や議会政治は存在したか？」と問われ、自信を持って回答できる人はどれだけいるだろうか。ここまでの議論から分かるように、近代中国にも憲法や議会政治は存在した。しかし、内戦や対外戦争等の混乱によって、制憲事業は幾度となく停止・中断し、国会が短期的・断続的にしか機能しなかったのも事実であった。ただ、それにもかかわらず強調すべきは、近代中国において議会制や立憲政治の実現を模索する努力が、度重なる挫折を味わいながら執拗に繰り返され、一定の成果を挙げていたという今一つの事実である。

この点は、巻頭に掲げた「日中両国憲政史年表」を一瞥しただけで、ただちに明らかとなるであろう。確かに、中国が正式な国会を持ち憲法の起草が本格化するのは、中華民国成立後のことであり、日本では大正初年にあたる。明治期に大日本帝国憲法を発布し帝国議会を開設した日本に比べ、大きく立ち遅れたことは否めない。だが同時に、一九三二年の五・一五事件以降、日本では政党内閣が崩壊し立憲政治が否定されていくのに対し、中国では日中戦争前から戦中・戦後の困難な時期を通じて、憲法の制定、立憲政治の実現をめざす努力が粘り強く続いていたことも年表から読み取れる。

別の機会に論じたように、戦前の日本人が中国の立憲政治の展開に高い関心を払っていたのは、上に述べた「今一つの事実」をよく踏まえていたからだと思われる。他方、戦後になると内戦や革命の混乱のみが強調されて、近代中国が立憲政治を追求した事実は、日本人の中国認識から次第に見失われていったような気がする。[*5]そして、昨今の日本では中国を嫌悪し疎んずる感情が、意図的なものから漠としたものまで広く拡散し、そうしたなかで多くの人々の中国政治に対する関心や知識は、「共産党一党独裁」の一語で括られるステレオタイプのイメージから踏み出すことができなくなっているのではないか。本書の課題設定は、こうした問題意識を背後に抱えている。

昨年刊行された中村元哉の著書は、近現代中国史を「憲法と憲政を補助線にした共和国の歴史」として捉え直すことを提唱しているが、[*6]全く同感である。日本の中国政治に対する認識に必要なのは、近代中国とくに中華民国が、立憲政治を追求した「共和国」であったという事実を受け止め、その歴史的流れのなかに中華人民共和国の政治を位置づけるという歴史的視点の導入であろう。そうしてこそ、現在の中国政治が抱える問題も、歴史的な重みをもって私たちの前に改めて立ち現われてくるはずである。

2　中国議会史をめぐる先行研究

各章の個別テーマに関わる研究成果については、それぞれの章において紹介・引用することになるので、ここでは「議会史」としての系統的な構成を多少とも意識した成果を中心に、先行研究を振り返っておきたい。

まず注目されるのは、近年の中国における国会史や議会政党に関する研究の盛況ぶりである。二〇〇〇年代の程舒偉、劉景泉、厳泉、張永、薛恒、楊緒盟らの著作を皮切りに、[*7]二〇一〇年代になると厳泉が引き続き研究を公表したほか、王建華、熊秋良、谷麗娟・袁香甫、劉勁松、別琳、王敏、聶鑫などの業績が相次いで刊行された。[*8]また、李貴連主編『民国北京政府制憲史料』（全一六冊、線装書局、二〇〇七年）や李強選編『北洋時期国会会議記録彙編』（全一六冊、国家図書館出版社、二〇一一年）のように、民国前期（一九一二～二七年）における国会の議事録・速記録・報告類、憲法起草関連会議記録を網羅的にまとめた大部の史料集も刊行されるようになった。二一世紀に入ってからの中国における国会史研究の盛況が、いかなる理由に基づくのかにわかに判断できない。ただ、特徴として指摘できるのは、そのほとんどが西欧的議会制下の国会のみを分析対象としている点である。

中国において西欧的議会制が機能したのは、まず辛亥革命後の一九一二年から二四年までのおよそ一三年間であった。その間、国会は、

①臨時参議院（一九一二年一月～一三年四月）
②第一期国会（旧国会、一九一三年四月～一四年一月）
③復活した第一期国会（一九一六年八月～一七年六月）
④第二期国会（新国会、一九一八年八月～二〇年八月）

⑤再復活の第一期国会（一九二二年一〇月〜二四年一一月）と、機能停止による中断をはさみながら目まぐるしく変転した。また、これらとは別に、第二次世界大戦後に制定された「中華民国憲法」の下で、短期間ではあるが立法院が西欧的議会として活動した（一九四八年五月〜四九年六月）。だが、先に紹介した中国の国会史研究が対象とするのは、程舒偉と聶鑫の著作を例外として、[*9] 一九一二年から二四年に至る民国前期の西欧的議会制に過ぎない。

したがって、戦後の立法院ばかりでなく、西欧的議会制を超克すべく孫文が構想し戦後に実際に設立された国民大会や、人民共和国成立後に中国共産党が組織した人民代表大会もまた視野の外に置かれ、当然のことながら分析対象には入ってこない。また、戦後の立法院については、国民党政権下の「立法体制」ないし「中央立法権」の問題として、民国前期の西欧的議会制と切り離して論じられる傾向にある。[*10] 冒頭で述べた課題の設定から明らかなように、本書はこうした中国の研究と異なり、戦後の立法院はもちろん国民大会制と人民代表大会制も含めて、近代中国における議会制の展開を追跡していく。それによって、「議会専制」の立憲的志向が、西欧的議会制・国民大会制・人民代表大会制の展開と競合のプロセスを貫き、あるいはそれらの性格の違いを超えて、中国議会史の底流にあったことを明らかにできると思う。

ただし、民国前期の西欧的議会制に特化した中国の研究のなかに、同時期の議会権力を「議会専制」に類した概念で性格づける研究が現れている点は注目しておきたい。前掲の厳泉の著作『失敗的遺産—中華首届国会制憲 一九一三—一九二三』は、「中華民国臨時約法」（一九一二年、以下、臨時約法）と「天壇憲法草案」（一九一三年）が構想した体制を、「立法（国会）至上」の「畸形的で重大な構造的欠陥が存在する政治制度」であったとして「超議会制」と呼び、それに対し袁世凱が制定した「中華民国約法」下の体制を、「立法権力の過度の削減は、まさに〝超議会制〟に対するこの上ない返答」と見なして「超総統制」と表現している。何れの体制も、立法・行政両権の均衡と相互抑制の原則を欠くところに特徴があった。[*11]

私は、一九九七年に発表した論文において、臨時約法下の体制を初めて「議会専制」と規定した。[*12] 一方、中国でも時期をほぼ同じくして、臨時約法の制度的欠陥を指摘した楊天宏の研究が提出された。[*13] 楊の研究は、立法権と行政権の相互均衡の欠如を指摘するとともに、臨時約法においては大統領制と内閣制の制度的境界が不分明であった点を摘出したところに新しさがあった。厳泉の成果は、そうした研究史の延長上に位置づけられるが、新たに提起された「超議会制」と「超総統制」は、本書の「議会専制」と「大総統親裁」(第Ⅰ章参照)に対応する概念といえるだろう。

一方、日本において先駆的な業績として注目されるべきは、一九五〇年代前半に刊行された石川忠雄の著作である。石川の研究は、清末から人民共和国成立当初に至る憲法史を叙述しながら、国会の変転をめぐる政治動向や国会権限の変化を詳細に明らかにした点で、今日においても依然精彩を放っている。[*14] この後、日本では中国共産党の革命を正当化する「革命史観」の影響もあって、「憲法史」というより「憲政史」「立憲政治史」としての性格が強く、その内容は近代中国議会史の専著は長く登場しなかった。ただし、一九九〇年代に発表された西村成雄や横山宏章の著作、近年における曽田三郎の著書は、やはり「憲政史」「立憲政治史」の枠組みから、近代中国の憲政運動、立憲構想や国会の動向を分析の俎上に乗せた歴史学的研究として、大いに参照されるべき価値を持っている。[*15]

日本において、中国の議会制に対する通時的分析がめざされるようになったのは最近のことであり、その成果は深町英夫編の論文集にまとめられた。[*16] 私も執筆者の一人に名を連ねた同書は、民国前期から現代までを射程に収め、各時代における議会制の諸問題を多面的に明らかにしている。ただ論文集であるため、一貫したモチーフに基づいて中国議会史を描き出すという点では、自ずと限界があるといわねばならないだろう。本書は、こうした研究状況のさらなる深化・発展をめざしている。

3　分析・方法上の諸問題

さて、以上のように本書の課題と研究史上の位置を明らかにした上で、次に説明しておかねばならないのは本書の分析・方法上のフレームワークである。次章以下の具体的歴史分析の理解に資するためにも、ここでその基本的な論点を簡単ながら整理しておこう。

(1)「中国憲政史」の方法

議会を中心に据えた本書の考察は、「憲政史」ないし「立憲政治史」として分類できるであろうが、「中国憲政史」の枠組みと方法をめぐって日本には二つの考え方があるように思う。その一つは、法学的ないしリベラリズム（自由主義）的観点から中国憲政史を理解しようとする立場である。この立場にとって「憲政史」の基本軸は、国権濫用の制約と国民の権利・自由の保障を内容とする立憲主義の受容・展開・定着の歴史となる。[*17] これに対して、もう一つの考え方は、国家史的観点から中国憲政史を構成しようとする立場である。本書が採るのは、基本的にこちらの考え方であるが、その方法的発想は日本近代史研究の諸成果から学んだものである。

坂野潤治『日本憲政史』は、日本憲政史研究の創始者尾佐竹猛の言説を引きながら、「憲政史」の枠組みを①立憲思想の発達史と憲法制定史、②憲法運用史（議会史と政党史）、及び③憲法学説史に区分している。その上で、「憲法運用史」を憲法体制の実際的機能の分析、つまり憲法体制の制度的枠組みが政治の展開に及ぼす影響や拘束性を踏まえた政治史分析と位置づける。[*18] 私は、以上の枠組みの①と②、とくに②「憲法運用史」の分析枠組みを参考にしつつ、「中国憲政史」を、国家意思の決定と運営の機制（統治形態）に収斂する国家諸機関の編成、それを規定する憲法・

憲法附属法及び下位諸法・諸制度、等々の立案・運用・改変をめぐる動態的な政治史として組み立てたいと考えている。この考え方が、本書の基本的な分析枠組みとなるのはいうまでもない。

また、上述の法学的ないしリベラリズム的観点に立つ憲政史は、民主主義（議会）の暴走を制御する手段として、自由・権利に関する「直接保障主義」や司法権の意義を強調する。これに対して、国家史的観点に立つ憲政史が重視するのは、上に述べた枠組みから理解できるように、議会（立法権）と政府（行政権）との動態的な関係である。私も、司法権の重要性を認めることにやぶさかではない。だが、立法権と行政権が日々の具体的な立法作業と政策遂行を通じて、能動的に国家意思の決定と運営に参与するのに対して、司法権はその過程で違法性・脱法性が生じたときに初めて作動する受動的な権力である。[*19] したがって、上述のような枠組みにおいて「中国憲政史」の構築をめざす本書の分析は、議会権力をめぐる国会と政府との関係――後述するように、とくに立法権と行政権の均衡と相互抑制の如何――を中心に構成されることになる。[*20]

ただし、留保すべき点がある。それは、近代中国では実際に憲法が機能し国会が活動した期間が短かったため、先の坂野の区分でいえば「憲法運用史」、すなわち現実政治における憲法の実際的機能、憲法の影響下における議会権限の運用が国政にもたらす影響等々を、系統的に明らかにするには困難がともなうという点である。その困難さは、史料の不足によっても増幅される。第Ⅱ章と第Ⅷ章はそうした制約の下での「憲法運用史」的分析の試みであるが、本書ではやはり憲法（草案）が規定する制度上の国家編成、国会と政府の権限関係など、「憲法制定史」に関わる考察が中心とならざるを得なかった。この点は、国家史的な中国憲政史を構築する上で課題となるであろう。

(2) 議会制を支える二つの要素

第二の分析・方法上の論点は、中国議会制の歴史的展開を、議会制を支える「自由主義的要素」と「民主主義的要素」のせめぎあいとして描き出すことである。法学研究者の待鳥聡史によれば、「代議制民主主義」は自由主義的要素と民主主義的要素の組み合わせによって成り立ち、「議会」はこの二つの要素の結節点であるとされる。ここでいう民主主義的要素とは、「社会を構成する有権者の意思が政策決定に反映されること」を重視するもので、その主要な実現の手段が選挙となる。一方、議会の自由主義的要素は、「政治に関与しようとするエリート間の競争や相互抑制により、人々の自由を最大限保つこと」を目的とし、制度的には権力分立によって確保される。[*21]

議会制を支える自由主義要素と民主主義要素という視点は、これまでの中国近代史研究と全く無縁だったわけではない。例えば、戦前において宮澤俊義と田中二郎が孫文の五権憲法理論を分析した際、二人は孫文の思想を、民意の政治への反映を重視する「民主主義的要請」と、権力の分立と抑制を重んじる「自由主義的要請」が結合した「十九世紀的立憲主義」の思想系統に属すると見ていた。[*22] ただし、この観点を中国議会史の通時的分析に導入するのは、恐らく本書が初めてのはずである。

本書では、議会制の民主主義的要素の強化が、中国近代議会史の文脈のなかで「民意」（国民ないし人民）の至高性を過度に強調する主張として現れ、それが過剰な議会権力の強化を民主主義（民意反映）の制度的強化と同一視する立憲的志向、つまり「議会専制」の志向に結びついていくと考えている。一方、権力の分立を重視する自由主義的要素は、そうした「議会専制」の志向と対立し、政府執行権力との均衡・抑制関係の下に議会権力を構想する主張へと集約されていくであろう。

待鳥の議論で興味をそそるのは、議会が上に述べた二つの要素の結節点でありながら、歴史上において「両者の整合性が常に確保されているとはいいがたい」と指摘している点である。[*23] 民主主義的要素と自由主義的要素の不整合ないし不調和が議会制の歴史に散見されるのなら、両者のせめぎあいとして中国議会制の展開を再構成していくことも意味があるといえよう。本書の基本的立場は、議会の民主主義的要素を過度に強化しようとする「議会専制」の志向が支配的で、国会と政府の間に権力均衡と相互抑制の自由主義的関係がなかなか実現できなかったところに、近代中国における議会制と立憲政治の特徴を見出そうとするものである。[*24]

(3) 三権分立の視点

第三の論点は、近代中国に継起した(あるいは構想された)国家機関の制度的編成、すなわち統治形態を、あくまで三権分立の視点から分析することである。憲法(草案)が統治形態分析の最良の素材であることはいうまでもないが、その分析の核心は、国家意思の形成・決定・遂行に関わる国家諸機関の制度的編成を、三権的分化の態様、とりわけ立法権と行政権の関係如何を軸に統一的に取り上げることにある。先に、国家史的な「中国憲政史」は議会(立法権)と政府(行政権)との動態的な関係を重視すると述べたが、それはこの点とも関わっている。

三権分立の視点を強調することは、中国の「議会専制」の系譜を論ずる際にとりわけ重要だと思われる。なぜなら、本書がその系譜に位置づける孫文・国民党の国民大会構想や共産党の人民代表大会構想は、しばしば西欧的議会制を超克し三権分立制に優越すると主張されてきたからである。その意味で、近代中国に継起した統治形態のなかでも、とくに孫文・国民党と共産党の構想については、改めて三権分立の視点から検証することが求められる。また、近年の中国では、「西欧」的な価値や制度は中国の「国情」に適さないとする議論が幅を利かすようになっている。当然そこでは、三権分立を否定する人民代表大会制も「国情」に適した制度となるわけである。この点は、研究者の間でも議論のあるところだろうが、少なくとも「三権分立」については、権力的分化の合理性において、理論的にも歴史的にも「西欧」的な価値を超え、「普遍」的な意義を有するようになっていると考えたい。そうした見地に立ってこそ、人民代表大会制に行き着く「議会専制」の系譜も批判的に検討できるはずである。

4　概観――近代中国の国会と憲政――

最後に、本書が対象とする近代中国の議会制と立憲政治の全般的流れを、ごく大雑把に概観しておこう。巻頭の年表も併せ参照されたい。なお、各章の冒頭でも、分析する個別テーマに関わる歴史的経緯や時代背景などの予備的知識について詳説するが、ここでは、その前提となる通時的な歴史イメージを獲得し、各章の分析が通時的な流れの何処に位置しているのかを確認しておくことが目的である。

なお、以下の概観では、清朝末期を便宜的に「光緒新政」が始まる一九〇一年から辛亥革命が起きる一九一一年までとし、中華民国前期を北京に首都が置かれた時期の一九一二年から一九二八年まで、そして中華民国後期を国民党政権が全国を統治した一九二八年から一九四九年までとする。それ以降が中華人民共和国時期となる。

(1)　清朝末期～中華民国前半期

清朝が一九〇一年から実施した光緒新政は、伝統的な専制王朝の体制を立憲君主制に改めることに最大の眼目があった。一九〇六年に立憲制の採用を決定した清朝は、イギリス・ドイツ・日本等に視察団を派遣し、また立憲君主制への移行に向けた九ヶ年計画も策定した。だが、その計画も、一九一一年の辛亥革命によって清朝が滅亡したため頓挫せざるを得なかった。

辛亥革命によって誕生した中華民国は、暫定基本法の臨時約法の下で、大総統となった袁世凱と暫定議会の参議院で多数を占める中国同盟会・国民党との対立が深刻であった。両者の対立は、一九一三年に正式の国会が成立した後も解消しなかったが、袁世凱は国民党の解散を命じて国会の機能を停止させ、一九一四年に臨時約法を廃止して新たに中華民国約法（新約法）を制定した。ところが、袁世凱が帝制の復活に失敗して死去すると、一九一六年に国会が臨時約法とともに復活する。第Ⅰ章「袁世凱政権と議会専制」が考察するのは、暫定議会の参議院と正式国会が推し進めた「議会専制」の内実と袁世凱政権の対抗、そして「議会専制」の反動として登場する袁世凱の新約法体制の性格とその立憲的志向についてである。

さて、一九一七年になると国会は政府と対立して再び解体され、この後、国務総理（首相）として実権を握った段祺瑞が翌一八年に別の新たな国会を成立させた。通常、それまでの国会を「旧国会」、新たに組織された国会を「新国会」と呼ぶ。第Ⅱ章「安福国会と臨時約法——世論に対峙する議会——」は、臨時約法に保障された「議会専制」的権力の下で新国会を牛耳った最大会派安福倶楽部と国民的世論、政府との関係を分析する。ところが、この新国会も一九二〇年に段祺瑞の安徽派政権が瓦解するとともに消滅し、一九二二年には旧国会が再度の復活を果たした。だが、この旧国会も大総統の買収選挙に加担して権威を失墜し、一九二五年には臨時約法とともに失効を宣告されてしまう。

こうして中華民国の国会は一旦消滅したが、この間に国会によって担われた憲法制定事業も変転極まりなかった。旧国会と新国会はともに憲法草案を作成したものの、何れも公布に至らなかった。これらの憲法草案の内容については、第Ⅰ章と第Ⅱ章において言及される。一九二二年に再度復活した旧国会は改めて憲法草案を起草し、翌年に正式な憲法として公布された。だが、その実効性はほとんどなく、次いで一九二四年に政権に復帰した段祺瑞の執政政府が翌二五年に改めて憲法草案を起草したが、それも国民党と共産党が合作した国民革命によって葬り去られる運命にあった。

⑵ 中華民国後半〜中華人民共和国成立初期

孫文は、国民大会を中心とした「憲政」（立憲共和政治）の実現を構想したが、「憲政」を担い得る国民を訓育するため、その前段階に「訓政」という国民党独裁の政治を想定した。一九二七年四月に成立した国民党の南京国民政府（蔣介石政権）は、孫文の構想の実現をめざし、一九三一年には訓政期の暫定憲法である「中華民国訓政時期約法」を制定した。さらに、満洲事変（一九三一年）後になると正式な憲法の起草に着手し、一九三六年には孫文の主張に依拠した憲法草案（「五五憲草」）を公布したが、翌三七年の日中戦争勃発によって正式憲法の制定は戦後に持ち越されることになった。この時期については、第Ⅲ章「孫文の立憲構想――国民大会と立法院――」で、西欧的議会制の混乱と消滅に並行して構想された孫文の立憲構想の内実、第Ⅳ章「馮少山の訓政批判と立法院」と第Ⅴ章「五五憲草における国民大会と立法院」では、孫文の立憲構想に対する財界からの修正要求と、国民党による孫の構想に準拠した憲法草案の制定過程が分析される。

さて、戦後に政治的な発言力を強めたのは、日中戦争の最中、五五憲草の修正を求め活発に憲政運動を展開した共産党と民主党派であった。第Ⅵ章「日中戦争下の五五憲草批判と国民大会議政会」は、戦時中に自由主義的知識人が主張した憲法構想、なかんずく議会構想とその国民党に対する影響について分析する。国民党は、戦後の一九四六年から共産党・民主党派とともに五五憲草の修正作業に取りかかったが、憲法の内容をめぐって対立が深まり、国民党に反発した共産党と民主党派の中国民主同盟が修正作業から離脱していった。国民党はそれに対し、国共内戦中の一九四七年元旦に中華民国憲法を公布し、同年一二月の憲法施行後、立法院が一院制の国会として機能し始めた。第Ⅶ章「中華民国憲法と立法院の国会化」、第Ⅷ章「国共内戦下の立法院と憲法運用――総統・行政院への規制――」は、同憲法の制定過程と西欧的議会となった立法院の活動（憲法運用の実態）に焦点をあてる。

ところが中華民国憲法は、国民党が共産党との内戦に敗北したため、中華民国もろとも台湾に移転することを余儀なくされた。一九四九年に成立した共産党の中華人民共和国は、一九五四年に「中華人民共和国憲法」を制定し、新たに全国人民代表大会が国会として成立した。中華民国憲法下の立法院が西欧的議会制の系譜を引いていたのに対し、全国人民代表大会は、司法・行政両権を従属させる「議行合一」の国会である点で、ソ連のソビエト制度の系譜に属していた。最終章の第Ⅸ章「みせかけの議会専制――人民代表大会制の歴史的位相――」は、この人民代表大会制が民国初年以来の「議会専制」的志向の極北とも言える性格を持ちながら、共産党の専制を保障するものであったことを解き明かす。

註

＊1　通常、中国の「近代」は一八四〇年のアヘン戦争から中華民国が崩壊する一九四九年までとされ、中華人民共和国成立以降は「現代」に区分される。したがって、人民代表大会制は、厳密にいえば近代中国の議会制に含めるべきではない。ただし、本書では、人民代表大会制が民国初年以来の「議会専制」的志向を継承している点を重視して、「中国近代議会史」の考察対象に含めて立論する。

＊2　小山勉『トクヴィル―民主主義の三つの学校』（ちくま学芸文庫、二〇〇六年）四五～四六頁。なお、このトクヴィルの言葉は、彼の著作『アメリカのデモクラシー』のものだが、松本礼二訳の岩波文庫版（二〇〇五年）では、引用文中の「専制の萌芽」が「暴政の芽」と訳されている（第一巻下、一四九頁）。ここでは、本書の趣旨により適合する小山上掲書の訳文を採用した。

＊3　トクヴィル『アメリカのデモクラシー』第一巻上（松本礼二訳、岩波文庫版、二〇〇五年）二四九頁。

＊4　村田雄二郎「中国皇帝と天皇」（山内昌之・増田一夫・村田雄二郎編『帝国とは何か』岩波書店、一九九七年、所収、一二〇～一二一頁）。

＊5　拙稿「中国の憲法制定事業と日本」（水羽信男編『アジアから考える―日本人が「アジアの世紀」を生きるために』有志舎、二〇一七年、所収）。

＊6　中村元哉『対立と共存の日中関係史―共和国としての中国』（講談社、二〇一七年）二九頁。

＊7　程舒偉『議会政治与近代中国』（商務印書館、二〇〇六年）、劉景泉『北京民国政府議会政治研究』（天津教育出版社、二〇〇六年）、

厳泉『失敗的遺産―中華首届国会制憲 一九一三―一九二三』(広西師範大学出版社、二〇〇七年)、張永『民国初年的進歩党与議会政党政治』(北京大学出版社、二〇〇八年)、薛恒『民国議会制度研究(一九一一―一九二四)』(中国社会科学出版社、二〇〇八年)、楊緒盟『移植与異化―民国初年中国政党政治研究(修訂版)』(人民出版社、二〇〇九年)など。なお、政党史研究については、すでに一九八〇年代に張玉法の先駆的研究『民国初年的政党』(中央研究院近代史研究所専刊四九、一九八五年)がある。

＊8 王建華『夭折的合法反対―民初政党政治研究(一九一二―一九一三)』(江蘇人民出版社、二〇一〇年)、熊秋良『移植与嬗変―民国北京政府時期国会選挙制度研究』(江蘇人民出版社、二〇一〇年)、谷麗娟・袁香甫『中華民国国会史』(全三巻、中華書局、二〇一二年)、厳泉『民国製造―国会政治制度的運作 一九一二―一九二四』(江蘇文芸出版社、二〇一二年)、同『民国初年的国会政治(新星出版社、二〇一四年)、劉勁松『民初議会政治研究(一九一一―一九一三年)』(中国社会科学出版社、二〇一四年)、別琳『進歩党与民初政治(一九一二―一九一四)』(四川大学出版社、二〇一五年)、王敏『民国国会簡史』(中国民主法制出版社、二〇一五年)、聶鑫『中国近代国会制度的変遷―以国会権限為中心』(上海人民出版社、二〇一五年)など。

＊9 とくに、前掲の聶鑫『中国近代国会制度的変遷―以国会権限為中心』は、民国前期の西欧的議会制だけでなく、孫文の国民大会や立法院の制度的変遷も「国会制度」の枠組みのなかで論じている点で注目される。

＊10 卞琳『南京国民政府訓政前期立法体制研究(一九二八―一九三七)』(法律出版社、二〇一二年)、荊月新『一九四七年憲法体制下的中央立法権研究』(法律出版社、二〇一二年)。

＊11 前掲、厳泉『失敗的遺産―中華首届国会制憲 一九一三―一九二三』九五～一〇四頁。

＊12 拙稿「袁世凱政権における国家統一の模索と諮詢機関の役割」(『東洋学報』第七九巻二号、一九九七年)。後に拙著『近代中国の中央と地方―民国前期の国家統合と行財政』(汲古書院、二〇〇八年)に加筆修正の上収録。

＊13 楊天宏「論《臨時約法》対民国政体的設計規劃」(『近代史研究』一九九八年第一期)。

＊14 石川忠雄『中国憲法史』(慶應通信、一九五二年)。なお、同様の性格を持つ著作として、台湾の荊知仁『中国立憲史』(聯経出版事業公司、一九八四年)も有益である。

＊15 西村成雄『中国ナショナリズムと民主主義』(研文出版、一九九一年)、横山宏章『中華民国史―専制と民主の相剋』(三一書房、一九九六年)、曽田三郎『立憲国家中国への始動―明治憲政と近代中国』(思文閣出版、二〇〇九年)、同『中華民国の誕生と大正初期の日本人』(思文閣出版、二〇一三年)。

＊16 深町英夫編『中国議会一〇〇年史―誰が誰を代表してきたのか』(東京大学出版会、二〇一五年)。

＊17　この「憲政史」観を明快に打ち出しているのは、石塚迅・中村元哉・山本真『憲政と近現代中国―国家、社会、個人』（現代人文社、二〇一〇年）である。同書は、「憲政」の含意を、①単なる憲法に基づく政治（広義）、②国家権力の濫用を制約し国民の権利・自由を保障する「立憲主義的意味の憲法に基づく政治」（狭義）、③国権濫用の制約と国民の権利・自由の保障を実質化した（例えば違憲審査制を備えたような）立憲主義（最狭義）の三つに区別・整理し、その上で「緩やかな共通理解」として②の狭義の「憲政」観に可能な限り立つとしている。この含意に対し、私がすぐ後の本文中に示す本書の憲政史の枠組み、すなわち尾佐竹猛・坂野潤治に学んだ枠組みを初めて対置したのは、同書に対する書評においてであった（『現代中国』第八五号、二〇一一年）。なお、法学研究者の石塚の議論が③の立場に収斂するのに対して、中国近代史研究者の中村は基本的に②の「憲政」理解に立ちながら①の立場も許容しつつ議論を展開しようとしている（同「現代中国の憲政論と世界認識」『現代中国』第八五号、二〇一一年）。そうした中村の姿勢は、前掲『対立と共存の日中関係史―共和国としての中国』が、「憲政」の含意を狭義の立憲主義だけでなく国制の在り方にまで拡大しているように、次第に強まっている。

＊18　坂野潤治『日本憲政史』（東京大学出版会、二〇〇八年）一〜三頁。

＊19　滝村隆一『国家論大綱』第一巻上（勁草書房、二〇〇三年）五九五頁。

＊20　拙稿「権力の均衡と角逐―民国前期における体制の模索」（深町英夫編『中国政治体制一〇〇年』中央大学出版部、二〇〇九年、所収、三三〜三四頁）。

＊21　待鳥聡史『代議制民主主義―「民意」と「政治家」を問い直す』（中公新書二三四七、二〇一五年）一一五〜一一六頁、一一九頁。

＊22　前掲、拙稿「中国の憲法制定事業と日本」。

＊23　前掲、待鳥『代議制民主主義―「民意」と「政治家」を問い直す』一一六頁。

＊24　今は亡き人権活動家の劉暁波が二〇〇八年に発表した「〇八憲章」でも、三権分立と権力の均衡・牽制は基本的主張の一つに据えられている（李暁蓉・張祖樺主編『零八憲章』開放出版社、二〇〇九年、一〇〜二五頁所載の同憲章を参照）。だが、そこでは「行政権力の過度の拡張を防止する」ことに触れていても、立法権の過度の拡張を防止することへの言及はない。これは、もちろん「〇八憲章」が中国の専制主義の歴史と共産党独裁の現実を見据えていたからであろう。しかし、同時にこれは、近代中国における「議会専制」の弊害や問題点が、現代中国において（恐らく日本においても）十分に認識されていないことと関係しているように思える。

Ⅰ　袁世凱政権と議会専制

1　問題の所在

政治的混乱が続いた近代中国においても、序論で記したように、いくつもの憲法や憲法草案が起草・公布された。しかし、それらの憲法（草案）のなかで現実政治の展開に一定の影響を与え、しかも憲法（草案）をめぐる政治的対立の度合が深刻だったものとして、まず民国初年の「中華民国臨時約法」と「中華民国憲法草案」をめぐる参議院・国会と袁世凱政権との抗争を上げなければならない。辛亥革命から民国初年に至る時期は、後述するように、近代中国において議会権力の強化が意識的に追求されるようになった歴史的起点として、近代中国憲政史上に特筆されるべき位置を占めている。しかし、同時にそれは強化される議会権力に対抗して政府執行権力の強化がめざされ、両者が激しく対立・競合するようになる歴史的な起点でもあった。

本章の課題は、以上の点を念頭に置きながら、参議院・国会と袁世凱政権の対立を、「立法権の強化」と「行政権の強化」という二つの立憲的志向の対抗として描き出すことにある。ここでいう「立法権の強化」は、議会の足下に政府を拝跪させる「議会専制」の志向性を意味し、これに対して「行政権の強化」とは、「議会専制」の束縛から脱して政府執行権力を自立・強化させようとする志向性を指す。

かつて、参議院・国会と袁世凱政権の対立は、「民主共和」と「専制」の対抗として図式化されることが多かった。しかし、序論で紹介したように、日中両国の学界において「中華民国臨時約法」（一九一二年三月一一日公布。以下、臨時約法）が生み出した共和制の欠陥が明らかとなっている今日、参議院・国会の志向を単純に「民主共和」と位置づけることは許されなくなっている。また、「専制」とされる袁世凱政権の志向についても同様で、参議院・国会の志向と絡ませながら、その内実をより立ち入って検討することが求められる。辛亥革命は確かに中国に共和制をもたらした。だが、今日なすべきは、その事実を再確認して満足するだけでなく、さらに一歩進んで、革命がいかなる共和制を中国にもたらし、その共和制の下に成立した議会の質が、民国初年の立憲政治の展開にどのような影響を与えたのか、という点を冷徹に見極めることでなければならない。

そこで、以下では、まず本章の対象となる暫定議会の参議院と臨時約法、正式国会と「中華民国憲法草案」についての予備知識を整理し、本格的な議論に入っていくための導入としておこう。

参議院は、辛亥革命によって一九一二年一月一日に樹立された南京臨時政府の下、その暫定議会として一月二八日に南京で成立した（以下、正式国会成立後の二院制に基づく参議院と区別するため臨時参議院と呼ぶ）。南京では四月八日まで活動したが、袁世凱が孫文から臨時大総統職を引き継いだのを受け、同月二九日より臨時政府とともに北京へ移転し、正式国会が成立する一九一三年四月八日まで活動を続けた。この間、南京にいた一九一二年三月には、臨時約法の草案審議と制定に関わっている。

臨時参議院の議員は、一九一一年一二月に各省都督府代表聯合会が制定した「中華民国臨時政府組織大綱」（一二年一月二日修正）によると、各省から三名ずつ派遣されることになっていたが、派遣の方法は各省都督府の裁量に委ねられており、必ずしも選挙で選ばれてはいなかった。しかし、臨時約法第一八条が参議員の選出・派遣（各省及び内外蒙古より五名、青海より一名）を規定したため、[*1] 各地で新たに参議員選挙が実施され、北京移転後の臨時参議院は文字どおり全国の「民意」を代表する暫定議会となっていった。[*2] この臨時参議院の党派構成については、後に改めて紹介することにしよう。

一方、臨時参議院が制定した臨時約法は、一九一二年二月七日から審議が始まり、景耀月・馬君武・王有蘭・呂志伊・張一鵬らが起草した大統領制を採用する草案を基本としながら、そこに南京臨時政府法制局長の宋教仁が起草した「中華民国臨時政府組織法草案」の内閣制の主張を部分的に取り入れる形で作成された。大統領制と内閣制の規定が混在する臨時約法の折衷的性格は、後述する政局の混迷と非効率を招く要因の一つになったとされる。また、臨時約法は議会の権力が強いフランス第三共和制を参考にしたとされるが、[*3] 宋教仁が上の組織法草案を起草した際には、日本人法学者の寺尾亨と副島義一が参与し、やはり議会権限の強化を主張したという。[*4]

臨時約法は、その施行から一〇ヶ月以内に正式国会を召集するよう規定していた（第五三条）。その正式国会は、一九一二年末から開始された選挙戦の結果を受けて、翌一三年四月八日に参議院と衆議院からなる二院制の議会として成立した。この第一期国会は、既述のとおり、一九一八年に新たに選挙・召集された第二期国会を「新国会」と呼ぶのに対して「旧国会」と称される。参議院議員の大部分は各省議会によって選挙され（定員二七四名）、衆議院議員は国民の選挙によって選挙区ごとに選出された（定員五九六名）。なお、衆議院の選挙権は満二一歳以上の男子に与えられたが、直接税年納二元以上、五〇〇元以上の不動産所有や小学校以上の教育歴といった制限があった。また、被選挙権は二五歳以上の男子に与えられた。[*5] 参議院と衆議院の選挙方法の違いは、本来ならばアメリカのような連邦国家の形式であり、それに従うと参議院は「上院」として各省を代表し、衆議院は「下院」として国民を直接に代表するはずであった。中華民国は連邦制を標榜して成立した国家ではなかったが、この国会の構成は、各省政府のルーズな連合体として出発せざるを得なかった民国の政治的実態を端的に示すものだったといえよう。[*6] なお、衆参両院の党派状況についても、後に改めて触れることにしたい。

この二院制の国会には、臨時約法によって憲法の制定権が与えられていた（第五四条）。そのため、一九一三年六月に衆参両院は合同して憲法起草委員会を組織し、八月から起草作業を開始した。作業は、まず孫鐘・張耀曾・汪栄宝・黄雲鵬の起草になる憲法大綱を審議・確定し、次いで上記の四名に李慶芳が加わって憲法全文の起草が進められた。その後、一〇月一四日から条文の逐条審議に入り、憲法草案が完成したのは同月三一日のことであった。これが「中華民国憲法草案」であり、北京の天壇祈年殿で起草されたため「天壇憲法草案」とも称された（以下、同憲法草案は天壇憲草と呼ぶ）。しかし、この天壇憲草は、後述するように袁世凱による国会の機能停止と解体によって、正式な憲法とならないまま葬り去られる運命にあった。[*7]

2 臨時約法と天壇憲草

(1) 議会専制への助走

さて、清朝最後の近代化改革であった光緒新政は、日本の明治維新をモデルとしながら幅広い近代的改革プランを提起した。そのなかでも立憲君主制の実現に向けた改革の推進は、すでに指摘しておいたように、国政に反映されるべき「民意」の制度化という新たな課題を中国政治に持ち込むことになった。そして、立憲改革の過程において、「民意」を制度的に表出・集約し、政権の正統性を担保する存在としてクローズアップされるようになったのが「議会」であった。一九一〇年一〇月の中央における資政院の召集、その前年一九〇九年一〇月の各省における諮議局の開設、そして「城鎮郷地方自治章程」（一九〇九年一月）、「府庁州県地方自治章程」（一九一〇年二月）の公布と地方各級議事会の組織は、そうした議会の存在意義が中国において認知されていく端緒となった。

しかし、「民意」を表出し集約する議会にいかなる権力を与えるのかという点は、国家統治と国民統合のあり方にも関わる非常に重大な問題であった。一九〇八年に清朝が頒布した「憲法大綱」と同大綱に付された「議院法要領」では、皇帝は立法・行政・司法の三権を総攬し、「議院」（国会）は皇帝に建議する権限を有するだけで、法律その他の議決案件も皇帝の勅裁がなければ施行することができなかった。また、「議院」は軍事・外交等の「君上大権」に干与できず、また大臣を弾劾することができたものの政府の人事任免には干渉できなかった。さらに、国家予算の編成は「議院」が協賛して行うことになっていたが、皇帝には緊急財政処分が認められていた。[*8]

一方、正式な国会の開設まで「上下議院の基礎を立てる」ことを目的に開設された資政院は、皇帝の最終的裁可を前提として、国家予算・決算、税法・公債、法律及びその修改について議決することが主な職責とされた。行政府との関係では、資政院の議決案に不服の場合、軍機大臣・各部行政大臣は再議を請求することができたものの、資政院が案件を再議決した場合は皇帝の裁決を受けることになっていた。また、資政院は政府の施政内容につき質詢する権限をもち、軍機大臣と各部行政大臣が同院の権限を侵犯したと判断されたなら、議員三分の二以上の同意をもって皇帝に裁定を仰ぐことができた。しかし、逆に資政院の議決内容が朝廷を軽んじ国家の治安を妨害したと判断された場合、資政院は解散を命じられることになっていた。[*9]

以上の紹介から、基本的に清朝は「君上大権」を擁護するため議会の権限を抑制しようとしていたことが窺える。ところが、辛亥革命勃発後の不穏な情勢に迫られて公表された「君主立憲重大信条」（「憲法十九信条」、一九一一年一一月）になると、清朝は議会権力について譲歩せざるを得なくなり、「君上大権」は大幅に削減され逆に国会の権限が強化されていく。すなわち、将来の正式な「国会」は、総理大臣を公選するとともに弾劾することができ、そのとき総理大臣は国会を解散するか内閣を総辞職しなければならなかった。このほか、官制・官規は法律によって（つまり国会の議決により）定め、条約の締結や皇室経費の制定・増減にも国会の議決が必要とされ、皇帝は国会が議決する案件をただ公布するだけの存在となっていた。[*10]

辛亥革命によって南京臨時政府が樹立され中華民国が誕生した。しかしながら、孫文ら革命側は陣営内部の不統一と革命資金の欠乏によって、宣統帝の退位と臨時大総統職の委譲を交換条件として、北洋軍事・官僚閥を率いる袁世凱との提携を余儀なくされた。そして、臨時大総統となる袁の権力を無力化するため、臨時約法は暫定議会として共和国の「民意」を代表する臨時参議院に、「議会専制」と称するに足るほどの強い権限を与えた。後にも触れるように、それは明らかに行政権と立法権とのあるべき均衡を逸脱していたため、誕生したての中華民国に、議会が有すべき権力、なかんずく政府との権力関係をめぐる激しい対立と抗争を招くことになった。臨時参議院の強い権限は、「民意」を表出し集約する議会にいかなる権力を与えるのか、という清末以来の課題に対して、辛亥革命が導き出した重大な帰結にほかならなかった。

だが、臨時約法が議会に強い権限を与えた背景として、袁世凱の権力を掣肘するという戦術的な意図だけではなく、革命側の「共和制」に対する理解そのものにも注意を向けておく必要がある。臨時約法の制定に先立ち、各省都督府代表聯合会が制定した「中華民国臨時政府組織大綱」は、孫文が臨時大総統であった時期のものだが、それにもかかわらず臨時大総統による官制・官規の制定、閣僚・外交専使の任免等について臨時参議院に同意権を認めていた。[*11] また、臨時約法の起草過程において、南京臨時政府法制局長の宋教仁が作成した「中華民国臨時政府組織法草案」は、臨時参議院に臨時大総統が閣僚を任命する際の同意権、閣僚に対する弾劾権を与えていたが、臨時大総統・内閣には臨時参議院の解散権を認めていなかった。[*12] さらに、辛亥革命によって清朝から独立した各省が制定した「省約法」においても、省議会の権限は行政・軍政を束ねる都督や司法機関に対して強大であり、権力の分立と均衡の原則から逸脱した「〝立法至上〟の制度機構の雛型」がすでに現れていたという。[*13]

臨時約法に連なっていく以上の制度設計を踏まえるならば、革命側は袁世凱の権力を掣肘するためだけに議会権力の強化を打ち出したのではないことが分かる。当時の政治状況のなかで、袁世凱の動きを制御することに極めて切実な意味があったことは確かである。しかし、そうした「対人立法」的な意図とは別に、あるいはそうした意図を深部で規定するものとして、「民意」を表出・集約する議会権力の強化こそ共和制と民主主義の強化に繋がると見なす思考が、革命勢力に働いていたことを見逃すべきではない。「議会専制」の立憲的志向は、辛亥革命を弾機として歴史の前面に躍り出たのだった。

(2) 臨時約法の制度設計

臨時約法によれば、中華民国は臨時参議院、臨時大総統・国務員（内閣となる国務院を構成する国務総理と各部総長、すなわち閣僚）、法院が共同で「統治権」を行使することになっていた（第四条）。だが、臨時大総統は「政務を総攬し法律を公布する」と規定されていたが（第三〇条）、官制・官規の制定、国務員及び外交大使・公使の任命、宣戦・講和及び条約の締結等については、必ず臨時参議院に議決ないし同意を求めなければならなかった（第三三条・第三四条・第三五条・第四〇条）。このうち、とくに国務員任命に対する同意権は、臨時大総統の「統治権」の行使を厳しく制約するものだった。

また、臨時参議院は「一切の法律」と「臨時政府の予算・決算」を議決するとともに、「自ら集会、開会、閉会する」ことができた（第二〇条・第二一条）。臨時約法は、臨時参議院が「国会成立の日に解散し、その職権は国会が行使する」と定めるのみで、その会期については全く規定していなかったから、臨時参議院は活動期間を自らの自由意思に基づいて決定する国会常設制を採用していたといえなくもない。これに対して、後の天壇憲草における国会は、やはり「自ら集会、開会、閉会する」と規定されたものの、別に常会の開会期日と会期が条文中に記され会期制の採用が明示されている。臨時参議院の場合、同約法施行から正式な国会召集に至る一〇ヶ月の間に新国家の運営に関わる基本的な制度・法律を審議・可決していく必要があったため、会期を定めることは敢えて避けられたと考えるべきかもしれない。だが、むしろそれだけに、臨時参議院は政府の活動を絶えず監視・掣肘することが可能となり、「議会専制」的な議会権限の恒常的な行使を保障することにもなったと見るべきだろう。

これに対して臨時大総統（以下、大総統と略）は、臨時参議院の議決に不服な場合は再議を求めることができたが、臨時参議院は出席議員の三分の二以上の多数をもって再議案件の公布・執行を大総統に強制することができた（第二三条）。ただし、出席議員三分の二以上という条件は、議会における一般的な政党・会派の勢力配置を考えると厳しいものがあり、その限りで大総統による再議権（停止的拒否権）の行使は政府が臨時参議院を牽制する武器となり得るものであった（事実、再議権の行使は、第Ⅱ章で扱う新国会と政府の間に緊張関係を生み出す）。

だが、臨時約法で何よりも問題であったのは、臨時参議院に大総統・国務員に対する弾劾権が認められながら（第一九条）[*14]、大総統には臨時参議院の解散権が与えられていないことだった。立法権と行政権との間には、明らかに相互の均衡と牽制を保障する要件が欠けていたのである。このため、「政務を総攬」するはずの大総統は「政務」を指揮・主導する主体となることができず、他方において臨時参議院は、大総統の解散権による掣肘を受けることなく、国務員に対する同意権と弾劾権を武器として国務院の死命を制し、文字どおりの「議会専制」を実現できるはずであった。

それでは、臨時参議院は大総統に代わって、「政務」を指揮・主導することができたのだろうか。次に、この点を考えてみよう。そもそも、議会が政府を下僕のように従属させ統治権の頂点に君臨することは、議会内各政党の政治理念や政策が基本的に一致し、安定した協調関係を保っているような特異な条件の下でなければ無理である。あるいは逆に、政府を実質的に掌握した政党が他の弱小政党を圧倒し、一党の絶対多数状態ないし一党独占状態の議会を恒常的に維持できたのなら、その議会を統治権の頂点に据えて強大な権限を与えたとしても何ら問題は生じない。なぜなら、そうした条件下で「議会専制」は擬制と化し、そこで形成される「議会の意思」はもはや形式的な意味しか持たなくなるからである。この点は、第Ⅵ章以下で見るように、孫文の国民大会構想や共産党の人民代表大会制において問題となってくるのだが、民国初年の臨時参議院内の状況は上に述べたような条件を満たしていなかった。

南京臨時政府期の臨時参議院において、中国同盟会（以下、同盟会）は圧倒的勢力を誇り、一九一二年四月の時点で議員四八名のうち三九名（約八一％）を占めていた。[*15] ところが、臨時参議院が南京から北京に移り議員数が増加すると、政党の勢力配置は同盟会が三十余名、共和党が約四〇名、統一共和党が二十余名、共和建設討論会と無所属が一二名へと変化し、突出した勢力を持つ政党は存在しなくなる。さらに、同盟会と統一共和党等が合同して国民党が成立した後も、六十余名の議員を擁する同党に対して、共和党は共和建設討論会が改組した民主党と連合して五十余名の議員をもって対抗した。つまり、北京移転後の臨時参議院は、当初は同盟会・共和党・統一共和党の対立が熾烈であり、その後も国民党と共和党との対立・抗争が依然として激しかったのである。[*16]

こうして見ると、同盟会議員の比重が落ちて諸政党が激しく切り結ぶようになった臨時参議院は、各党の合従連衡を通じた連合・妥協によってしか、「議会の意思」を形成し確定することができなくなっていたといえよう。つまり、袁世凱政権と対峙するようになった臨時参議院は、統治権の頂点に君臨して「政務」を指揮・主導するための統一的政治理念や首尾一貫した政策基調を打ち出す組織的条件をほとんど欠いていたのである。かたや臨時約法に掣肘されて政務を総攬できない大総統、かたや強力な権限で大総統を掣肘しても自ら「政務」を主導できない臨時参議院、この両者の対立が国政の深刻な停滞を招くことになるのは当然であった。

一九一二年の相次ぐ内閣の交代劇と組閣の難航は、臨時約法に基づく統治機構（とりわけ立法府と行政府）を束ねる統合主体の欠如と、そこから必然的にもたらされる政務の停滞とを端的に証明するものにほかならなかった。ここでは、この点を大総統の国務員任命に際して臨時参議院が行使する同意権に即しながら確認してみよう。なお、臨時参議院の同意権については、すでに先行研究において、臨時約法に「内閣」という組織体に関して独自の規定がないため、各国務員の大総統に対する責任は単独責任制と解すべきこと、それに対応して大総統の国務員任命に対する臨時参議院の同意は、国務員個々について行使されるものであったことが指摘されている[17]。さて臨時参議院は、唐紹儀内閣（一九一二年三月一三日～六月二九日）、陸徴祥内閣（同年六月二九日～九月二五日）、趙秉鈞内閣（同年九月三〇日～一九一三年七月一九日）について同意権を行使しているが、同意権によって組閣がもっとも難航したのは陸徴祥内閣であった。

図表1を参照されたい。陸徴祥は、一九一二年六月二九日に開かれた臨時参議院第二八次会議において国務総理として同意を受け、唐内閣から留任した陸軍（段祺瑞）・海軍（劉冠雄）・内務（趙秉鈞）・外交（陸徴祥兼任）を除く各部総長は、七月一九日の第四五次会議で同意投票が行われることになった。六月二九日の会議で陸徴祥は七四票という大量の賛成票を獲得したが、それは「超然内閣」を支持する共和党だけでなく、「政党内閣」を主張する同盟会も消極的ながら陸の就任を容認したためであった。ところが、七月一九日の会議で臨時参議院は、袁世凱が指名した司法・教育・財政・交通・工商・農林部各総長の候補六名をことごとく否認したのである。この背景として、①袁世凱が入閣を拒否していた同盟会に所属する孫毓筠・沈秉堃・王人文の三名を閣僚に指名したため、同会が強く反発してこの三名に不同意票を投ずる決定を行ったこと、②統一共和党が袁世凱から閣僚指名について事前の打診がなかったため不満を持っていたこと、③七月一八日の陸徴祥の臨時参議院における演説が議員に不評であったこと、などが指摘されている[18]。

しかし、陸徴祥内閣の組閣を阻止する臨時参議院の動きは世論の反発を買い、各省の都督は臨時参議院を強く叱責した。また、上海の有力紙『申報』も、「議院専制」という言葉を使って、臨時参議院の動きは民国を「常に無政府の悪境に陥らせる」ものであると厳しく批判した[19]。こうしたなかで、さすがに臨時参議院も方針を変更せざるを得ず、袁世凱が七月二六日の第五〇次会議に改めて提出した上記六総長指名案のうち、司法（許世英）・教育（范源廉）・財

図表1　陸徵祥内閣の閣僚同意案

	6月29日	賛成票	反対票	7月19日	賛成票	反対票	7月26日	賛成票	反対票	8月2日	賛成票	反対票
国務総理	陸徵祥	74	10									
陸軍総長	段祺瑞	留任										
海軍総長	劉冠雄	留任										
内務総長	趙秉鈞	留任										
外交総長	陸徵祥	留任（兼任）										
司法総長				章宗祥	38	60	許世英	71	21			
教育総長				孫毓筠	11	87	范源廉	74	21			
財政総長				周自斉	35	63	周学熙	54	36			
交通総長				胡惟徳	36	62	朱啓鈐	47	44			
工商総長				沈秉堃	37	61	蔣作賓	44	47	劉揆一	45	36
農林総長				王人文	41	57	陳振先	57	34			

典拠：李強選編『北洋時期国会会議記録彙編』（国家図書館出版社，2011年）第1冊467頁（参議院第28次会議速記録），第2冊180頁（同第45次会議速記録），273～274頁（同第50次会議速記録），364頁（第55次会議速記録）より作成．

政（周学熙）・交通（朱啓鈐）・農林（陳振先）の五部総長については同意が得られた。ただし、工商総長に指名された蔣作賓のみ、またも同意を得ることができず、結局、新たな同総長（劉揆一）案に臨時参議院が同意したのは八月二日の第五五次会議においてであった。組閣の完了までに、実に一ヶ月以上もの時日を費やしたわけである。こうした組閣の難航がもたらす政務の停滞は深刻であり、袁世凱の胸中に不満が鬱積したであろうことは想像に難くない。この同意権に関する事例が示すように、臨時約法が設計した統治体制は、効率的な国政の運営と安定した国家意思の決定を制度的に保障することができなかったのである。

辛亥革命の結果、清朝から独立した各省政府のルーズな連合体として出発した中華民国にとって、臨時約法に起因する以上のような制度上の問題点は看過できない危険性をはらんでいた。なぜなら、統治機関の組織的不安定と統合主体の欠如がもたらす政局の混迷と非効率は、ただちに全国的政治秩序（中央・地方関係）の不安定へと連動しかねず、各省政府の離反・割拠を招く可能性さえ内包していたからである。したがって、臨時約法が設計した「共和制」の内実は、国家の存立に関わる根本的な問題を抱えていた。既述のように、臨時約法が臨時参議院に強力な権限を与えた理由の一端は、大総統袁世凱の権力を可能な限り弱めることにあった。だが、議会権力の過度な強化は、以上に指摘したところからも明らかなように、袁個人の権力を押さえつけるばかりか統治機関の組織的な不安定さを不断に招来し、さらには中華民国の国家としての有機的一体性そのものまで損ねてしまう要因を内在させていたのである。

以上のように考えるなら、袁世凱が議会政治に対して示した嫌悪感は、彼が対峙した臨時約法下の臨時参議院について見るならば、至極正当な根拠を持っていたというべきであろう。結局、臨時約法をめぐる袁世凱と国民党（同盟会）との対立は、一九一三年七月の「第二革命」の鎮圧により軍事的には決着を見た。しかし、その後に正式国会が起草した天壇憲草もまた、国家意思を安定的に決定し運営できるような立法・行政両権の関係を打ち出したわけではなく、依然として強力な議会の下で袁世凱政権の国家運営を制御していこうとする志向が濃厚であった。

(3) 天壇憲草の制度設計

先に整理しておいたように、国会の「上院」に当たる参議院が各省の省議会から議員が選ばれたのに対し、「下院」となる衆議院は制限選挙とはいえ選挙民の選挙によって議員が選ばれた。かつての研究では、衆参両院ともに、同盟会を中心に結成された国民党が選挙戦に圧勝し多数の議席を占めたとされてきた。ところが、近年の中国における政党史・議会史研究によれば、両院議長選挙等から窺うことのできる党派の形勢は、国民党の張継と王正廷が正副議長に選ばれた参議院では明らかに同党が優勢であったものの、衆議院では袁世凱の与党的存在である共和党・民主党・統一党の勢力が国民党と拮抗し、正副議長も共和党の湯化龍と民主党の陳国祥がそれぞれ選ばれた。さらに、一九一三年五月末には共和・民主・統一三党が合同して進歩党を結成したのに対し、国民党からは国事維持会・癸丑同志会など十余りの小党派が分離したため、衆議院における進歩・国民両党の拮抗状態はさらに強まったという。

正式憲法が制定されるまで臨時約法の効力は持続するため、こうした党派構成がもたらす熾烈な政党間の対立は、

「議会専制」的権限を駆使して政府を従属させるべき国会の合意形成と意思決定能力を不安定にした。加えて、二院制となった国会は議員数が激増し、しかも衆参両院の間で合意形成が必要となったため、「議会の意思」を確定することは以前にも増して難しくなっていた。[*20] 正式国会もまた、臨時参議院と同様、統治権の頂点に立ち政務を指揮・主導する組織的条件を欠いていたのである。

ところが、それにもかかわらず、衆参両院議員からなる憲法起草委員会が起草した正式憲法の草案＝天壇憲草（一九一三年一〇月、同委員会通過）は、依然として「議会専制」的な志向を臨時約法から引き継ごうとしていた。これは、「第二革命」が袁世凱によって鎮圧された後、袁世凱の与党的存在であった進歩党が袁の国会に対する圧力に危機感を抱き、むしろ国民党と協調しながら憲法を制定する方向に傾斜し始めていたことと無関係ではなかったように思われる。[*21] 以下、まずは天壇憲草が規定する大総統・国務院と国会の権限、及び両者の関係について主要な点を整理しておこう。[*22]

天壇憲草によれば、[*23] 大総統は任期が五年で国会議員が組織する「大総統選挙会」によって選出され、「国務員の賛襄」の下に「中華民国の行政権」を行使する（第五五・第五七・第五八条）。大総統に「賛襄」（補佐・協力）する国務員（閣僚）は、衆議院に対して責任を負い、大総統が発する命令やその他国務関係文書が効力を持つためには国務員の副署が必要であった（第八一条）。大総統は、①法律の公布（第六三条）、②法律の執行を目的とし、また法律の委任に基づく命令の発布（第六四条）、③文武官吏の任免（第六六条）等の権限を有し、さらに④陸海軍大元帥として陸海軍を統率するとともに（第六七条）、⑤法律と同等の効力を持つ「教令」の発布（第六五条）、⑥戒厳令の宣告（第七一条）、⑦戦争・内乱時の財政緊急処分（第一〇四条）[*24] 等の緊急権が認められていた。

ただし、陸海軍の編制は「法律により定める」とされ、陸海軍大元帥として軍を統帥する大総統の編制権は事実上国会が分掌することになっていた。また、「教令」の発布は「公共の治安を維持し、あるいは非常の災害を防ぎ、緊急を要して国会を召集できないとき」という条件の下に、「国会委員会」（後述）の同意と国務員との連帯責任によって行使するとされ、次期国会に追認を得る必要もあった。さらに、財政緊急処分の発動も国会委員会の同意を必要とし、戒厳令の宣告については国会委員会が不要と認めた時には直ちに戒厳を解かなければならなかった。大総統は軍の編制と緊急権の行使について、何れも国会（国会委員会）の掣肘下に置かれていたのである。

一方、参議院と衆議院からなる国会は、「自ら集会、開会及び閉会する」が（臨時会は大総統が召集）、常会を毎年三月一日に開会すると定めていたから、臨時約法下の臨時参議院と異なり明らかに会期制を採用していた（第三一・第三三条）。参議院議員（任期六年、二年ごとに三分の一を改選）は、「最高級地方議会及びその他の選挙団体」によって選出され、衆議院議員（任期四年）は選挙区ごとに選挙民が選出することになっていた（第二二・第二三条）。また、開会・閉会・停会は両院が同時に行い、「国会の議定」は両院の一致に依らなければならなかったが（第三五・第三九条）、政府が提出する歳出入予算案については衆議院に先議権が認められていた（第九八条）。

次に、政府を掣肘する国会の権限について整理してみよう。まず、衆議院には大総統・副総統と国務院に対する弾劾権が与えられた。大総統・副総統に謀反行為があったと認められたとき、衆議院は議員総数三分の二以上の出席、出席議員三分の二以上の同意によって弾劾案を可決することができた。また、国務員に違反行為が認められたときは、出席議員三分の二以上が同意すれば弾劾案が成立した。以上の弾劾案の成立要件は、臨時約法が大総統については議員総数五分の四以上の出席、出席議員四分の三以上の賛成、国務員については議員総数四分の三以上の出席、出席議員三分の二以上の賛成を条件としたのに比べて、かなりハードルが低くなっている。しかも、弾劾された大総統・副総統と国務員の有罪・違法を審判するのは参議院であり、出席議員三分の二以上の同意によって判決が確定することになっていた（第四一・第四二・第四四条）。

一方、天壇憲草は、臨時約法のように個々の国務員の任命に対する同意権は認めなかった。だが、国務総理の任命については衆議院に同意権を与え、加えて同院には国務員に対する不信任案決議権を新たに認めた。不信任案は、通常の議案と同じ出席議員過半数の同意で可決できるため、国務員に対する同意権に替わって国会が政府の活動を規制する強力な武器となり得るものだった（第四三・第八〇条）。

それでは、以上の政府を掣肘する国会権限に対して、天壇憲草は政府にいかなる対抗的権限を認めていたのだろうか。同憲草で政府が国会に対抗する権限と見なせるのは、大総統に与えられた①衆参両院に対する審議停止権（第七四条）、②衆参両院の議決した法律案に対する停止的拒否（再議）権（第九二条）、そして③衆議院に対する解散権（第七五・第八二条）である。①の審議停止権の行使は同一会期二度まで、停止期間一〇日以内という制限があり、②の再議権については出席議員三分の二以上が既可決案をなお支持すれば、大総統はその法律案を公布しなければならなかった。注目すべきは、臨時約法と異なり、③の衆議院解散権が大総統に与えられたことである。ただし、同権の行使にも制約が付され、衆議院を解散するには参議院で出席議員三分の二以上の同意が必要であり、同一会期内に解散できるのは一回限りであった。新たに認められた解散権を行使するためには、高い制度上のハードルを乗り越えなければならなかったのである。これに対し、上述のように衆議院には国務総理の任命に対する同意権、国務員に対する不信任決議権、大総統・副総統、国務員に対する弾劾権が与えられていたから、臨時約法以来の「議会専制」的な国会の地位はむしろ強化されていたといえよう。

その上、天壇憲草は、国会の常設機関として「国会委員会」の設置を規定し、国会の閉会期間中においてさえ政府の政治運営を監視・統制しようとした。[*25] 臨時約法にもなかった国会委員会は、衆参両院から選出された各二〇名、計四〇名の議員により組織され（第五一条）、国会閉会中に①国会臨時会召集の請求権（第三四条）、②大総統の緊急権（「教令」の発布と財政緊急処分）に対する同意権、④戒厳令の解除権、⑤大総統による国務総理代行任命に対する同意権（第八〇条）、⑥請願の受理と政府に対する建議・質問権（第五三条）などの職権を行使するとされた。これらの職権行使に関わる同委員会の議事は、委員総数三分の二以上の出席、出席委員三分の二以上の同意により決定されるが、国会開会後に活動経過を報告しなければならなかった（第五二・第五四条）。

このほか国会の強大な権力を示すものとして付け加えておくべきは、天壇憲草が国会に独占的な憲法修正権と解釈権を与えていたことである。憲法修正の発議は、衆参両院において出席議員三分の二以上の同意によってのみ成立し、その発議に基づいて憲法を修正できるのも国会議員が組織する「憲法会議」だけであった（第一〇九・第一一〇条）。しかも、憲法会議には憲法内容を解釈する権限まで与えられていた（第一一二条）。臨時約法は、臨時大総統に約法の増修（増訂・修正）を提議する権限を認めていたが、天壇憲草は大総統を憲法修正のプロセスから完全に排除していたのである。また、憲法解釈権を国会にのみ認めたことは、立法権が司法権を侵害し両権の分立を損なうものであった。[*26]

以上の分析から明らかなように、天壇憲草は臨時約法にも増して議会権力の強化を打ち出し、立法権と行政権との権力的な不均衡は是正されるどころか、より一層深刻さを増していたといえるだろう。天壇憲草が、臨時約法以上に国会の政府に対する掣肘力を強めようとしたことは、袁世凱と国会の対立が深まるなかで、国会議員の立憲的志向が議会権力の強化、すなわち「議会専制」の方向に収斂していく当時の状況を如実に物語っていたように思われる。そこで、以下では当時の国会の憲草起草審議のなかから、民国初年における「議会専制」的志向の具体的様相を探ってみよう。

(4) 旧国会における議会専制の志向

一九一二年八月に公布された「国会組織法」の規定によれば、国会による憲法案の起草は両院から同数の委員を出して行なうことになっていた。衆参両院は、一九一三年六月末にそれぞれ三〇名の委員を選出し、共同で憲法起草委員会を組織した。両院総計六〇名の起草委員の内訳は、国民党二七名、進歩党一九名、進歩党から分裂した共和党七名、そのほか国民党より離脱した政友会などが七名という構成であった。このうち、政友会と共和党は国民党と結んだため、当初より国民党が進歩党に対して優勢であり、その後、辞職等による委員の補充によってさらに同党の勢力は三二名にまで達したという。ところが、「第二革命」の鎮圧と国民党籍起草委員の逮捕等によって同党の勢力は減退し、また袁世凱の圧力に対抗するため、国民党・進歩党をはじめとする各党の委員は、既述のように協調しながら起草作業を進めていかざるを得なくなっていった。[*27] こうしたなかで、一〇月三一日に起草を完了したのが全一一章一一三条からなる天壇憲草だった。

憲法起草委員会の会議録を通観して意外に感じるのは、袁世凱の圧力が強まっていたにもかかわらず、国会の権力を強化して政府を従属させようとする「議会専制」的志向が、各委員の主張を圧倒的に支配していたわけではなく、立法権と行政権の分立・均衡を重視する意見も党派を超えて散見されたことである。例えば、王印川（衆院・進歩党）は、国務総理任命に対する衆議院の同意権について、行政・立法両部はともに「人民の代表」であるのに万事を議会に帰すると「立法専制」となって「行政専制」の弊害と等しくなる、したがって両権の均衡を図るため衆議院に国務総理任命の同意権を与える必要はないと主張していた。また、王用賓（参院・政友会）も、「立憲政治の精神は行政・立法両部の権力の均衡にある」と述べ、両権の均衡を重視する見地に立っていた。彼は、行政・立法・司法三権の絶対的な独立が「立憲の真の精神」であるという理解に立ち、解散権を有するだけの政府に対して国会は不信任決議権があれば十分で、同意権を与えない方が「立憲の精神に符合する」と論じた。これらの意見は、序論で述べた議会の自由主義的要素を重視する立場から発せられたものといえるだろう。[*28]

また、国民党のなかには、臨時約法が規定した国務員任命に対する同意権を批判しつつ議論を展開する委員も存在した。孫鐘（衆院）は、一九一二年の組閣人事が臨時参議院の国務員同意権によって難航した事実に鑑みて、同意権を取消し「行政上の種々の障害を除去」する必要があると述べ、そのため国務総理と国務員の任命ともども国会の同意は不要であると主張した。他方において易宗夔（同上）は、臨時約法の国務員に対する同意権には「甚だ理由がない」と非難して、国務総理に対してのみ衆議院に同意権を与えるべきだと主張した。国民党からも、臨時約法が国政の停滞を招いたことへの反省と、それを踏まえた冷静な意見が提出されていたのである。[*29]

これらの意見とは裏腹に、大総統が指名した国務総理に同意を与えるより、衆議院が自ら推挙する方がよいという孫潤宇（衆院・国民党）のような主張もあった。彼の考えによれば、「責任内閣」制は「議院政治の精神」であり、「議院政治」の見地に立つなら、大総統に国務総理を指名させず、それよりも衆議院が推挙・選出する方が相応しいのであった。[*30]結局、表決の選択肢として残った案は、国務総理に対する①大総統の自由任命（同意権不要）、②衆議院の推挙、③衆議院の同意の三案であり、国務員全体に対する同意権という主張は選択肢にも残らなかった。ただし、上記三案の賛成者は各々八名、一〇名、四三名で、衆議院に同意権を与える案が、委員総数の過半数以上の賛成という条件を満たして可決された。つまり、議会の自由主義的要素を強調する王印川、王用賓や孫鐘の①のような意見は最終的に支持されなかったのである。[*31]

一方、大総統の衆議院解散権についても、参議院の同意などの条件付きで認めようとする黄雲鵬（衆院・共和党）、段世垣（参院・国民党）、朱兆莘（参院・公民党）、張耀曾（衆院・国民党）、汪彭年（衆院・進歩党）等、制約なしに認めようとする陳銘鑑（参院・進歩党）、王印川（衆院・進歩党）、張国溶（同上）、伍朝枢（衆院・国民党）等の意見があったが、何れの主張も、その根底に議会の自由主義的要素を重視する発想があったように思われる。それは、彼らが政府に解散権を与える根拠として述べた次のような主張——権力の均衡を保ち「内閣と議会ともに絶対無限の権力を与えて専制に陥らせない」（黄雲鵬）、「完全な解散権」を与えると政府が専制に傾くのは免れがたいが、議会が絶対に専制化しないとはいえない、「解散権の意義は議会の権力を抑制することにのみあって危険性は全くない」

（王印川）、民国成立以来の内閣の短命は国家の前途の障害となっている、この危険を回避するため大総統に解散権を与えるべきで、それにより衆議院も政府打倒の権限を濫用できなくなる（伍朝枢）等々——から見て取ることができるだろう。[*32]

以上の主張に対して、解散権を不要とする議論は、劉恩格（衆院・国民党）、孫潤宇（同上）、谷鍾秀（同上）、易宗夔（同上）、呉宗慈（衆院・共和党）など、国民党籍の委員を中心として提出された。国民党のなかには張耀曾のように、解散権は議会が真に民意を代表しているか国民が判断する手段であり、議会の解散は「責任内閣」に対する救済方法であるとともに、議会権限の不当な行使を是正する手段でもあると主張する委員が存在した。[*33] しかし、解散権不要論に立つ劉恩格は、解散権が立法・行政両権の衝突に対する国民の「最終公平の解決」策であり、「下院専制」を防止する手段であるという主張に真っ向から反対した。彼にとって、議会に対して直接責任を負い国民に対して間接的に責任を負う内閣が衆議院を解散できるということは、代議制度に対する根本的な侵害なのであった。同様の主張は谷鍾秀の口からも発せられた。彼は、共和国の主権は国民にあるから、国民の代表である国会が政府を信任しないとき、衆議院に責任を負う国務員は当然辞職しなければならないと主張した。[*34] 彼らの論理に立てば、解散権は国民の代表たる国会の尊厳を冒すものにほかならなかったのである。

劉恩格や谷鍾秀の見解は、「国民」の代表である議会が表出する「民意」に至高の意義を見出そうとする点で、序論で述べた議会の民主主義的要素を重視する立場に立っていた。ただし劉恩格が、解散権を国民の「最終公平の解決」策と見なすことに反対したのは、当時の国民に「政治の観念」が欠如していると考えたからであった。彼は、国民に政治的な観念がない「今日の民俗国情」の下で、解散権の行使によって衆議院が解散された場合、国民が選挙を通じて「最終公平の解決」ができるかどうか極めて懐疑的だったのである。[*35] 議会が表出する「民意」の至高性に対する確信と、「民意」の源泉たる国民の政治的能力への不信。議会の民主主義的要素を重視して解散権に反対した国民党の主張は、こうした奇妙な背理を内にはらんでいた。

解散権に関する表決では、まず解散権を不要とする案が賛成一五名で否決され、次いで参議院出席議員過半数の同意を条件とする案、参議院の同意を必要としない案（ただし、同一事由につき一回のみ行使）も、それぞれ二二名と一八名が賛成したのみで否決された。結局、委員総数の過半数の一致という条件を満たしたのは、参議院出席議員三分の二以上の同意を条件に大総統の衆議院解散権を認める案で、三三名の委員がこれに賛同した。[*36] 解散権不要論が起草委員会で支持を得ることができなかった事実は、議会の自由主義的要素を重視し立法・行政両権の権力均衡に配慮する意見が存在したことと相まって、憲法起草委員会では「議会専制」的志向が抑制されていたような印象を与える。しかしながら、事態は必ずしもそうではなかった。

解散権について見れば、確かに権力均衡を求める意見も主張されていたが、国会による制約なしに解散権を行使する案は一蹴されている。しかも、参議院出席議員過半数の同意という比較的緩やかな条件は退けられ、最終的に三分の二の同意という極めてハードルの高い条件が大総統の解散権行使に課せられた。既述のように、国務総理の同意権についても、結局、同意権不要論は支持されず衆議院に同意権が与えられた。こうした傾向は、衆議院に認められた国務員の不信任決議権に関しても同様であった。王敬芳（衆院・進歩党）が不信任案の決議条件を出席議員の四分の三以上、陳銘鑑（参院・進歩党）が同じく三分の二以上の賛成にするよう主張し、国民党の伍朝枢も内閣の安定性を保持する見地から二人の提案を支持したが、結局は出席議員過半数以上の賛成というハードルの低い条件が三一名の賛同を得て決定されている。[*37] すでに触れたように、国務員に対する不信任決議権は、臨時約法が認めていた国務員同意権に替わる重大な意義を持っていたのである。

なるほど、憲法起草委員会の議論は、「議会専制」的な志向一色に塗りつぶされていたわけではなく、立法・行政両権の均衡と抑制に配慮する意見も一定の影響力を持っていた。国会の政府に対する掣肘を極端に強めようとする志向——例えば、国務員全体の任命に対して同意権を求める主張、あるいは大総統の衆議院解散権を不要とする意見など——が支持されなかった事実は、それを裏づけるものであろう。しかし、全体的に見るならば、立法・行政両権の均衡と牽制に関わる解散権や不信任決議権の成立条件が国会に極めて有利に設定されたように、政府の活動を国会の意思に従属させせようとする「議会専制」的な志向は根底において貫徹されていた。憲法起草委員会の委員は、権力の均衡を重視する自由主義的な議会観よりも、民主主義的要素を過度に強調し、政府を「民意」の至高性の下に拝跪させようとする議会観に強く囚われていたのである。

その点は、国会委員会に関する審議からより明瞭に見てとることができる。既述のように国会委員会は、国会閉会期間中の政府活動を監視・統制する点で、「議会専制」的権限の不断の行使をめざすものだった。しかし、国会委員会の設置は、実は憲法起草委員会で当初審議された憲法大綱の段階では構想に入っていなかった。それは、同大綱決定後に始まった憲法条文起草作業の過程で、起草員の李慶芳（衆院・進歩党）がチリとフランスの事例を踏まえて初めて提案し、他の起草員の賛同を得て国会の職権に加えたものだった。[*38] それにもかかわらず、起草委員会は提案説明があった同日の会議で直ちに国会委員会の設置を決定し、後日の会議では委員の両院配分人数の討議に多くの時間を費やしたのみで、委員会の権限については十分に審議せず原案どおり承認したのである。[*39]

憲法起草委員会の国会委員会に関する審議は、一九一三年の一〇月半ばから始まっている。同月三一日には憲法草案全体の審議が慌ただしく終了しているから、袁世凱との対立が深まるなかで、憲法の公布を急ぐあまり審議する時間的な余裕がなかったというべきかもしれない。だが、国会委員会の設置構想には、本来ならば議員八〇〇名以上が行使する国会の権限を、衆参両院が選出したわずか四〇名の委員に委ねてしまうという危険性など、慎重な審議を必要とする問題点が存在していた。[*40] それにもかかわらず、憲法起草委員会の委員は、政府を従属させる議会権力の強化に急で、国会常設機関を設置することの妥当性には何ら疑いを抱いていないかのようであった。

3　新約法体制と明治憲法体制

(1)　袁世凱政府の天壇憲草批判

臨時約法が国会に与えた憲法制定権は、憲法草案起草作業への参与・介入を求める袁世凱の厳しい挑戦にさらされた。一九一三年一月には、雲南都督蔡鍔や江蘇都督程徳全の主張に基づいて袁世凱が「編擬憲法草案委員会大綱案」を臨時参議院に提出し、国会・国務院と各省がそれぞれ選定・派遣する「研究憲法委員」によって憲法草案の起草を進めるよう要請した。この提案の目的は、起草工作の主導権を政府側が握ろうとするところにあったが、国民党と共和党・民主党が対立する臨時参議院は、同案の審議への上程を僅差で何とか否決した。だが、政府はこれに拘泥することなく「研究憲法委員会」を三月中旬に成立させ、八月下旬には二四条からなる「憲法綱領」を公表した。[*41]

さらに、憲法制定に先行して国会が組織した大総統選挙会で正式大総統に選出された袁世凱は、一〇月一〇日に就任するや、一六日には国会に対して臨時約法の増修を求め、[*42]さらに同月二一日になると、国会が組織した憲法起草委員会に政府委員施愚・顧鼇ら八名を列席させ政府側の批判意見を陳述させるよう要請した。しかし、後者の要請が起草委員会によって拒否されたため、袁世凱は二五日に副総統黎元洪と各省の都督・民政長（軍政長官・行政長官）に対して憲法草案を非難する電文を発して同調を求め、[*43]これに呼応した各省都督・民政長は相次いで憲法草案に反対を表明した。こうした緊迫した状況のなかで、既述のように憲法起草委員会は一〇月三一日に起草作業を完了したが、袁世凱は一一月に国民党議員の資格を停止し、新たに召集した諮詢機関「政治会議」の決定に基づいて一九一四年一月一〇日に国会の解体を断行する。[*44]

急展開する以上の事態が意味するところは、臨時約法に根拠を置く体制を根底から否定することにほかならなかった。そして、臨時約法に替わる新たな政治体制の根拠となったのが「中華民国約法」（一九一四年五月一日公布）であった。この新たな暫定憲法は、「臨時約法」に対して「新約法」と呼ばれ、やはり政治会議の決定に基づいて組織された「造法機関」の「約法会議」（一九一四年三月召集）[*45]によって制定された。ここでは、この新約法下の統治形態を分析する前提として、まず袁世凱政権の臨時約法・天壇憲草に対する具体的な批判点を整理しておこう。それを踏まえることで、新たな統治機構の配置と権力編成が持つ意味もより明瞭となってくるだろう。

一九一三年一〇月一六日に衆議院に提出された臨時約法増修提案は、正式大総統に就任した袁世凱が国会と対峙するため、正式憲法の成立まで効力を持つ同約法の軛から脱しようとするものだった（ただし、この提案自体は臨時約法第五五条が大総統に与えた約法増修提議権に根拠があった）。袁世凱の臨時約法に対する批判の矛先は、官制・官規の制定に議会の議決を要し、国務員等の任命や宣戦・講和、条約の締結に議会の同意が必要であることに向けられていた。袁によれば、それらは行政・外交のあるべき機動性を損ない、「閣員の進退を一党勢力が握る」ことによって「国家を不断に無政府の地位に陥れる」ものであった。このため、同提案では臨時約法の関連条文から議会の議決・同意に関する規定を削除し、さらに国会閉会時における緊急命令権、緊急時における緊急財政処分権を条文に追加することが要求されていた。[*46]

一方、袁世凱の天壇憲草に対する具体的な批判点は、既述の各省都督・民政長に発した電文に凝縮されている。そこでの主要な批判は、衆議院の国務総理任命に対する同意権と国務員に対する不信任決議に向けられ、とりわけ出席議員の過半数で可決される不信任決議権によって、「行政権はみな衆議員少数人の手に握られ、全くの国会専制になってしまう」と厳しく指弾していた。さらに、国会閉会中に政府を掣肘する国会委員会の権限を「政府の有すべき特権を侵奪する」ものとして攻撃し、会計監査を担当する審計院委員を参議院が選挙する（同憲草第一〇七・第一〇八条、以下新出の規定のみ条数を記す）としたことに対しては、政府の予算編成・執行権を形骸化させ「行政部を国会の付属品」に貶めるものだと批判した。そのほか、天壇憲草が衆参両院議員の国務員兼務を認めた点（第二六条）、弾劾案の審判権を参議院に与え弾劾案の成立条件を臨時約法よりも緩やかにした点、官制・官規を一般法律に含めて大総統の制定権を曖昧にした点（第六四条）、陸海軍の編制に国会が介入して大総統の編制権を侵害した点（第六七条）、憲法修正の提案権・修正権・解釈権を国会が独占した点等々についても、袁は大総統と政府を「国会の使役」にするものだとして逐一攻撃した。[*47]

以上のような袁世凱の批判を専門的な見地から支えたのは、恐らく袁の憲法顧問を務めたグッドナウ（米）や有賀長雄（日）らであったと思われる。[*48] 天壇憲草について、グッドナウは①衆議院の国務総理任命に対する同意権、②衆議院の国務員不信任権、③大総統に賛襄する国務員が衆議院に対して責任を負う点、④大総統が発する命令と国務関連文書に国務員の副署を要する点、⑤国会議員の国務員に対する質問権と答弁要求権などを槍玉に挙げ、それらが大総統の行政権を奪い、「一切の行政を管理する権限を衆議院の手により操縦するもの」だと批判した。また、大総統の解散権についても、参議院出席議員三分の二以上の同意という厳しい制約が課せられるため、大総統は不信任決議に対して国務員を罷免するほかなく、衆議院への対抗手段になり得ないと論難した。

グッドナウの基本的立場は、「今日の中国に最も必要なのは強固な政府である」という主張に表れていたが、上記④が大総統権力を損なう根拠とされたように、彼にとって「強固な政府」とは「強固な大総統」を意味した。[*49] こうした見地から、グッドナウはさらに緊急命令権を行使する際の制約の緩和、官制・官規制定権の付与など大総統権限の強化を求め、あるいは国会委員会の設置、参議院による審計院委員の選挙、憲法制定権の国会独占などについて天壇憲草を非難していた。[*50]

一方、有賀長雄は、天壇憲草の内容は国会議員が臨時約法によって与えられた憲法制定権を利用して国会権力を拡張しようとした結果であり、三権分立の趣旨に反する「三権分立主義」＝「国会政府制」であると批判した。

行政の実権は衆議院にあって大総統にはなく、いわゆる大総統の行政権の独立もまた有名無実であり、真に独立しているのはただ国会と法院のみである。ゆえに、こうした制度は二権分立主義と称することができるだけで、三権独立主義ということはできない。行政権は国会の意思と行動に依存しており、したがってこれは国会政府制と称するべきである。

このように述べた上で、有賀は天壇憲草において行政権の独立を侵す事項として、①衆議院の国務総理同意権、②衆議院の国務員不信任決議権、③行政訴訟の法院への従属（同憲草第八六条）、④国会委員会の設置を指摘している。[*51]なかでも国会委員会は、国会の閉会期間中も不断に政府を監督しようとする点で、「国会政府制」を採用した必然の産物であると見なされた。有賀によれば、大日本帝国憲法下の日本で緊急命令と財政緊急処分が帝国議会に提出され、議会が事後承認しない場合、政府は議会を解散してでも命令・処分を実施しようとする。しかし、中国では国会委員会を特設して大総統の緊急権を有名無実にし、しかも大総統は同委員会を解散することもできない。緊急権の発動は、国会の追認以前においては政府が責任を負うべきものであり、それにもかかわらず国会が追認する以前に国会委員会の同意を要するというのは屋上屋を架すものである、というのが有賀の批判の骨子であった。[*52]

以上のように袁世凱政府は、国務員任命の同意権、大総統の衆議院解散権、国会常設機関としての国会委員会に関する規定を中心に、天壇憲草の内容が行政権の独立性を蝕むものであるとして激しく反発した。既述のように、国会の憲法起草委員会には同意権・解散権をめぐって権力の均衡と抑制に配慮する意見も存在したが、それにもかかわらず政府を議会に拝跪させる「議会専制」的志向は起草審議の過程を通じて貫徹されていた。その意味で、袁世凱政府の執拗なまでの警戒心には、それなりの根拠があった。それでは、天壇憲草を国会もろとも葬り去った後、「行政権の独立」という袁世凱の宿願は、どのような具体的相貌をもって立ち現われたのだろうか。

(2) 新約法体制と大総統親裁

袁世凱政権が招聘した外国人顧問は、「強力で持続的な政府の重視」という点で共通していたが、そのうちグッドナウとパラウド（仏）は「大総統が行政権を行使できる大総統制」を主張し、有賀長雄とピゴット（英）が議会多数党に左右されない超然内閣を前提としつつ、「内閣が行政権を行使する大総統内閣制」を主張したとされる。[*53] ここで注目したいのは、袁世凱政権の成立以来、こうした議論のかたわら、大総統府では自らを統治権中枢として肥大化させ自立化をめざすような動きが執拗に続いていた点である。

一九一二年七月三〇日、臨時参議院議員の徐傅霖（同盟会・国民党）ら一一名は大総統府に質問書を提出した。その内容は、国務院に財政部と陸軍部・海軍部があるにもかかわらず、大総統府が財政籌備処と軍事処を府内に設置した意図を問い質すものであった。質問書は、財政籌備処と軍事処が企画・準備した案件を財政部と陸軍部・海軍部に下令し処理させるのではないか、大総統府と国務院の類似した機関が権限の上で衝突することはないのか、という点を疑問視したのである。[*54]

大総統府を国家意思の決定と運営の中枢に据えようとする動きは、一九一二年九月に臨時参議院に提出された「顧問院官制草案」からも看取することができる。顧問院は大総統の最高顧問機関とされ、政治・外交・軍事・財政・法律各分野の各顧問員を定数なしに自由に配置することになっていた。しかも、顧問員は大総統の諮詢に応ずるだけでなく大総統の特別委任業務を執行し、国務院各部の主管業務と関係する業務は当該部の総長と協議の上で処理する権限を持っていた。また、顧問員は臨時約法が規定する「国務員」の埒外にあるため、その任命に臨時参議院の同意を必要としなかった。つまり、顧問院は人事上において議会の掣肘を受けず、国務院からも相対的に自立した大総統直属の執行機関に肥大化する可能性を秘めていたのである。

この顧問院の官制草案が提出される以前から、袁世凱は臨時参議院より「総統府官制」を早急に提出するよう督促されていた。官制が確定しないまま、上述の財政籌備処や軍事処の設置などにより大総統府の必要経費が増加していくことに、臨時参議院は警戒の眼を向けていたのである。そのため、顧問院構想は、国民党系議員に「小国務院」であると批判され、また顧問員の特別委任業務は各部総長の職権に抵触するとして反発を受け、実現するには至らなかった。[*55]

しかしながら、その後も大総統府の肥大化と自立化をめざす動きは止まる気配を見せなかった。一九一三年八月初めの『憲法新聞』は、国会（衆参両院何れかは不明）で「総統府所属官制」の提出を政府に促す建議案が議論されたことを報じている。同誌が紹介する国会の審査案によると、当時の大総統府には秘書庁のほかに軍事処・総稽査処・護衛提調処・財政処・外交処等の専門部局が設置され、顧問・諮議・参議等の役職も置かれていた。ここでも国会は、大総統府の政務機能が国務院と主管各部の「権限と職責を侵食し混乱させる嫌い」があると難詰し、官制の確定によって大総統府の放縦な組織的肥大化と権力的自立化を抑止しようとしていたのである。[*56]

前述のように、袁世凱政権の外国人顧問のなかには、中華民国の来るべき政治体制について「大総統が行政権を行使できる大総統制」と「内閣が行政権を行使する大総統内閣制」という二つの見解があった。だが、大総統府を統治権中枢として自立させようとする政権の現実的志向を見る限り、袁世凱の考えがグッドナウらの主張した「大総統が行政権を行使できる大総統制」の方向に傾斜していくであろうことは十分に推測できた。事実、約法会議が新約法を制定するに至るまで、同約法に規定される政治体制の議論は、大総統＝袁世凱に権限を集中する方向へと収斂していったのである。[*57]以下、この点に留意しつつ、新約法下の政治体制を具体的に観察してみよう。

新約法[*58]によれば、大総統は「国の元首として統治権を総攬」し「国民の全体に対して責任を負う」ことになっていた（第一四・第一六条）。大総統の権限は、①官制・官規の制定と文武職官の任免（第二一条）、②開戦・講和の宣告（第二二条）、③陸海軍大元帥として陸海軍の統率と編制・兵数の決定（第二三条）、④条約の締結（第二五条）、⑤法律に基づく戒厳令の宣告（第二六条）などに及び、これらについては⑤の戒厳令も含めて議会の議決・同意や追認を必要としなかった。また、大総統は国会となる立法院（後述）に法律案と予算案を提出するとともに（第一八条）、「公益を増進する」ために法律を執行し、あるいは法律に基づく命令を発する（第一九条）。さらに、緊急時には法律と同等の効力を持つ「教令」を発布することができたが、この緊急命令権は諮詢機関として設置される参政院（後述）の同意と立法院の事後追認が必要であった（第二〇条）。

そして、以上のような大総統の権能行使を補佐するため、国家意思の形成と執行に関わる行政・立法・司法・統帥・諮詢の各機関が、併存・分立しながら大総統に直属ないし従属することとなった[*59]（図表2）。まず、一般的政務の立案と執行に関わる行政機関として大総統府に政事堂が置かれた。政事堂には、大総統の政務を「賛襄」する国務卿、国務卿を「賛助」する左丞・右丞各一名が置かれ、法制・機要・銓叙・主計・印鋳等の各局が実務を担当した[*60]。国務卿は、明朝の洪武帝（朱元璋）が宰相を廃して設置した大学士、清朝の雍正帝が設置した軍機大臣になぞらえる主張があるように[*61]、大総統に対して責任を負うが自身には何ら政治的決定権がなかった。他方、国務院は解体され旧属の各部は政事堂を介して大総統に直隷する行政事務機関へと変容した。各部総長は、大総統が発する法律と命令により主管各部の事務を執行するだけの存在となり（第四一条）、臨時約法や天壇憲草が規定していた大総統に対する副署権もなくなった。

統帥機関として設置されたのは、陸海軍大元帥統率辦事処と将軍府である。軍令機関の統率辦事処は、大総統が陸海軍大元帥を兼ねるため大総統府内に設置されたが、これは袁世凱に軍権が集中したことを明示するものであった。統率辦事処には参謀総長・陸海軍各総長・大元帥特派の高級軍官等が参与し、軍令は陸海軍大元帥たる大総統の命令の下に頒布・実行されることとなった。一方、将軍府は大総統に直隷する「軍事上の最高諮詢機関」として、大総統に特任された「将軍」たち——その多くは各省の軍政長官である都督が改称したもの——によって構成された[*62]。

図表2　新約法体制下の統治機構

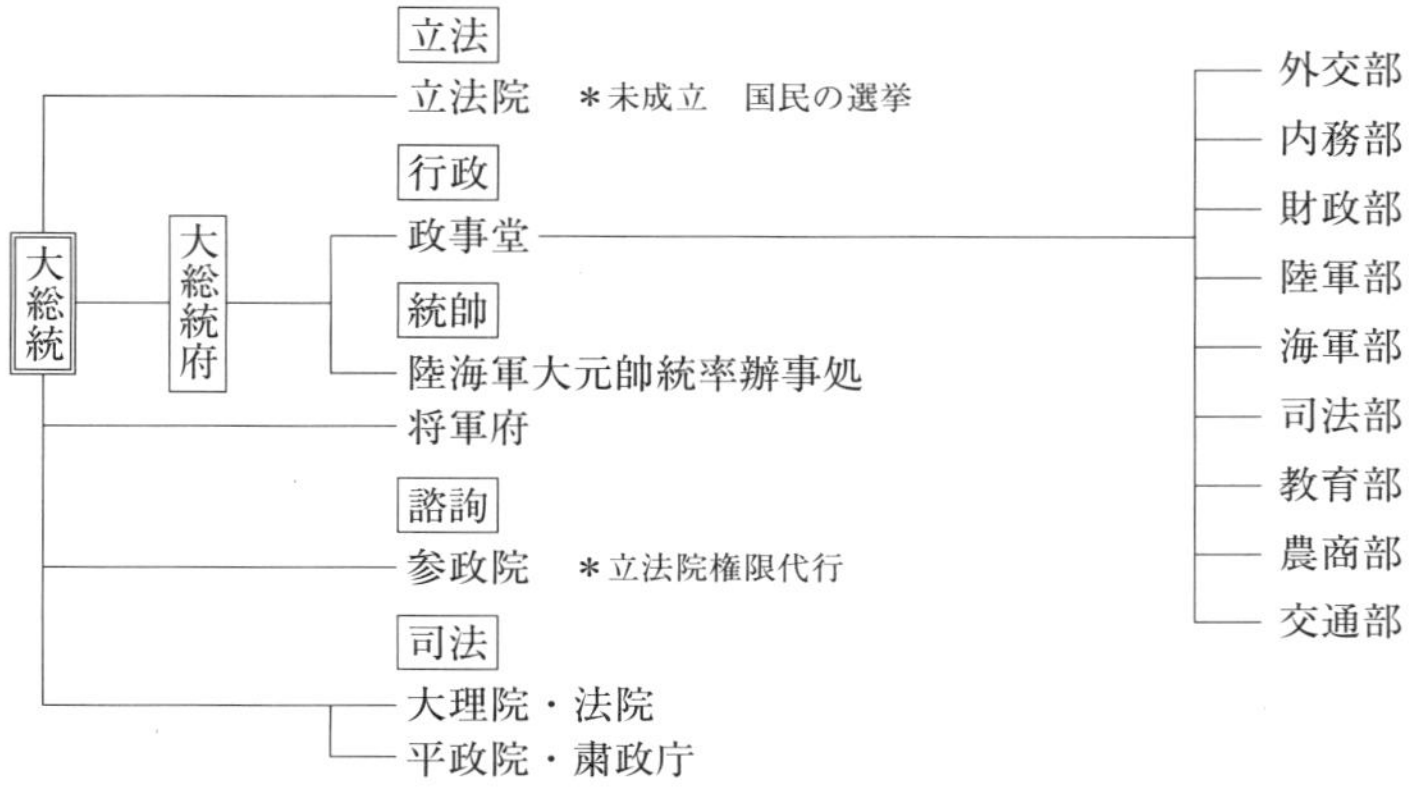

司法機関は、大総統が任命する法官によって組織される法院が置かれた（最高法院は大理院）。法院は、「法律により独立して民事訴訟と刑事訴訟を審判する」とされ大総統からは相対的に独立していたが（第四四・第四五条）、それとは別に新設された行政訴訟機関の平政院と官僚弾劾機関の粛政庁は、その活動が統治秩序に直接関わるため大総統への従属の度合いが強かった。両機関の長官である平政院院長と都粛政史は大総統に任命される点では法官と同じであったが、行政訴訟と官僚弾劾に関する裁決の執行には何れも大総統の最終的裁可と命令が必要とされた。[*63]

立法機関は、一院制の国会として立法院が組織される予定であった。新約法では、「立法は人民が選挙した議員により組織される立法院がこれを行う」（第三〇条）と規定され、立法権の独立性が保障されているように見えるが、大総統による制約と統制は極めて厳重であった。立法院の権限には、①法律の議決、②予算の議決、③公債募集と国庫負担の条件に関する議決と承認、④大総統諮詢案件に対する回答、⑤人民の請願の受理、⑥法律案の提出、⑦法律案等に関する大総統への建議、⑧政治上の疑義に対する大総統への回答要求などがあった（第三一条）。ただし、立法院が議決した法律案に大総統が再議したとき、立法院は出席議員三分の二以上の多数で拒否できたが、「内治外交上に重大な危害があり、あるいは執行上に重大な障害がある」と判断された場合、大総統は参政院の同意を得て法律案の公布を回避することができた。また、政治上の疑義に関しても、大総統は機密を理由に回答を拒否することが可能だった（第三一・第三四条）。

さらに、立法院は大総統に対して弾劾権を有したものの、弾劾案成立の条件は五分の四以上の出席で四分の三以上の賛成と厳しく（第三一条）、同意権の範囲も領土の変更と国民の負担増加に関わる条約の締結及び大赦・減刑等に限定されていた（第二五・第二八条）。これに対して、大総統は立法院を召集し自在に開会・停会・閉会を宣告することができ、その上、参政院の同意の下に立法院を解散させることも可能だった（第一七条）。新約法下の国会の権限は臨時約法と天壇憲草に比べて大幅に削減され、逆に大総統の国会に対する掣肘は立法・行政両権の均衡を損なうほど強化されていたのである。

新約法下の諮詢機関としては、重要政務の諮詢に応ずる参政院が設置された（第四九条）。参政院は条約の締結、行政官署の設置、財政の整理、教育・実業の振興等について大総統の諮詢に答え、また立法院が成立するまで国会の職権を代行することになっていた（第六七条）。だが、それ以上に注目しなければならないのは、参政院には単なる諮詢機関の範囲を超えた特別な権限が与えられていたことである。参政院は、既述のように①立法院の解散、②法律と同等の効力をもつ「教令」（緊急命令）の発布、③非常時の緊急財政処分、④立法院が大総統の再議を否決した法律案の公布の拒否、等々の事案について大総統に対する同意権をもち、また⑤新約法（及びその附属法）の解釈権と、将来制定されるべき正式憲法案の審定権、そして憲法案を起草する憲法起草委員会委員の推挙権まで有していた。参政院は、体制の存立と憲法秩序の維持・創出に直接関わる立法権を、大総統と分掌する機関であったといえよう。[*64]

したがって、立法院が召集されることになれば、諮詢機関である参政院は任命制に基づく「上院」的な役割を担い、選挙制に基づく立法院は「下院」的な役割を果たすことになる可能性を有していた。アメリカの研究者ヤングはその著作のなかで、袁世凱の顧問として新約法の制定に関与したグッドナウと有賀長雄が、任命制と選挙制を併用した一院制の国会を構想していたと述べている。[*65] 恐らく二人の構想は、以上に述べた参政院と立法院の性格に関わるものであったろう。また、当時、直隷省民政長であった劉若曽は、選挙制による「下院」と大総統の任命及び各部総長、各省都督・民政長の選任による「上院」を組織するよう求めていた。[*66] 民国初年の政官界において、グッドナウや有賀の構想は支持を得る土壌があったと推測される。袁世凱は、一九一四年五月二六日に黎元洪と汪大燮を参政院正副院長とし、そのほか六九名の参政を任命したが、そこには清末の総督・巡撫など官僚経験者、民国成立後の各省都督・民政長や中央政府の閣僚・官僚経験者、あるいは政治会議・約法会議のメンバーが顔を連ねていた。[*67]

以上のように、新約法は将来において参政院と立法院を上下両院に再編していく可能性をはらんでいた。だが、現実には選挙制に基づく立法院が未成立であったため、制度化された「民意」によって新約法体制の正統性は担保されていなかった。袁世凱の帝制復活計画を推進した楊度は、[*68] この点を十分に認識しており、新約法下の体制は「約法及び各会議機関があって立憲と同じように見えるが、立憲は形式で専制がその精神である」と捉え、「共和の名を掲げて専制の実を行う」点で「偽の共和」に過ぎないと見なしていた。そこで彼は、「偽の共和を棄てて真の君主立憲を行い、議会を開き内閣を設け、人民の程度に応じて憲政を定める」ことを力説していたのである。

その意味で、参政院の推戴を受けて皇帝即位を宣言した一九一五年一二月に、袁世凱が早急に議員選挙を実施し、翌年中に立法院を召集するよう命令していたことは示唆的である。[*69] 国会を解体した袁ではあったが、彼もまた体制の正統化には「民意」を制度的に表出する議会が必須であることを理解していたといえよう。彼にとって、問題は議会を抹殺することにではなく、議会にいかなる権限を与えるかという点にあったのである。しかし、袁の帝制は「倒袁運動」の高まりのなかで失敗に終わり、立法院の召集も一九一六年六月の彼の死によって政権が崩壊するまでついに実現することはなかった。

さて、短期間で潰え去った新約法体制が、袁世凱の求めた「行政権の独立」を体現するものだったとするなら、この体制の性格は果たしてグッドナウらが主張した「大総統が行政権を行使できる大総統制」の範疇に収まるのだろうか。この点については、中華民国期から人民共和国期にかけて活躍した著名な法学・政治学者銭端升の次の説明が、何よりも傾聴に値するのではないかと思われる。[*70]

総統制政府の下では、大総統の権力は内閣制に較べて大であるが、しかも大総統は立法、司法両機関と実に鼎足して三者となり、相互に牽制するのであつて、大総統を一切の政治機構の上に置くものでは無い。然るに新約法は一方で大総統の権力を拡充し、他方で大総統に対する有効な制限を一切取消した。故に新約法は総統制を採用したものとは認め得ない。

つまり、三権分立を事実上否定した体制は、たとえ元首が「大総統」を称していても「総統制」(大統領制)と呼ぶに値しないということである。筆者は、この銭端升の言葉に触発されて、一九九七年に発表した論考以来、新約法体制を「大総統親裁」と呼んでいる。[*71] それは、ここまで述べてきたように、新約法体制の下では行政・司法・立法・統帥・諮詢各機関が大総統である袁世凱個人に直属ないし従属し、袁に統治権が一元的に集中する専制的な制度編成をとっているからにほかならない。

(3) 新約法体制の立憲的志向と明治憲法体制

ところで、新約法体制=大総統親裁下の諸機関が、あたかも大日本帝国憲法(以下、明治憲法)体制下の統治諸機関を彷彿させるかのように、多元的に分立しながら大総統に直属・従属していた点は、大総統親裁の特質を考える上で重要である。新約法を憲法顧問の立場から肯定的に評価したグッドナウも、同約法下における大総統の権力、袁世凱と立法院の関係を、明治憲法下の天皇の権力、天皇と帝国議会の関係とほぼ同等のものと見なしていたという。[*72] そこで、以下では統治機構の制度的編成とその運用面に着目して両体制を対比しながら、大総統親裁の性格を考えてみたい。

まず、明治憲法下における統治機構の制度的編成については、鳥海靖の以下のような整理が一般的な理解といえるだろう。[*73]

明治立憲制においては、統治権の総攬者として、憲法上、広範な大権を保持する天皇を基軸に、そのもとで内閣・帝国議会（貴族院・衆議院）・枢密院・軍部の統帥機関（参謀本部・海軍参謀部→海軍軍令部）・内大臣府など多くの国家機関が横のつながりを余りもたないまま、分立的に存在していた。……このような横のつながりを余り持たず分立的割拠的に存在した諸国家機関が、統治権の総攬者たる天皇のもとで統合されるというのが、明治憲法上の建前であり、その意味では明治立憲制は形式上、天皇のもとに高度に権力が集中された体制といえるかもしれない。

こうした明治立憲制の制度的編成は、その限りにおいて、大総統府政事堂、立法院、参政院、司法・弾劾機関（平成院・粛政庁）、統帥機関（陸海軍大元帥統率辦事処・将軍府）等が併存・分立しながら大総統に直隷ないし従属し、袁世凱がそれを総攬・統合するという大総統親裁の制度的編成に著しく相似している。大総統親裁体制が、明治憲法の統治機構の編成に準拠したとはにわかに断定し難いが、上述のようにグッドナウは大総統の権力を天皇と比定し、また有賀長雄は参政院を日本の枢密院を参考にして構想したといわれるから、[*74]明治憲法を参照軸としていたことは確かであろう。だが、むしろ注目しなければならないのは機構編成の運用についてである。

鳥海は上の文章に続けて以下のように述べている。

しかし実際の政治運営においては、天皇が自ら保持する広範な大権を、自らの意思と判断にもとづいて能動的に発動し行使することはほとんど行われず、それはあくまでそれぞれのレベルにおける「輔弼」（advice）と「協賛」

（consent）にしたがって行使される慣行となっていた。すなわち、天皇は実質的にはせいぜい裁可者として、統治権を受動的に行使するにとどまったといえよう。それ故、明治立憲制は一見強力な集権体制のようにみえながら、実際にはむしろ権力の割拠性が特色であり、問題点でもあった。

鳥海は、このように明治立憲制の問題点として各統治機関の「割拠性」を指摘しながら、それを解決する役割、すなわち「自立性の強い諸国家機関、あるいはそれらに依拠した諸政治勢力を調和的に統合して国政の円滑な運営をはかり、国家意思を一元化する役割」は「元老と呼ばれる長老政治家たちの集団」によって担われたと述べる。[*75] 鳥海の議論から窺えるのは、天皇の下に分立する各統治機関の割拠的・分権的な性格と、そうした分立的諸機関を統合する機能の必要性であるが、この点は明治憲法体制の絶対主義的性格を強調するか、あるいは立憲君主制的性格を強調するかという見解の相違を超えて、日本史研究者の間ではほぼ共通した認識となっているように思われる。

すなわち、三谷太一郎は「各国家機関は独立して天皇に直結し、それぞれ固有の存在理由を主張する。そして相互に抑制的機能を果たす。すなわちいかなる国家機関も相対的であり、他に対して絶対的に優越ではありえない」と述べ、「国家諸機関を縦断し、国家諸機能を結合」し得る「天皇に代位する統合主体」として、藩閥・元老と政党内閣期における政党を指摘する。安田浩は、国家諸機関の対立を最終的に処理・解決できるのは原理的に天皇以外にはなかったとしつつも、「分立的な天皇制国家の諸国家装置、輔翼諸機関という構造にあって、それらを誰ならば統合しうるかという点が元老にとっての関心の焦点だった」とする。また、伊藤之雄は、明治憲法の欠陥を「天皇の統治権を輔弼する最高責任者が誰であるかあいまいであること」と指摘し、政治的危機に際して全体を調停する役割を果たすのは、明治天皇のようなカリスマ的権威を備えた天皇か、あるいは伊藤博文・山県有朋のような元老、原敬や大隈重信のような政党指導者であったと述べている。[*76] 明治天皇は政治的関与に抑制的だったとされるから、伊藤の見解も主に元老や政党が天皇に代位して調停・統合作用を担ったということになるだろう。

明治憲法体制に関わる日本史の研究成果から気づかされるのは、制度的編成が相似する新約法体制＝大総統親裁下の統治諸機関も、大総統袁世凱が総攬・統合することによって組織的な統一性を保ち得たのであって、実は相互に繋がり欠く割拠的・分権的な性格を潜在させていたということである。また同時に、直接的な大権の行使と政治関与に抑制的だった日本の天皇と異なり、新約法体制は「大総統親裁」と呼ぶに相応しく、袁世凱による能動的な権力行使と国家意思の実質的決裁を必須の前提としたことも、併せ注意しておかねばならない。つまり、新約法体制は、各統治機関を自在に操る袁世凱の卓越した政治的能力に大きく依存していたのである。

したがって、明治憲法体制が「天皇に代位する統合主体」を必要としたのに対し、大総統親裁の下で「袁に代位する統合主体」は、そもそも想定されていなかった。また、袁以外の人物――例えば国務卿を務めた徐世昌、袁の軍事的後継者と目された段祺瑞・馮国璋、袁を財政的に支えた官僚閥「交通系」の首領梁士詒など――では、彼らが政・軍・官に重要な地位を占めていたにせよ、政権を統合する突出した指導力に欠けるため、分立する諸機関を束ねることは困難であったに違いない。加えて、議会政党は未発達で、しかも国会の解体により凝集力を失っていた。仮に立法院が成立しても、国務院＝内閣を廃止した体制の下で、政党が日本のように政党内閣を組織して「国家諸機関を縦断し、国家諸機能を結合」することは、制度自体あるいは制度運用の変更なしには困難であったろう。

つまり、新約法体制の下で、日本の藩閥・元老や政党に当たるような「袁に代位する統合主体」は、必要になったとしても存在しなかったのである。こうした体制は、袁世凱が分立する各機関と官僚を駆使し、政策の立案・遂行に動員していく上では有効であったが、彼の政治的権威が減退するか、あるいは死去することにでもなれば、一挙に求心力（統合機能）が失われてしまう。その意味で、新約法体制＝大総統親裁は、制度化された国家意思の調整と決定、したがって安定的かつ持続的な国家運営という点で、運用上の危うさを蔵していたといわねばならない。

新約法体制の下、一九一四年一二月末に修正公布された「大総統選挙法」は、大総統の任期を従来の五年から一〇年へと二倍に延長した上で再任を認めた。また、選挙の対象となる大総統候補者は現職大総統が推薦する三名に現職大総統を加えた四名とし、参政院参政五〇名と立法院議員五〇名から構成される大総統選挙会が選挙することになった。ただし、参政院参政が政治上必要と認めたときには、その三分の二以上の同意によって現職大総統の再任を議決できるとされた。[*77] この選挙法は、大総統職の終身化ないし世襲化の途を開くものであったとしてしばしば批判される。しかし、政権を統合する袁世凱の求心力に依存した新約法体制は、袁自身が大総統の地位に留まり続けなければ維持できない構造を、そもそも抱え込んでいたのである。

4 小結

中華民国の初年において登場した「議会専制」は、直接的には大総統となった袁世凱の権力を制圧することに目的があった。だが、議会を過度に強化する制度設計は、袁を意識した臨時約法が最初ではなく、実は辛亥革命の過程で同盟会を中心とする革命勢力が作成した諸法規、あるいは各省で制定された「省約法」においてすでに現れていた。ここに、民国初年の「議会専制」の要因として、袁を標的とした「対人立法」だけでなく、議会権力の強化を共和制や民主主義の強化に直結する、当時の革命勢力が保持した立憲的志向を上げなければならない理由がある。

こうした立憲的志向の生成は、序論で触れたように、清朝末年に立憲制が導入されることによって、議会を通じて表出される「民意」、あるいは「民意」を制度的に集約する議会という組織そのものに、権力の正統性と合法性の根拠を求める統治観が生まれていたことと無関係ではなかった。臨時約法は、議会権力の強いフランス第三共和制に範をとったとされるが、[*78] それも革命勢力が清末以来こうした立憲的志向を保持していたがゆえの選択であったと見なければならない。

だが、この立憲的志向は、議会権力の強化に急なあまり、権力の均衡や牽制に関わる制度的側面を軽視する傾向を持っていた。天壇憲草を起草した憲法起草委員会の議論が示すように、国会議員のなかには立法・行政両権の均衡と抑制に配慮する自由主義的議会観に立つ者も存在したが、国民党をはじめとする多くの議員は、「民意」を代表する議会に政府が従属するのは当然という民主主義的議会観に強く支配されていた。そして、以上のような立憲的志向と議会観の下で、臨時約法が生み出した臨時参議院は、政府活動を過度に拘束して政局の混迷と国政運営の停滞を招き、また正式国会の憲法起草委員会が起草した天壇憲草は、同意権や解散権の規定をめぐって袁世凱政府の不満と反発を一層強める結果をもたらしてしまった。

こうした状況の打開をめざした新約法体制は、大総統に議会を従属させる点で「議会専制」の対極にあるような「政府専制」であった。けれども、この体制は同盟会・国民党の立憲的志向とは異なる、強力な行政権の下に統合された立憲政治をめざしていたように思える。つまり、「議会専制」に対峙する今一つの立憲的志向である。グッドナウは、新約法によって強化された大総統の権力が、「将来の代表的政治体制への道を切り開く」という展望を持ち、袁世凱も新約法を「立憲国家としての確立」をめざす過渡期の基本法と見なしていた。[*79] また、本章で指摘したとおり、袁は「民意」を制度的に集約する議会の重要性を承知していたし、新約法体制下の参政院と立法院は、将来的に上下両院へと再編される可能性さえ有していた。

ただし、新約法体制は大総統親裁という形態をとったため、その立憲的志向の幅を狭めることになったのではないだろうか。既述のように、新約法体制の制度的編成は明治憲法体制と相似していた。坂野潤治によると、この明治憲法体制の解釈は、天皇大権の独立性を強調した穂積八束に代表される「大権政治」論から、内閣中心主義を掲げた美濃部達吉の「内閣政治」論、議会中心主義を主張した吉野作造の「民本政治」論に至るまで大きな幅があった。[*80] もちろん、短期で潰えた新約法体制が、いかなる制度慣行の下に運用され、将来どのような正式憲法に連なっていくのか推量することは、ほとんど徒労に近い作業である。だが、新約法体制は袁世凱の能動的かつ実質的な親裁を必須の前提とし、そのため国務院＝内閣さえ廃止した体制であった。したがって、上の明治憲法体制の解釈になぞらえるなら、同体制は「大権政治」の枠の内にあり、将来そこから踏み出すには、大総統親裁の制度ないし運用の大胆な変更が必要となったであろう。

＊　＊　＊

さて、この新約法体制が崩壊した後、臨時約法とともに旧国会が復活し、天壇憲草に基づいて憲法起草作業も再開された。最後に、袁世凱死後の旧国会の憲法審議から、「議会専制」的志向の帰趨を確認しておくことにしよう。ちなみに、旧国会は一九一六年八月二六日から袁によって解散された憲法起草委員会を再開させ、九月五日から衆参両院議員からなる憲法会議が天壇憲草の第一読会を開始した。さらに同月一五日より、憲法会議は憲法審議会の名義で同憲草中の重要問題の検討に入り、翌一九一七年一月二六日から第二読会を開始して四月二〇日にそれを完了した。だが、国会に提出された第一次大戦参戦案をめぐり、国務総理段祺瑞及び彼を支持する各省督軍（軍政長官）と旧国民党系議員との対立が激化し、大総統黎元洪が六月一二日に再び旧国会の機能を停止させたため、憲法草案の審議はまたもや中断されることになる。[*81]

以上の審議過程においてまず注目されるのは、天壇憲草において「議会専制」の志向をもっとも強く示していた国会委員会の規定が全面的に削除されたことであろう。起草委員会で国会委員会の主旨説明をした王紹鏊は、「本草案のこれに類した規定は、以前は対人的意味を含んでいたが……」と述べ、同委員会の規定が袁世凱を標的にしたものであったことを暗に匂わせていた。それが削除されたことは、袁の死によって「議会専制」の要因の一つであった「対人立法」の必要性が解消したことを意味した。[*82]

しかし、民国初年に「議会専制」をもたらした今一つの要因——すなわち、議会権力の強化を共和制・民主主義の強化と同一視する立憲的志向、それゆえに政府を議会の足下に拝跪させようとする極端に民主主義的な議会観は、新約法体制崩壊後に復活した旧国会においても依然として消失していなかった。

人民は株主であり、国会は理事会である。総統と国務員は会社の社長である。……社長と理事会の意見が対立しても、社長個人の主張によって理事会を解散できるなどということは絶対にない。[*83]

本草案は主権が国民全体に属すると規定している。国会は人民が選出した〔国民の〕代表であり、今もし政府に解散権を与えることになれば、それは政府が主権を侵害するのと異なるところがない。[*84]

民国の精神は全て国会にある。国会は主権を行使する機関であって、その権力は内閣・総統を全く超越している。〔したがって〕……主人を解散させる権力を公僕に与えるのは法理を完全に違えるものである。……少数者が多数者に服従するのは世界普遍の道理であり、多数者〔すなわち国会〕の専制は少数者〔すなわち総統・国務員〕の専制よりはるかに勝っている[*85]（以上、〔 〕内は筆者の補足）。

これらは、大総統の衆議院解散権をめぐる審議のなかで発せられた国会議員の主張である。もちろん、一九一三年の天壇憲草起草時と同様、このときも立法・行政両権の相互の均衡と抑制を重視する自由主義的な発言をする議員は存在していた。だが、最終的に憲法会議で衆議院の不信任決議権が原案のとおり採択されながら、解散権規定についてはついに結論が得られなかったという事実[*86]は、上述のような民主主義的議会観に立脚した思考が、国会議員のなかで依然として優勢だったことを示すものだった。「議会専制」をめざす立憲的志向は、袁世凱の死後もその強靭な命脈を保っていたのである。

註

＊1　以下、「中華民国臨時約法」の条文については、繆全吉『中国制憲史資料彙編―憲法篇』（国史館、一九八九年、以下『憲法篇』と略）三七～四一頁による。

＊2　以上、谷麗娟・袁香甫『中華民国国会史』上巻（中華書局、二〇一二年）一五五～一五六頁、薛恒『民国議会制度研究（一九一一―一九二四）』（中国社会科学出版社、二〇〇八年）五五～五六頁、楠瀬正明「中華民国の成立と臨時参議院」（横山英・曽田三郎『中国の近代化と政治的統合』溪水社、一九九二年、所収）等を参照。

＊3　石川忠雄『中国憲法史』（慶應通信、一九五二年）一六頁。

＊4　以上、臨時約法の制定過程については、曽田三郎『中華民国の誕生と大正初期の日本人』（思文閣出版、二〇一三年）三九～五一頁を参照。

＊5　前掲、谷麗娟・袁香甫『中華民国国会史』中巻四九一～四九四頁、選挙・被選挙資格については、同書上巻四五二～四六三頁所載の「衆議院議員選挙法」を参照。

＊6　拙稿「中華民国の国家統合と政治的合意形成―「各省の合意」と「国民の合意」」（『現代中国研究』第三号、一九九八年）。

＊7　前掲、薛恒『民国議会制度研究（一九一一―一九二四）』二五三～二六一頁、厳泉『失敗的遺産―中華首届国会制憲一九一三―一九二三』（広西師範大学出版社、二〇〇七年）五四～五七頁。

＊8　「憲政編査館資政院会奏憲法大綱曁議院法選挙法要領及逐年籌備事宜摺」（故宮博物院明清檔案部編『清末預備立憲檔案史料』上冊、中華書局、一九七九年、五四～六一頁）。

＊9　「資政院等奏擬訂資政院院章摺」「資政院会奏続擬院章並将前奏各章改訂摺」（前掲『清末預備立憲檔案史料』下冊六二七～六三七頁）。

＊10　「択期頒布君主立憲重要信条諭」（前掲『清末預備立憲檔案史料』上冊一〇二～一〇四頁）。

＊11　「中華民国臨時政府組織大綱」（前掲『憲法篇』三七～四一頁）。

＊12　「中華民国臨時政府組織法草案」（前掲『憲法篇』四二～四八頁）。

＊13　前掲、厳泉『失敗的遺産―中華首届国会制憲一九一三―一九二三』四六～四七頁。

＊14　大総統を弾劾するためには議員全体の五分の四以上が出席し、出席議員の四分の三以上の賛成が必要であった。また、国務員については議員全体の四分の三以上が出席し、出席議員の三分の二以上が賛成すれば弾劾は成立した。

＊15　前掲、薛恒『民国議会制度研究（一九一一―一九二四）』五八頁。

*16 張玉法『民国初年的政党』（中央研究院近代史研究所、一九八五年）二七七〜二七八頁。張永『民国初年的進歩党与議会政治』（北京大学出版社、二〇〇八年）三〇頁は、北京の臨時参議院において議員一二三名のうち同盟会は三七名、共和党四五名、統一共和党二二名、共和建設討論会（民主党）二名、統一党一名、無所属ないし党派不明一六名と見積もっている。

*17 前掲、曽田『中華民国の誕生と大正初期の日本人』六六〜六七頁。なお、臨時約法では国務員は臨時大総統を補佐し臨時大総統に責任を負う存在であったが（第四四条）、他方において臨時大総統による法律案の提出、法律の公布、命令の発布には国務員の副署が必要とされていた（第四五条）。つまり、単独責任制の下で個々の国務員は大総統の行為を制約していたのである（楊天宏「論《臨時約法》対民国政体的設計規劃」『近代史研究』一九九八年第一期）。

*18 前掲、張永『民国初年的進歩党与議会政治』六二〜六七頁。また、田中比呂志『近代中国の政治統合と地域社会―立憲・地方自治・地域エリート』（研文出版、二〇一〇年）一八一〜一八三頁も参照のこと。

*19 前掲、張永『民国初年的進歩党与議会政治』六八〜七一頁。

*20 以上、国会の党派状況については、前掲の薛恒『民国議会制度研究（一九一一―一九二四）』七三〜七六頁、張永『民国初年的進歩党与議会政党政治』二一九〜二二〇頁を参照。

*21 前掲、薛恒『民国議会制度研究（一九一一―一九二四）』七四頁。進歩党と国民党の協調を象徴するのが、一九一三年一〇月二一日に国民党の「穏健派」（孫潤宇・張耀曾・湯漪・谷鐘秀・楊永泰・曹玉徳・鐘才宏・張治祥ら）と進歩党の「憲政派」（藍公武・汪彭年・李国珍・劉崇佑・丁世嶧）が中心となった民憲党の結成であった（前掲、谷麗娟・袁香甫『中華民国国会史』中巻五二一頁）。

*22 天壇憲草の起草過程については、立法権と行政権との関係に焦点を当てた楠瀬正明「中華民国初期の憲法構想―いわゆる天壇憲法制定過程を中心に」（『地域文化研究』第二〇号、一九九四年）が本章の考察と関わる。また、前掲田中『近代中国の政治統合と地域社会―立憲・地方自治・地域エリート』第九章も、同憲草起草をめぐる動向を包括的に整理している。

*23 以下、天壇憲草については、前掲『憲法篇』二〇一〜二一三頁所載の条文を参照した（誤字がある場合は適宜修正）。

*24 第一〇四条の規定では、財政緊急処分は政府が行使する権限とされているが、事実上大総統の権限と見なしてよいであろう。

*25 国会委員会については、厳泉『民国初年的国会政治』（新星出版社、二〇一四年）一六五〜一六八頁も参照されたい。厳泉も、国会委員会に関する規定を「超議会制」（本書で言うところの「議会専制」）の根拠の一つとしている。

*26 前掲、厳泉『失敗的遺産―中華首届国会制憲 一九一三―一九二三』八六頁。

*27 前掲、薛恒『民国議会制度研究（一九一一―一九二四）』二五四〜二五六頁、張永『民国初年的進歩党与議会政治』二五〇〜二五

一頁。党派構成については薛恒の集計によった。

＊28 「憲法起草委員会第九次会議録」一九一三年八月一六日（『憲法起草委員会会議録』第一冊、一九一三年一一月）一三～一四頁、二一～二二頁。なお、同会議録の第一冊と第二冊は、李貴連主編『民国北京政府制憲史料』（線装書局、二〇〇七年）の第一冊（以下『制憲史料』①のように略）に、同じく第三冊は『制憲史料』②に収録されている。議員の所属政党については、前掲の薛恒『民国議会制度研究（一九一一—一九二四）』二五四～五五頁の表によった。

＊29 前掲「憲法起草委員会第九次会議録」八～一一頁。

＊30 前掲「憲法起草委員会第九次会議録」一七～一八頁。なお、会議録の原文では、「今既主張議院政治、則総統之提出実不及総統之推選」とあるが、後の「総統」は前後の文章からして「下議院」が妥当である。明らかに誤植であろう。

＊31 前掲「憲法起草委員会第九次会議録」二二～二三頁。なお、憲法起草委員会を通過した「憲法起草委員会規則」第九条によれば、決議のためには「委員総数半数の一致」が必要とされた（前掲、谷麗娟・袁香甫『中華民国国会史』中巻六三四頁）。

＊32 前掲「憲法起草委員会第九次会議録」二五～二六頁、四五頁。「憲法起草委員会第十次会議録」一九一三年八月一九日（前掲『憲法起草委員会会議録』第一冊、所収）三頁。

＊33 前掲「憲法起草委員会第九次会議録」四七～四九頁。

＊34 前掲「憲法起草委員会第九次会議録」三一～三二頁、四四頁、及び「憲法起草委員会第十次会議録」七～一〇頁。

＊35 前掲「憲法起草委員会第十次会議録」七～一〇頁。

＊36 前掲「憲法起草委員会第十次会議録」一四～一七頁。

＊37 「憲法起草委員会第二十六次会議録」一九一三年一〇月二〇日（『憲法起草委員会会議録』第二冊、一九一三年一一月、所収）四五～四九頁。

＊38 前掲、谷麗娟・袁香甫『中華民国国会史』中巻六四〇頁。

＊39 「憲法起草委員会第二十四次会議録」一九一三年一〇月一四日（前掲『憲法起草委員会会議録』第二冊、所収）三～一一頁、「憲法起草委員会第二十八次会議録」一九一三年一〇月二二日（同上所収）一九～三四頁。

＊40 事実、旧国会は袁世凱死後の一九一六年八月に復活するが、その天壇憲草を対象とした憲法審議では、国会の権限が四〇名の国会委員会に操縦・専断される危険性などが批判の対象となっている（さしあたり、仇玉珽「為憲法草案第五章国会委員会暨附属各条修正案」『憲法会議公報』第三冊、四五～四九頁・『制憲史料』④所収、高旭「対於天壇憲法草案商榷書」同上第七冊、八二頁・

『制憲史料』⑤所収、などを参照)。

＊41 「研究憲法委員会議定之憲法綱領」(『憲法新聞』第一六期、一九一三年八月二〇日、李貴連主編『民国北京政府制憲史料二編』線装書局、二〇〇八年、第六冊に収録)。以下、同史料集については『制憲史料』Ⅱ—⑥のように表記する。

＊42 「咨衆議院彙提増修約法案並逐条附具理由請従速討論議決見復文(附単)」(『政府公報』第五二八号、一九一三年一〇月二三日)。

＊43 「大総統徴集憲法意見之通電」(『憲法新聞』第二三期、一九一三年一一月五日:『制憲史料』Ⅱ—⑨所収)。

＊44 以上の政治過程については、前掲の薛恒『民国議会制度研究(一九一一—一九二四)』二五一〜二五二頁、二五八〜二六一頁、曽田三郎『立憲国家中国への始動—明治憲政と近代中国』(思文閣出版、二〇〇九年)二八八〜二九四頁、政治会議については拙著『近代中国の中央と地方—民国前期の国家統合と行財政』(汲古書院、二〇〇八年)五九〜六二頁を参照されたい。

＊45 約法会議については、前掲拙著『近代中国の中央と地方—民国前斯の国家統合と行財政』六二〜六四頁を参照されたい。

＊46 前掲「咨衆議院彙提増修約法案並逐条附具理由請従速討論議決見復文(附単)」。

＊47 前掲「大総統徴集憲法意見之通電」「対於憲法第二次通告」(経世文社編『民国経世文編』法律一、⑫五四葉a〜五五葉a—沈雲龍主編・近代中国史料叢刊第五〇輯、四九三—二、文海出版社、一九七〇年、一七五三〜一七五五頁)。

＊48 袁世凱の外国人顧問と彼等の憲法主張については、前掲曽田『立憲国家中国への始動—明治憲政と近代中国』第八章が詳しい。また、とくにグッドナウの中国国制論については、吉澤誠一郎「中華民国顧問グッドナウによる国制の模索」(斯波義信編『モリソンパンフレットの世界—近代アジアとモリソンコレクションⅡ』東洋文庫、二〇一六年、所収)が参照されるべきである。

＊49 グッドナウが強力な大総統権を求めていた点については、前掲の曽田『立憲国家中国への始動—明治憲政と近代中国』二九五〜二九六頁も参照。

＊50 以上、グッドナウの天壇憲草批判については、古徳諾「中華民国憲法案之評議」(『憲法新聞』第二四期、一九一三年一二月一日:『制憲史料』Ⅱ—⑩所収)を参照。

＊51 有賀長雄「共和憲法持久策(評憲法草案)」(『憲法新聞』第二二期、一九一三年一〇月不詳日:『制憲史料』Ⅱ—⑨所収)。

＊52 同上「共和憲法持久策(評憲法草案)」、及び有賀長雄「論憲法草案之誤点」(『憲法新聞』第二四期、一九一三年一二月一日:『制憲史料』Ⅱ—⑩所収)。

＊53 前掲、曽田『立憲国家中国への始動—明治憲政と近代中国』三〇一頁。

＊54 「質問大総統府另設財政籌備処軍事処書(元年七月三十日)」(李強選編『北洋時期国会会議記録彙編』第八冊、国家図書館出版社、

二〇一一年、一四五頁）。

＊55　以上、顧問院について詳しくは、拙著『近代中国の中央と地方─民国前期の国家統合と行財政』五三～五四頁を参照されたい。

＊56　「審査関於請政府迅将総統府所属官制提交院議之修正案」（『憲法新聞』第一四期、一九一三年八月三日：『制憲史料』Ⅱ─⑤所収）。

＊57　前掲、曽田『中華民国の誕生と大正初期の日本人』一〇七～一一〇頁。

＊58　以下、新約法については、前掲『憲法篇』六一～七〇頁所載の条文を参照した。

＊59　以下の叙述については、銭端升『民国政制史』（商務印書館、一九三九年）上冊第三章も参照されたい。

＊60　「大総統府政事堂組織令」（『政府公報』第七一五号、一九一四年五月四日）。

＊61　唐徳剛『袁氏当国』（広西師範大学出版社、二〇〇四年）一一八頁。

＊62　「陸海軍大元帥統率辦事処組織令」（『政府公報』第七二〇号、一九一四年五月九日）、「将軍府編制令」（同上第七九一号、一九一四年七月一九日）。

＊63　「行政訴訟法」「糾弾法」（『政府公報』第七九三号、一九一四年七月二一日）。

＊64　以上の参政院については、「参政院組織法」（『政府公報』第七三六号、一九一四年五月二五日）第一・第二・第三条も参照のこと。

＊65　Young,Ernest P., *The Presidency of Yuan Shih-k'ai: Liberalism and Dictatorship in Early Republican China* (Ann Arbor: The University of Michigan Press, 1977) pp.174-75. 邦訳として、藤岡喜久男訳『袁世凱総統─「開発独裁」の先駆』（光風社出版、一九九四年）二二六頁。

＊66　『申報』一九一四年二月五日「約法会議之進行状況」。

＊67　前掲、拙著『近代中国の中央と地方─民国前期の国家統合と行財政』六七頁。

＊68　袁世凱の帝制と楊度については、山田辰雄「袁世凱の政治と帝制論」（宇野重昭・天児慧『二〇世紀の中国─政治変動と国際契機』東京大学出版会、一九九四年、所収）、同「袁世凱帝制論再考─フランク・J・グッドナウと楊度」（山田辰雄編『歴史のなかの現代中国』勁草書房、一九九六年、所収）も参照されたい。

＊69　拙稿「民国初期の改革と政治的統合の隘路」（辛亥革命百周年記念論集編集委員会編『総合研究 辛亥革命』岩波書店、二〇一二年、所収）。なお、楊度の主張は同「君憲救国論（下）」（劉晴波主編『楊度集』湖南人民出版社、一九八六年）五八二～五八四頁による。

＊70　前掲、銭端升『民国政制史』上冊九〇頁。なお、引用に当たっては同書の邦訳である及川恒忠訳『最近支那政治制度史』上冊（慶應出版社、一九四三年）一四三頁の訳文を利用した。

＊71　拙稿「袁世凱政権における国家統一の模索と諮詢機関の役割」（『東洋学報』第七九巻二号、一九九七年）を参照。後に加筆修正

して、前掲拙著『近代中国の中央と地方―民国前期の国家統合と行財政』に第一章として収録。なお、序論で触れたように、厳泉は新約法体制を「超総統制」と呼んでいる（同『失敗的遺産―中華首届国会制憲一九一三―一九二三』一〇二～一〇四頁）。

＊72　前掲、山田「袁世凱帝制論再考―フランク・J・グッドナウと楊度」、吉澤「中華民国顧問グッドナウによる国制の模索」を参照。

＊73　鳥海靖『日本近代史講義―明治立憲制の形成とその理念』（東京大学出版会、一九八八年）二七〇頁。

＊74　『申報』一九一四年五月一九日「参政院組織之性質将有変更」。

＊75　前掲、鳥海『日本近代史講義―明治立憲制の形成とその理念』二七〇～二七一頁。

＊76　三谷太一郎「政党内閣期の条件」（伊藤隆・中村隆英編『近代日本研究入門』東京大学出版会、一九七七年、所収）、安田浩「政党内閣期の天皇制」（『憲法問題』創刊号、一九九〇年）、同『天皇の政治史―睦仁・嘉仁・裕仁の時代』（青木書店、一九九八年）一九四頁、伊藤之雄『政党政治と天皇』（日本の歴史二二、講談社学術文庫版、二〇一〇年）一八七頁、同「近代日本の議会制の発展と立憲君主制の形成」（比較法史学会編『法生活と文明史』未来社、二〇〇三年、所収）等を参照のこと。

＊77　「大総統選挙法」（『政府公報』第九五四号、一九一四年一二月三〇日）。

＊78　フランス第三共和制下の大統領も上院の同意を得て下院を解散することができたが、解散権が執行権力を強化するという警戒から解散権の規定は死物と化し、「政府に対する議会の万能、議会に対する政府の無力、政府の極度の不安定が第三共和制の習慣となった」とされる（佐藤功『比較政治制度』東京大学出版会、一九六七年、一七五頁）。

＊79　前掲、山田「袁世凱帝制論再考―フランク・J・グッドナウと楊度」、曽田『中華民国の誕生と大正初期の日本人』一〇五頁。

＊80　坂野潤治『近代日本の国家構想 一八七一―一九三六』（岩波現代文庫版、二〇〇九年）第三章。

＊81　前掲、谷麗娟・袁香甫『中華民国国会史』中巻九三三～九四六頁、石川『中国憲法史』三九頁。

＊82　「憲法会議第三十四次会議速記録」一九一七年三月一九日（『憲法会議公報』第三九冊、七五～八八頁：『制憲史料』⑨所収）、「憲法会議第十二次会議速記録」（『憲法会議公報』第二冊、三二～三五頁：『制憲史料』④所収）。

＊83　賀賛元「対於憲法草案大総統解散衆議院意見書」（『憲法会議公報』第八冊、六三～六八頁：『制憲史料』⑤所収）。賀賛元は衆議院議員。

＊84　「憲法会議第三十六次会議速記録」一九一七年三月二三日（『憲法会議公報』第四〇冊、六二～六三頁：『制憲史料』⑩所収）。発言者は衆議院議員秦広礼。

＊85　奉楷「反対憲法草案及各修正案主張解散衆議院之意見書」（『憲法会議公報』第五〇冊、九二～九五頁：『制憲史料』⑫所収）。奉

楷は衆議院議員。

＊86 「憲法会議議事録第五十二号」一九一七年五月一四日（『憲法会議公報』第五〇冊、一五～一七頁・『制憲史料』⑫所収）。また、前掲薛恒『民国議会制度研究（一九一一―一九二四）』二六七～二六八頁も参照のこと。

Ⅱ　安福国会と臨時約法——世論に対峙する議会——

1　問題の所在

一九一六年六月の袁世凱の死後、副総統黎元洪が臨時約法の規定に基づいて大総統に就任した。彼は就任とともに、正式憲法制定以前における臨時約法の有効と旧国会の復活を命令し、同年八月一日に旧国会が北京で活動を再開した。復活した旧国会では、国務総理となった軍事・官僚閥安徽派の総帥段祺瑞が、梁啓超らを中心に結束する旧進歩党系の憲法研究会・憲政討論会などを与党として、旧国民党系を中心に結成された憲法商榷会と対立した。しかし、前章末尾に記したように、第一次大戦参戦案の承認をめぐって段祺瑞と旧国民党系議員の対立は深まり、事態を収拾できないと悟った黎元洪は長江巡閲使の張勲に調停を依頼し、一九一七年六月一二日に旧国会の機能を停止させた。

北京に入った張勲は清朝を再興する「復辟」を断行したものの失敗に終わり、一九一七年七月に軍事・官僚閥の直隷派を率いる馮国璋が代理総統になったが、政局の主導権を握ったのは改めて国務総理に就任した段祺瑞であった。段は、憲法研究会系（以下、研究系）の梁啓超・湯化龍らの献策を入れて旧国会とは別の国会を新たに召集することを決意し、一九一八年五月末から六月初旬にかけて新たな選挙法に基づく衆参両院の国会議員選挙が実施された。その結果、段祺瑞の腹心徐樹錚が率いる安福倶楽部（安福系とも称される）が、不法・買収選挙によって圧倒的議席数を獲得し、同年八月一二日に新しい国会が召集された。この国会が「新国会」であり、安福倶楽部が多数を占めたため「安福国会」とも呼ばれた。

一方、黎元洪により機能を停止された旧国会の旧国民党系議員らは、広東に南下して孫文を大元帥とする軍政府を組織するとともに、新国会に対抗して独自に国会を召集した。旧国会の解体と新国会の召集は、北京と広東の双方に政府と国会が対峙する「南北対立」の政治状況を生み出したのである。この後、広東に南下した議員たちは内部分裂や定足数の不足に苦しみながら、「国会非常会議」「非常国会」等の名義で活動を継続したが、広東政局が混迷するなかで同地を離れる議員も多かった。[*1]

さて、本章の課題は、一九一八年に新たに召集された新国会を素材に、〈議会の正統性〉という問題にアプローチするところにある。たびたび指摘してきたように、中国では清末の立憲制導入にともない議会が表出する「民意」、あるいは「民意」を集約する議会という制度に、権力の正統性の根拠を求める統治観が形成された。これを裏返せば、〈議会の正統性〉は、議会が国政に「民意」を確実に反映させていると、「国民」により幅広く認知されることで成り立っていたといえよう。つまり、議会に正統性を付与するのは、「民意」の源泉である「国民」の集合的な意思にほかならなかった。

したがって、〈議会の正統性〉を問題にする場合、正統性の根拠は議会への「国民」の意思・利害の反映如何という視角から論じられることになるが、その反映の如何を測定するためには、恐らく議員の選挙方法と議会運営のあり方が具体的な論点となってくるだろう。議員の選挙方法は「国民」の代表を選定する手続き、議会運営は「国民」の代表である議員が「民意」を表出する制度的な手続き、すなわち議会権限の運用（そこには当然のことながら、政府との権限関係も含まれる）に関係する。換言すれば、選挙方法は議会の民主主義的要素に関わり、議会運営の如何はその自由主義的要素に関わるといえよう。このうち、本章では議会運営（議会権限の運用）のあり方に注目して、新国会を素材としながら〈議会の正統性〉という問題に迫ってみたい。[*2]

議会権限の運用は、議会が有する権力――あるいは政府が議会に対して持つ権限――の強弱によって左右されるが、政府権力に対抗して議会権力の制度的強化がほぼ一貫してめざされた近代中国においては、議会の強大な権限の運用が、むしろ国民の意思・利害から乖離してしまう可能性が十分にあった。その意味で、議会権力が強化されればされるほど、国政に「国民」の意思・利害が反映され、「民意」を表出する〈議会の正統性〉も担保されると単純に考えるわけにはいかない。

さて、本章が分析の対象とする新国会（安福国会）は、旧国会が臨時約法以来の「法統」を継承する正統な議会と見なされたのに対して、その成立の経緯から「法統」を逸脱した異端性が強調されてきた。伝統的な捉え方では、旧国会の「法統」を引き継いだのは新国会でなく、広東で旧国民党系議員らが設立した国会であった。しかし、「法統」の継承如何は、ここでいう〈議会の正統性〉にとりさして重要ではない。「護法」（「法統」護持）を掲げた孫文らの運動は、一九二二年に直隷派の有力者呉佩孚が旧国会の回復を宣言すると一気に存在意義を失ったし、旧国会による一九二三年の「曹錕賄選」[*3]は、臨時約法以来の「法統」に対する国民の幻想を完全に消失させた。「法統」の継承如何は、〈議会の正統性〉という問題に直接関係しないのである。

むしろ見逃すべきでないのは、一九二〇年代に至るまで正式な憲法が制定されないまま、民国初年における臨時参議院の「議会専制」的な権限が、旧国会から新国会へとそっくりそのまま継承されていた点であろう。つまり、後述するような安福系による北京政府の操縦は、新国会が臨時約法に基づく強大な権限を臨時参議院と旧国会から受け継いでいたことと無関係ではなかった。皮肉なことに、「法統」からの逸脱をもって異端視される新国会もまた、「議会専制」的権限を有した点において、臨時約法以来の「法統」をしっかりと継承していたのである。

新国会と安福系については、一九七〇年代に刊行されたネイザンの著作がなお古典的価値を有している。その研究は、北京政府をめぐる政治の構造と動向を、派閥主義による立憲主義の挫折というテーマに即して描いたもので、新国会と安福系についても有意義な情報を得ることができる。[*4] また、近年の中国では厳泉の研究が注目される。彼が、本書の「議会専制」とほぼ軌を一にする「超議会制」という概念を提示したことは序論で述べたが、新国会について安福系の議会運営や立法権運用上の安定性を高く評価している点も、中国の議会史研究の新たな動向として注目される。[*5] ただし、本章が試みるように、〈議会の正統性〉を問題にする場合、議会運営(権限運用)の技術的な側面を評価するだけでは不十分であり、本章が試みるように、「民意」を表出し「国民的世論」を形成する社会との関係から、安福系の議会活動を捉え返す必要があるだろう。

本章では、一九一九年の「中国銀行則例」関連議案をめぐる安福系と中国銀行股東(株主)、各地商会との対立を具体的な検討対象として取り上げる。中国銀行は、国民経済の形成途上にあった当時の中国において金融的なプレゼンスを強めていたが、安福系は新国会を通じてその経営権を奪取しようとしたのである。この問題は、安福系による議会権限の放縦な運用が国民的世論と真っ向から対立し〈議会の正統性〉が鋭く問われた点で、本章の課題設定にとって格好の分析事例となるだろう。[*6]

2　安福国会と中国銀行則例問題

(1)　安福国会と議会専制

一九一七年一一月、梁啓超らの研究系と連携した段祺瑞は、辛亥革命の先例を踏襲して臨時参議院を組織し、国会の再造に着手した。各省区より派遣された臨時参議院の議員は、安徽派と研究系とによって占められたが、その大部分は安徽派が掌握していたという。[*7] 翌一九一八年二月には、臨時参議院が修正・議決した「国会組織法」「参議院議員選挙法」「衆議院議員選挙法」が公布され、この新選挙法に基づく国会議員選挙により同年八月に成立したのが新国会であった。

今回の国会議員選挙は、広東・広西・雲南・貴州・四川の西南各省が反対し、湖北・湖南・陝西省では実施されなかったため、新国会はその他一四省で選出された議員と、政府が派遣した蒙古・西蔵代表の議員によって構成された。安福倶楽部は、一九一八年三月六日に代理総統馮国璋が新国会選挙の実施を下令した直後（八日）に結党されたことから明らかなように、安徽派が新国会を掌握するために急造した政党であった。段祺瑞と彼の腹心徐樹錚の支持を受けた安福系は、徐樹錚の差配の下に「安徽派が支配する北京政権に依拠するとともに大量の経費を調達し、各地に人員を派遣して権力と金銭によって操縦された第二期国会選挙の茶番劇を演出した」といわれる。[*8]

かくして各省区の選挙で圧勝した安福倶楽部は、張朋園の推計によれば参議院では議員総数一四四名のうち九九名（六八・八％）を、衆議院では同じく三二八名のうち二三六名（七二％）を占めたとされる。[*9] ただし、買収選挙で大量当選したとはいえ、安福倶楽部の議員に以前の国会議員との連続性が全くなかったというわけではない。ネイザンによれば、清末の資政院・諮議局から民国初年の旧国会に至る議員の間には、かなりの連続性が認められるという。ところが、新国会の議員は以前の議会との関係性が乏しく、資政院・諮議局、臨時参議院・旧国会の議員経験者は九八名（全体の二一％）に過ぎなかった。安福系と非安福系に分けてもこの傾向はそれほど変わらず、安福系議員で旧議員経験者は二〇％、非安福系では二三％であった。[*10] しかし、この数値は、安福倶楽部の中核に議会活動に習熟したメンバーがいたことを示唆するものであり、事実、同倶楽部の議員のなかには旧進歩党の党員も多く含まれたといわれる。[*11] また、「安福国会を主導した北洋政治エリート」の多くは、「清末新政派の官僚であり、彼らの政治的立場は保守的で、基本的に立憲主義に対してアイデンティティを持っていた」という評価もある。[*12]

だが、安福倶楽部は、先に「政党」と記したものの、厳密にはそうとは呼べない特異な性格を有していた。同倶楽部は、「統一の保持、共和の強化、憲政の励行、民生の保育」を宗旨とし、理事長を頂点に幹事部（交際・会計・文牘・庶務・遊芸各課）・評議会・政務研究会を置くなど、「政党」と呼ぶに足る組織体制をとっていた。ところが、新国会の衆参両院に圧倒的な議席数を誇ったものの、ついに国務院に政党内閣を組織しようとはしなかった。また、後述するように議席数に恃んで国務院の組閣人事を左右したが、国政に対して一定の政策方針があったわけでもなく、関心の向かうところはもっぱら資金源となる財政部や交通部の人事にあったとされる。[*13] これらの点からすれば、安福倶楽部を「政党」と呼ぶのはいささか躊躇され、中国語でいう「派系」（派閥）の範疇で捉えた方が——つまり「安福系」と呼ぶのが——やはり妥当かと思われる。

次に、新国会と旧国会の異同について確認しておこう。今回の衆参両院選挙法の改定によって、両院の議員定数の削減、選挙権資格の引き上げ、省議会による参議院議員選出の廃止などが実施された。議員定数は、参議院（議員任期六年、三年ごとに半数改選）が旧国会の二七四名から一六八名に、衆議院（議員任期三年）が同じく五九六名から四〇八名へと大幅に減った。また、選挙権資格は、省議会による選挙から複選制による国民直接選挙となった参議院の条件がとくに厳しく制限された。各省区で実施される地方選挙では、①満三〇歳以上の男子で、直接税一〇〇元以上を納め、あるいは五万元以上の不動産を所有する者、②高等専門学校以上の卒業生、あるいはそれと同等の資格を有する者等々と、すぐ後に述べる衆議院に比べて財産や学歴上の制限が極めて高かった。なお、被選挙権は衆議院議員と同じく満三〇歳以上の男子に与えられた。

一方、衆議院の議員も複選制の直接選挙で選ばれたが、選挙権は二五歳以上の男子で、①直接税年納四元以上、②一〇〇〇元以上の不動産所有（蒙古・西蔵・青海は動産所有）、③小学校以上の教育歴、あるいはそれと同等の資格、の何れかの資格を持つ者に与えられた。ちなみに、旧国会の衆議院の財産制限は、直接税年納二元以上、あるいは五〇〇元以上の不動産所有であり、学歴については同じである。衆参両院に関する以上の改定には、国民党系勢力の進出を排除し国会を制御しようとする段祺瑞や、参議院を貴族院的な上院に改変しようとする梁啓超の意向が働いていたという。[*14]

しかし、注目しなければならないのは、旧国会から変化した側面ではなく、むしろ変化しなかった側面である。一九一二年八月に公布された旧「国会組織法」は、正式憲法の制定以前には臨時約法が定めた臨時参議院の職権を「民国議会」（＝旧国会）の職権にすると規定していた（第一四条）。また、臨時大総統と国務員（閣僚）に対する弾劾、及び臨時大総統の再議に関する出席議員数・議決議員数の規定等も、そのまま旧国会に適用された（第一七条）。旧国会は、予決算案については衆議院に先議権があったが、基本的には衆参両院の一致によって「民国議会」の意思を確定することになっていた（第一三・第一四条）。つまり、旧国会の衆議院と参議院は、ほぼ対等な形で臨時参議院の強大な権限をそっくり継承していたのだが、新国会の根拠となった一九一七年の修正「国会組織法」においても、以上の規定には全く変更が加えられなかった。[*15]

要するに、民国初年の臨時約法が臨時参議院に与えた「議会専制」的な権限は、旧国会から新国会へそのまま受け継がれていたのである。新国会の衆参両院は、ともども臨時参議院と同じように一切の法律の議決権を掌握し、個別閣僚人事に対する同意権と大総統・国務員に対する弾劾権を有していた。これに対して、大総統と国務院には議会解散権のない状態が受け継がれた。両院の可決案に不服の場合は、停止的拒否権を発動し再議を求めることができたとはいえ、それも再議を請求された議院が出席議員三分の二以上の多数で反対すれば否決されてしまう。本来なら、三分の二以上の多数という条件はかなり厳しいものなのだが、安福系が大量の議席数を獲得したことによって、そのハードルもかなり低くなっていたのである。したがって、新国会の「専制」的権力は臨時参議院や旧国会のとき以上に強固となり、制度上の対抗手段をほとんど持たない政府は、以下に述べるように安福系の派閥的利害に強く拘束されることになった。

まず、大総統徐世昌は一九一八年九月に安福系の支持を得て新国会で選出されたため、その政治的判断は往々にして安福系によって制約された。また、徐世昌が大総統に就任した当初、彼の腹心として国務総理となった銭能訓は、一九一九年六月に南北和議をめぐって安福系と対立するなかで辞職を強いられた。次いで、徐の期待を担った周樹模による正式内閣の組織も、安福系が財政・交通・教育各部の総長、内務・財政両部の次長、国務院秘書長ポストや薦任官五〇名の同派からの採用など法外な要求を押し付けたため、周は六月下旬についに組閣を断念せざるを得なかった。[*16] さらに、同年一二月の靳雲鵬正式内閣成立時においても、安福系は衆議院で農商・教育両総長人事の同意を拒否した。靳は段祺瑞が率いる安徽派に属していたが、安福系の後ろ盾だった徐樹錚と対立したため、安福系は敢えて閣僚人事を難航させたのである。[*17] 議会に個別閣僚人事に対する同意権を認めた臨時約法が依然として効力を持っていたことは、新国会が以上のように内閣の死命を制する上で有力な武器となっていたのである。

以上の事実は、何れも新国会を牛耳る安福系の派閥的利害に政府側が振り回された結果だったといえよう。だが、ここで改めて注意を喚起しておくべきは、以上のような安福系の恣意的な政治操作は、同派が買収選挙によって衆参両院で圧倒的な議席を獲得したことだけで可能になったのではないということである。それは、買収選挙によって得た「数の力」に、臨時約法が保障した上述のような「専制」的議会権力が結びつくことによって、初めて可能になったのであった。

(2) 安福系と中国銀行則例

一九一九年四月二八日、新国会衆議院の常会において安福系議員の李家浦が議事日程の変更動議を提出し、同系議員鄭万瞻等が提出した「恢復民国二年臨時参議院議決之中国銀行則例案」が急遽審議されることになった。同案は、定足数の不足等を理由に審議の延期を求める己未倶楽部など対立会派の反対を押し切って可決され、「衆議院規則」によれば二日の間隔を置いて開かなければならないはずの三読会も数時間で慌ただしく完了し、同日中に政府と参議院に送付された。[*18] 一方、参議院でも衆議院の可決に先立つ四月一九日、やはり安福系議員の胡鈞・呉宗濂らが、一九一五（民国四）年に修正公布された「中国銀行則例」の回復を求める議案を提出し、[*19] 二六日にも胡・呉の両議員が同議案の提案説明を行った。しかし、何れの会議も己未倶楽部を中心とした対立会派の強い反対と欠席戦術により、定足数の不足で延会となっていた。[*20]

新国会で安福倶楽部と対立する中心会派であった「己未倶楽部」は、徐世昌大総統の下で国務総理を務めた銭能訓と靳雲鵬の影響下にあって百余議席を有し、徐世昌がその後ろ楯だったという。既述のように、靳雲鵬は安徽派の人物だったが安福系を操る徐樹錚と対立したため、靳に接近する議員たちが徐世昌の腹心銭能訓の影響下にあった議員らとともに結成したのが己未倶楽部だった。新国会で安福系と対立する会派は、このほかに梁士詒を総帥とする「旧交通系」や梁啓超が率いる「研究系」などがあった。旧交通系は、新国会の選挙から成立当初にかけては安福系と提携していた。しかし、その後南北和議等の問題で対立姿勢に転じ、安福系議員を切り崩して一九一八年一一月に組織した豊盛倶楽部は所属議員が百二十余名に達したという。一方、研究系は、やはり段祺瑞と連携して新国会の掌握を狙っていたが、安福系の成立によって選挙戦で惨敗して勢いを失い、新国会では結局三十余りの議席数に甘んじていた。したがって、安福倶楽部に数の上で対抗できる勢力は己未倶楽部と旧交通系であり、旧交通系の議員も己未倶楽部と同じく「中国銀行則例」議案に断固反対の姿勢を示していたという。[*21]

さて、ここで安福系が議案に取り上げた「中国銀行則例」（以下、中行則例）について説明しておこう。中国銀行とは、いうまでもなく中華民国の中央銀行として政府を財政的に支え、また中国の経済・金融の近代化に重要な役割を果たした銀行である。中行則例は、その中国銀行の資本金、商業銀行としての営業内容、中央銀行としての業務内容、総裁・副総裁・董事・監事等の経営陣及び股東総会（株主総会）の権限などを定めた定款に当たる。ただし、中国銀行は中央銀行としての役割を担うため、通常の商業銀行とは異なり、定款は「則例」として政府によって公布されていたのである。

その中行則例は、まず一九一三（民国二）年四月七日に臨時参議院の議決に基づいて公布され（以下、民二則例）、一九一五（民国四）年九月三〇日に袁世凱政権下の参政院がそれを修正し（以下、民四則例）、さらに一九一七（民国六）年一一月二一日に再度修正されたものが「教令」として公布されている（以下、民六則例）。以上三つの則例のうち、民二則例・民四則例と民六則例との間には、今回の安福系の議案提出に関わる重大な変更点があった。すなわち、民二則例・民四則例は何れも中国銀行総裁・副総裁を政府が任命すると規定していたが、民六則例はこれを股東総会が選任する董事（日本の理事に当たる）のなかより政府が総裁・副総裁を任命すると改めたのである。[*22]

一九一七年当時、北京中央政府の財政総長であった梁啓超と中国銀行副総裁の張公権が主導したこの改正は、それまで北京政府をめぐる勢力争いや政治変動にともなって総裁・副総裁が頻繁に交代し、政府の政策に従属する傾向が強かった中国銀行の経営を、商股股東（民間株主）の影響力を強化することにより、自立・安定させようとするところに主眼があった。[*23] この民六則例が公布された結果、中国銀行の商股（民間株主保有株）は同則例公布前の三六四万三三〇〇元から七二七万九八〇〇元へと一挙に倍増し、官股（政府保有株）五〇〇万元に対して商股が優位に立つようになっていた。[*24] 一九一八年二月には同則例に基づいて中国銀行初の正式な股東総会が成立し、官商両股東によって董事九名（張公権、施肇曾、王克敏、林葆恒、李士偉、周学熙、馮耿光、潘履園、熊希齢）と監事五名（盧学溥、李劲風、陳輝徳、李律閣、張燮元）が選出され、董事のなかから政府によって馮耿光と張公権がそれぞれ総裁と副総裁に任命された。[*25]

ところで、民六則例の「教令」による公布を求めた財政総長梁啓超の大総統宛て呈文は、国会の成立後にその追認を受けることを明記していた。[*26] 既述のように、旧国会は一九一七年六月に大総統黎元洪によって再び機能を停止された。新国会が成立するのは一九一八年八月のことであったから、この一年余りの間、北京政府統治下には国会が存在しなかったのである。梁啓超が国会の承認を得ず「教令」による民六則例の公布を大総統に求めたのは、こうした事情が背景にあった。

一九一九年四月二八日に衆議院に提出された鄭万瞻等の前出の議案が、「命令をもって法律を変更するのは本来立憲国家の許さざるところである」と述べ、民六則例が国会の議決を経ないまま「教令」として公布された点を問題視し、臨時参議院が議決した民二則例の回復を要求したのは、以上のような経緯を踏まえたものだった。[*27] 他方、参議院に提出された前出の胡鈞・呉宗濂らの議案は、政府が中央銀行たる中国銀行の総裁・副総裁の任命権を完全に掌握すべきであると訴え、股東総会の影響力が強化された民六則例の不当性を攻撃していた。[*28]

安福系の目的は、一切の法律を議決するという臨時約法以来の議会権限を盾にとって、「教令」として公布された民六則例の法律としての不備を突き、民二則例の回復により総裁・副総裁の任命権を掌握して、中国銀行を自派閥の潤沢な資金源にしようとするところにあった。また、中国銀行総裁の馮耿光は、股東総会が選出した董事のなかから政府によって任命された人物ではあったが、徐世昌が新国会によって大総統に選出される前に代理総統を務めた直隷派の馮国璋と通じ、旧交通系とも緊密な関係にあったとされる。[*29] 安福系の狙いは、議案の提出を通じて中国銀行から自派と対立する派閥や人的な影響力を排除するところにもあったといえよう。

(3) 中国銀行商股股東・各地商会の反発

ところが、このような安福系の策動に猛反発したのが全国各地の中国銀行商股股東（以下、中行股東）と各省の商会であった。すでに一九一九年四月二四日には、上海総商会が大総統、国務院、財政部、中国銀行董事会・監事会に対して、新国会における安福系の動きを批判する電文を送っていた。さらに、四月二八日に衆議院で安福系鄭万瞻らの議案が可決されると、五月二日には上海在住の股東が緊急会議を開き、大総統、国務総理、中国銀行董事会・監事会に可決案の否認を求める電文を発するとともに、当時開催中であった南北和議の朱啓鈐・唐紹儀両代表にも協力を要請した。[*30] この上海の股東の動きを皮切りに、その後、鎮江、山東、浙江、漢口、河南、済南、福建、南昌等の股東が相次いで安福系に対する糾弾と民六則例を擁護する電文を発し、さらにこれに南京、天津、杭州、河南、青島など各地の総商会も呼応していった。[*31] 既述のように、民六則例の公布後、中国銀行の商股は官股に対して保有株数の上で優位に立つようになっていた。それだけに、各地の中行股東と金融・商工業者が結集する商会は安福系の策動に敏感に反応したのである。

ところが、六月一四日になると、参議院でも衆議院から送られた民二則例の回復を求める議案が安福系議員の緊急動議によって審議に付され、己未倶楽部等の反対を押し切って採決が強行された。己未倶楽部の主張によると、安福系の参議院議長李盛鐸は、出席議員九三名のうち賛成者が四四名であったにもかかわらず五四名と強弁して議案を通過させたという。その真偽のほどは定かでないが、今回も衆議院のときと同じように三読会を短時間で終了させているから、安福系の議会運営は確かに強引であった。[*32]

この参議院の強行採決に際し、中国銀行副総裁の張公権は、「今回の事態は実に中国銀行の存亡に関わるだけでなく、中国近代金融組織の成否に関係するものであり、必ずや全力を挙げて争わなければならない。すなわち、一方において股東に対しては、集会・抗議して政府に新則例の維持を求めるよう要請し、他方において全国の商会には、公開の電報を打って呼応し援助してくれるよう要請するのである」という認識を示していた。[*33] また、上海の中行股東も六月一六日に再び緊急会議を開き、「参会した股東は皆、党派が機に乗じて中国銀行の実権を強奪しようとするのは、股東の資本に関わるだけでなく全国金融を直ちに混乱させるものであるから一致して反対する。また、この衆参両院の議案を誓って承認しないことを宣言する」と主張して、大総統徐世昌に新国会が議決した民二則例の回復を拒否するよう要請した。[*34] この後、漢口、張家口、香港、江西、安徽、吉林、帰綏、湖南、天津、九江、寧波、開封、河南、福建など各地から、中行股東の反対電が政府と中国銀行董事・監事会の下に殺到していく。[*35]

以上のような全国各地からの反発は、民六則例の公布によって、既述のように中行股東や各地商会に組織された金融・商工業者が、中国銀行と利害関係を深めていたことに最大の理由があったといえよう。また、一九一〇年代後半において、全国各省に組織された各級商会の数は、長江下流域（江蘇・浙江・安徽・江西）を中心としながら一〇〇〇を優に上回り、一県一商会を基準としつつ地域の市鎮レベルに至るまで組織的に浸透していた。[*36] こうした商会の全国的・地域的な組織網の拡がりも、安福系の策動に対する反発を急速に拡大させた一因であったろう。

しかし、全国各地から急激に反対の声が上がったのは、以上のような中行股東と商会の側の要因だけでなく、中国銀行自体が公債の引き受けや政府への貸付といった財政補完業務だけでなく、国民経済形成途上の中国において、金融・経済上のプレゼンスを増しつつあったこととも無関係ではなかったと思われる。当時、中国銀行は全国二二省区に一三六の分支行網を形成し、国内為替業務において絶対的な優位を占めるようになっていた。また一九二〇年前後には、中国経済の大動脈である長江中下流域において、同行の銀行券は開港場だけでなく地域の市鎮レベルにまで浸透して広く信用を獲得するようになっていた。[*37] その結果、一九二〇年代以降の中国銀行は、長江流域を中心とした国内為替取扱高においてほぼ国内銀行の首位を占め続けることになる。[*38]

恐らく、当時の新聞各紙の論調、例えば「中国銀行は国家銀行ではあるが、確かに商股が加わっているのだから、どうして彼ら〔安福系—筆者補足。以下、引用中の〔　〕内は同じ〕が勝手に奪い取るのを放置しておけるだろうか」という主張や（『新聞報』）、中国銀行を完全に民営化し総裁・副総裁も純粋に股東が選挙することで、「中国銀行を〔政府から〕完全に独立させ、社会・金融が永久に政治潮流の影響を受けないようにする」べきだといった意見は（『時事新報』）、全国の金融・経済に占める中国銀行の地位を無視しては考えられないだろう。[*39] さらにまた、一九一九年五月四日付の『申報』は、中行則例問題の紛糾について、「安福系の目的が達せられるか否かは、単に中国銀行自身の問題ではなく全国金融の問題であり、中国銀行商股の利害だけの問題でなく全国人民の生死に関わる問題である」と論評し、「国民はどうして速やかに立ち上がり〔安福系に〕立ち向かわないでおられるだろうか」と訴えていた。[*40] これらの新聞論調から窺うことができるように、安福系に反対し中国銀行を擁護する声は、中行股東と各地商会を核としながら、次第に国民的な拡がりを持つ世論となりつつあった。

3 政府、安福国会と国民的世論

(1) 再議の回避と国民的世論

参議院の安福系が、衆議院から送られてきた中行則例案の可決を一九一九年六月一四日まで躊躇していたのは、何よりも中行股東と各地商会の反発が激しかったからであろう。しかし、同時に国民的な世論に後押しされた己未倶楽部など非安福系会派の反対を抑え、さらに政府の出方を見定める必要があったことも、中行則例案をしばらく棚上げにする要因となっていたと思われる。[*41]

一方、政府部内では、大総統徐世昌や国務総理銭能訓だけでなく、安徽派に属する財政総長の龔心湛もまた今回の安福系の策動には否定的だった。彼は、四月一八日に衆議院で中行則例案が議決される以前から、仮に衆参両院で同案が通過して議決案が政府に送達されても命令書には署名しないと語っていたし、参議院で同案が可決された後も「この件は全く賛成しがたい」と述べていた。[*42] 上述のように、龔心湛は安徽派の官僚であったが、民国成立以来、広東省の財政庁長、中央政府の財政次長・塩務署長などの要職を歴任しており、[*43] 財政官僚としての専門的見地から安福系の動きには同調し難かったのかもしれない。また、徐世昌も中行則例案が衆議院を通過した後になると、人を派遣して安福系に自重を促すとともに、同派の衆議院議長王揖唐と参議院議長李盛鐸を招き、金融界を混乱させぬよう同案審議の延期を要請していた。[*44] 政府中枢もまた、全国的な反対世論の圧力を敏感に受け止めていたのである。

安福系が参議院で六月一四日という日を選んで採決を強行したのは、その前日、徐世昌の腹心である銭能訓が国務総理を辞し、安徽派の財政総長龔心湛が総理職を代行することになったのを好機と見たからだった。[*45] だが、その結果、参議院から両院一致の議決案が政府に送られることとなり、政局の焦点は一気に政府が参議院に対して停止的拒否権(再議権)を発動するか否かに移った。臨時約法第二三条の規定では、大総統は国会の議決案件に不満な場合、議決案が送達されてから一〇日以内に再議しなければならなかった。しかしながら、既述のとおり、再議権を発動しても国会(ここでは参議院)が出席議員三分の二以上の多数で否決すれば、大総統は公布・執行を余儀なくされる。[*46] 臨時約法下の政府にとって、再議権の行使は確かに「伝家の宝刀」ではあったが、その利害の考量が思案のしどころであった。上述のように、大総統徐世昌としては、国民的な世論に配慮して民二則例の回復は避けたいものの、代理総理の龔心湛は安福系の策動に否定的とはいえ安徽派の人物であった。また、何よりも閣僚同意権によって今後の組閣人事を左右するであろう安福系と全面対決に踏み切ることは大いに躊躇された。

一方、参議院の安福系としても、徐世昌から民二則例回復議決案に対して再議の請求があった場合、己未倶楽部や旧交通系などの反対会派は依然として対決姿勢を堅持している上、六月一四日の強行採決は出席議員九三名のうち賛成五四票(己未倶楽部は四四票だったと主張した)で辛うじて実現したものであっただけに、果たして三分の二以上の多数で確実に再議を否決できるかどうか不安なところであった。[*47]

再議の期限となる六月二四日が近づくと、中国銀行董事会をはじめ上海・江西・帰綏・福建・天津等の中行股東から、政府に再議を求める声が強まっていった。中国銀行董事会の再議を求める要請は、「十余省の商会並びに数十万股の股東の来電」に裏打ちされていたといわれ、また各開港都市から政府に向けて再議を求める電報が殺到したといわれる。再議権の行使をめぐる政府の一挙一動は、まさに国民注視の下に置かれていたのである。[*48]ところが、政府が選択した方法は、参議院議決案に再議を求める替わりに、現行民六則例の改正案を参議院に提出するという全く意表を突くものだった。再議の期限であった六月二四日に政府が参議院に送付した文書は、民二則例を回復することは適切な措置であると認める一方、「六年則例にはもとより問題のところがあるが、二年則例もまた実施するには不十分な点がある」という理由から、民六則例改正案を提出するのだと説明していた。[*49]

実は財政総長の龔心湛は、これより早い五月一五日に民六則例の改正案を作成して国務院に提出しており、しかもその改正案は一七日になって大総統徐世昌より参議院に慌ただしく提出されていた。[*50]参議院が民二則例回復案を強行採決する以前のこの時点において、恐らく龔心湛には、民六則例改正案の上程によって安福系の動きを牽制する狙いがあったものと推測される。しかし、この民六則例改正案を利用して再議を回避するという政府の方針は、六月一四日に参議院で民二則例回復案が可決された直後には、すでに既定のものになりつつあったように思われる。

というのも、参議院による可決後、国務総理を代行する龔心湛は中国銀行の総裁馮耿光と副総裁張公権を財政部に呼び出し、民二則例回復案を政府は公布する意思がないこと、その替わり民六則例の改正を検討していることを告げていたのである。また、財政部が中国銀行の在上海股東に宛てた六月一七日・一八日の両電報も、衆参両院の議決案は公布せず、現行民六則例を修正して改めて両院に承認を求めていくと述べ、その上で「股東の権利を損なうことのないよう期す」と言明していた。[*51]龔の発言にせよ財政部の電報にせよ、一方で民二則例の回復を否定しながら、民六則例の改正を強調するばかりで再議権の行使については明言を避けていたのである。

再議の回避後、龔心湛は中国銀行董事会・監事会の代表と会見し、「参議院は二年案〔民二則例回復案〕を国務院に送付して了解を求めただけで、大総統に送って公布を要請していないのであるから参議院の手続きは合法といえない」と述べた。さらに、「ましてや、本部〔財政部〕が提出した〔民六則例の〕改正案を参議院はすでに議事日程に加えている。したがって、〔参議院を通過した民二則例〕回復案は当然無効である」とも述べて、再議を回避し現行則例改正案を提出した制度運用を正当化していた。[*52]

臨時約法では、臨時参議院が議決した案件は送達された臨時大総統が公布し、したがって再議を発動する主体も臨時大総統であった（第二二・二三条）。ところが、旧国会成立後の一九一三年九月二七日に公布された「議院法」第五六条によると、衆参両院で可決された議案の送達先は「政府」と記されており「大総統」とは記されていなかった。[*53]そのため、参議院が民二則例回復議決案の執行を要請したのは国務院に対してであり、しかも六月一四日付の国務院宛の文書は、この要請が「議院法」第五六条の規定に基づくものであることを明記していたのである。[*54]

ただし、同時期の参議院文書を見渡すと、大総統が提出した法律案や議員発議の法律案が議決された場合などは、参議院も大総統に直接送付しており、全ての議決案が国務院に送られていたわけではない。[*55]したがって、「議院法」がいう「政府」は、当時の制度慣行として大総統と国務院の両方を含んでいたと見るべきであろう。また、国務院宛の文書と同日、参議院が衆議院に送った可決を知らせる通知には、民二則例回復議決案を「大総統に咨達する」と書かれていたから、[*56]参議院（安福系）は国務院を経由して議決案が大総統に送達されるものと考えていた節がある。何れにせよ、「議院法」から判断する限り、大総統に決議案を送付しなかった参議院の手続きを不当とする龔心湛の制度解釈は、かなり苦しいものであったといわねばならない。

しかし、それ以上に問題なのは、以上のような政府の方針が、高まりつつあった国民的世論の期待を明らかに裏切っていたことだった。一九一九年六月一九日付の『申報』は、財政部が中国銀行在上海股東に宛てた六月一七日と一八日の電報（既出）を取り上げて、以下のように辛辣な論評を加えていた。[*57]

国会が議決した案――新国会が合法か否かは別問題であるが――を大総統が否認するときは、議決案の送達後一〇日以内に再議をすることができる。これは、臨時約法第二三条に明記されている。したがって、政府当局が国会議決案を法定期限内に再議しなければ公布執行の義務を負うのであって、再議をしないで公布もしないという余地は絶対にない。決議案を棚上げにして、別に改正案を提出するなどという方法は尚更ないのである。財政部は、法律とは何であるかを知らないのだ。前の案件を一つにして〔参議院の民二則例回復議決案と民六則例改正案を一括することを指すか?〕呆然と全てを忘れ去ろうとしているが、これがどうして国民を欺くことにならないだろうか。

さらに、この論評は続けて、参議院の形勢が衆議院ほど安福系の絶対優位となっていないことを指摘し、それだけに「政府のなすに任せて再議もせず公布もしない、ということをどうして認める道理があるだろうか」と政府の弱腰を痛烈に批判していた。参議院の安福系が、民二則例回復議決案に対して政府が再議を求めた場合、それを否決できるか不安視していたことは先に述べた。そうした参議院の状況まで見通した上で、『申報』は——恐らく国民的な世論も——政府の再議権の行使に期待していたのである。

(2)「中国銀行則例」問題の収束

ところで、政府が安福系に提示した民六則例改正の眼目は、中国銀行の資本を現有の千二百余万元から三〇〇〇万元に増額し、董事の数を現有の一一名から一三名に増員することにあった。当時、この改正案は、経営権の掌握を目論む安福系の要求に政府側が妥協したものと取り沙汰された。なぜなら、資本金の増額を見込んで発行する株式を安福系が購入すれば、増員する董事二名の枠は同派に帰することが容易に予想できたからである。[*58] しかし、三〇〇〇万元への資本金増額は、実は龔心湛の斡旋によって、六月中に中国銀行副総裁の張公権と安福系を背後で操る徐樹錚とが協議し内々に合意したものだった。また、その協議の場で、徐が安福系を説得する十分な時間を確保できるよう、政府が参議院の民二則例回復議決案を暫く公布しないことも確認されたようである。[*59] 龔心湛は、安徽派のなかでも徐樹錚を後ろ盾としており、徐とは絶対服従を誓う間柄だったという。[*60] その私的な人間関係が、今回の密約を成功させたのである。

民二則例回復案が四月二八日に衆議院を通過した後、すでに安福系の衆議院議長王揖唐と中国銀行総裁馮耿光が密会し、その際に同行資本金の増額と董事の増員が話題に上ったことが当時の新聞紙上でも囁かれていた。[*61] 龔心湛が仲介に立った六月の徐樹錚と張公権の合意も、恐らくは王・馮密会の延長上に位置づけられるものだった。安福系を牛耳る徐樹錚が張公権と合意したことで、安福系は民二則例の回復によって中国銀行の経営権を掌握しようという計画を断念し、財政部が提出した現行則例改正案の審議に応ぜざるを得なかった。問題の解決は、臨時約法が定めた再議権の行使という立憲的＝制度的な手続きの埒外で、政府要人（龔心湛）、議会閥の領袖（徐樹錚）、銀行界要人（張公権）による密室の取引によって実現したのである。

ただし、中行股東の間では、民六則例の改正と増資の両問題について根強い不信感がくすぶっていた。そのため、上海の股東を中心として結成された中国銀行商股股東聯合総会は、一九一九年六月に各省の股東と連携しつつ、上の両問題を協議するため北京で予定されていた股東総会の開催を延期に追いやり、さらに七月に発した宣言では両問題について明確に反対を表明した。[*62] 他方、中行則例問題で失敗した安福系は、その後、衆議院において中国銀行総裁・副総裁の査辦（罪状の調査と処分）を求める議案を提出し、さらに中国銀行股東総会を攪乱するなど、執拗に同行に対する攻撃を続けた。だが、一九二〇年七月の安直戦争に安徽派が惨敗したことによって新国会は解体し、結局、民六則例も改正されることなく安福系の中国銀行に対する干渉は終わりを告げた。[*63]

4　小　結

中華民国の時代に「議会専制」の危険性がもっとも現実味を持ったのは、恐らく安福系が衆参両院で圧倒的な議席数を誇った新国会においてであった。臨時約法が保障する「議会専制」的権力の下で、安福系は解散権に脅かされることもなく政府に圧力を加えることができた。また、その「議会専制」の手法は、圧倒的な「数の力」で政党内閣を組織し国務院を直接支配するのではなく、個別閣僚に対する同意権を武器に自派のポストを確保しつつ国務院を牛耳るというものだった。そこでは、政治理念や具体的な政策方針よりも、自派閥の利益を追求することが往々にして優先されていたように思われる。そうした安福系の議会運営や議会権限行使の放縦さは、本章で取り上げた中行則例問題をめぐって中国銀行の商股股東と各地商会の反発にさらされ、その過程で形成された国民的世論と大きく乖離することになった。

西欧的議会制に対する信頼は、一九二三年の「曹錕賄選」によって完全に揺らいでいくが、「民意」を表出し集約することで確保される〈議会の正統性〉は、「曹錕賄選」に至る以前の新国会においてすでに大きく損なわれていたのである。そして、新国会の正統性の根拠を動揺させたのは、安福系の買収選挙による「数の力」と、臨時約法によって保障された「専制」的議会権限とが結合した強引な議会運営であった。

新国会に限らず、臨時約法下の「議会専制」に政府が対抗する手段は、大きく二つに分けることができた。一つは、各省政府当局（督軍・省長）との提携、ないし軍事・官僚閥との合従連衡を通じて国会に圧力をかける方法である。これは、第一次大戦参戦をめぐる国務総理段祺瑞と旧国会との対立のなかで、段が督軍団会議を組織して圧力を加えたことが典型的な事例といえるだろう。いま一つは、政府が国民的世論と連携することによって国会に圧力をかける方法であり、中行則例問題をめぐる中行股東と各地商会を核とした国民的世論の形成は、その方法が現実のものとなる可能性をはらんでいた。

臨時約法の下で議会解散権を欠く政府にとって、安福国会に対抗する残された制度上の手段は、国民的な世論を背景とした停止的拒否権の行使であった。だが、再議権を行使して安福系との亀裂を深め、今後の組閣人事に影響が及ぶことを恐れた政府は、国民的な世論形成と連携して安福系との全面対決に踏み切ることができなかった。結局、政府は再議権の行使という立憲的＝制度的な手続きを放棄し、軍事・官僚閥間の合従連衡（龔心湛・徐樹錚・張公権の密約）という前者の方法に頼らざるを得なかったのである。

『申報』が厳しく批判したように、参議院の民二則例回復議決案に対して再議もせず公布もしないという政府のやり方は、明らかにルール違反であった。だが、たとえ再議権を発動したとしても、密約を容れた徐樹錚の影響力をもってすれば、安福系に再議を受け入れさせ民二則例議決案を投票によって廃案にすることは可能であったろう。形式的であっても、そうした制度的手続きを踏むことは、憲政運用のルール作りとして重要であったと思われる。そうしなかった（あるいは、できなかった）ところに、当時の中国における立憲政治の未成熟を見て取るべきかもしれない。

＊　＊　＊

本章が扱った「議会専制」と安福国会との関係については、なお論ずべき問題が残されている。以下、若干の補足をしておこう。実は新国会もまた、一九一八年一二月より衆参両院合同の憲法起草委員会を組織して憲法制定作業に着手し、翌一九年八月一二日に起草を完了していた。一〇章一〇一条からなる憲法草案の内容は、大体において天壇憲草の翻案であったとされるが、[*64]注目すべきは大総統の衆議院解散権に関して天壇憲草が認めていた参議院の同意権を削除し（同草案第六三条）、衆議院の国務員に対する不信任決議権（同第三七条）とのバランスを図っていることである。臨時約法と天壇憲草の「議会専制」的志向と異なり、議会の自由主義的要素（立法権と行政権の相互均衡・

抑制）を重視する新国会憲法起草委員会の制度設計は、中国の研究においても「初めて不信任権と解散権を平衡させる設計が出現した」ものと評価されている。[*65]

本章で明らかにしたように、新国会を掌握した安福系は、臨時約法が保障する「議会専制」的権限を拠りどころとして政府を従属させることができた。その新国会の憲法草案起草において、「議会専制」の重要な手段となる解散権の制約条件（参議院の同意）が取り払われた理由は、いったいどこにあったのだろうか。

まず考えられるのは、旧国会で「議会専制」を強く主張した旧国民党系議員の多くが、新国会に反対して広東の国会に参加したため、今回の起草作業には加わっていなかったことである。[*66]これに対して、かつて進歩党の党員として天壇憲草の起草に参与した王印川は、安福倶楽部結成の会合にも出席して同派幹部の一人となっていた。前章で指摘したように、彼は旧国会の憲法起草委員会では立法・行政両権の均衡を訴え、大総統に制約なしの衆議院解散権を認めるよう主張した人物でもあった。[*67]王のような自由主義的発想に立つ人物が安福系に参加していたことは、新国会の憲法起草作業に一定の影響を与えたのではないかと推測される。

事実、憲法起草委員会に加わった安福系議員からは、王印川の発想に通ずるような意見が出されていた。例えば、参議院で中行則例回復議案を提出した胡鈞は、臨時約法が臨時参議院に国務員任命の同意権を与えたことは「民権」の過重であると批判し、「国権主義」を主としながら、それと「民権主義」を調和させるよう主張していた。また李継楨も、極端な「民権主義」と極端な「国権主義」の衝突——彼は、かつての国民党と進歩党の対立を想起していた——を回避し、両者を調和させる「両権疏通主義」を憲法制定の原則とすべきであると訴えていた。[*68]「民権主義」を議会権力の強化をめざす志向、「国権主義」を政府権力の強化をめざす志向と読み替えるなら、胡鈞と李継楨はこの二つの志向の調和と配合を強調したのである。こうした主張は、新国会の憲法草案が打ち出した解散権と不信任権の均衡へ繋がっていくものであったろう。

要するに安福系は、現実政治において臨時約法の「議会専制」的志向の恩恵を受けながら、憲法上の理想としては「議会専制」の弊害を批判し、行政府と立法府が相互に抑制しあう自由主義的な関係を構想していたのである。

註

＊1　以上の国会をめぐる政治状況の推移については、石川忠雄『中国憲法史』（慶應通信、一九五二年）三三〜三五頁、三九〜四二頁、四六〜四九頁、薛恒『民国議会制度研究（一九一一―一九二四）』（中国社会科学出版社、二〇〇八年）八一〜九六頁、谷麗娟・袁香甫『中華民国国会史』下巻（中華書局、二〇一二年）一一六九〜一一七四頁を参照されたい。

＊2　①の選挙方法の問題については、近年、中国・台湾の学界においても制度内容や選挙実態について詳細な研究が公表されるようになってきている。さしあたり、張朋園『中国民主政治的困境、一九〇九―一九四九―晩清以来歴届議会選挙述論』（聯経出版、二〇〇七年、以下『中国民主政治的困境』と略す）、葉利軍『民国北京政府時期選挙制度研究』（湖南人民出版社、二〇〇七年）、熊秋良『移植与嬗変―民国北京政府時期国会選挙制度研究』（江蘇人民出版社、二〇一〇年）、前掲薛恒『民国議会制度研究（一九一一―一九二四）』などを参照。

＊3　直隷派の軍人曹錕が旧国会の議員を買収して大総統に当選した事件。

＊4　Andrew J.Nathan, *Peking Politics 1918-1923: Factionalism and the Failure of Constitutionalism* (Berkley. Los Angeles. London, University of California Press, 1976).

＊5　厳泉『民国製造―国会政治制度的運作一九一二―一九二四』（江蘇文芸出版社、二〇一二年）一五二〜一五四頁、同『民国初年的国会政治』（新星出版社、二〇一四年）一〇二〜一〇五頁。

＊6　従来、「中国銀行則例」問題については、姚崧齢『中国銀行二十四年発展史』（伝記文学出版社、一九七六年）、王強「商権、財政与党争―中国銀行〝民六則例風波〟述論」（『江蘇社会科学』二〇〇七年第二期）の両研究のように、専ら中国銀行史研究や金融・財政史研究の観点から論じられてきたように見受けられる。本稿は、姚崧齢、王強両氏の実証的成果を踏まえながら、憲政史・議会史研究の見地から「中国銀行則例」問題を取り上げることにしたい。

＊7　谷麗娟・袁香甫『中華民国国会史』中巻（中華書局、二〇一二年）一〇〇二〜一〇〇三頁。

＊8　前掲、谷麗娟・袁香甫『中華民国国会史』中巻一〇一八頁。

＊9　前掲、張朋園『中国民主政治的困境』一四五頁。
＊10　Andrew J. Nathan, *op. cit.*, pp.101-105.
＊11　前掲、張朋園『中国民主政治的困境』一五二頁。
＊12　前掲、厳泉『民国初年的国会政治』二三五頁。
＊13　前掲、谷麗娟・袁香甫『中華民国国会史』中巻一〇二七頁、厳泉『民国製造─国会政治制度的運作　一九一二─一九二四』一五四頁。
＊14　以上、前掲谷麗娟・袁香甫『中華民国国会史』中巻一一四四〜一一六四頁所載の「修正中華民国国会組織法」「修正参議院議員選挙法」「修正衆議院議員選挙法」、張朋園『中国民主政治的困境』一一二頁を参照。
＊15　前掲、谷麗娟・袁香甫『中華民国国会史』上巻三三五〜三三七頁、中巻一一四四〜一一四七頁。
＊16　前掲、谷麗娟・袁香甫『中華民国国会史』中巻一一〇四〜一一〇五頁、『申報』一九一九年六月一七日「周樹模組閣之形勢」、六月二四日「内閣問題」。
＊17　『申報』一九一九年一二月一日「新衆院投閣員票情形」、一二月六日「新参院通過閣員案情形」、平川清風『支那共和史』（春申社、一九二〇年）七四七〜七五一頁。
＊18　「対於回復中行旧則例之輿論／新衆議院之違法通過」（『銀行週報』第三巻一五号、一九一九年五月六日）。
＊19　「回復四年修正中国銀行則例法律案」（李強選編『北洋時期国会会議記録彙編』第一一冊、国家図書館出版社、二〇一一年、三八五〜三八七頁、同史料集については、以後『北洋国会彙編』⑪と略す）、祚「維持中国銀行現行則例之必要」（『銀行週報』第三巻一四号、一九一九年四月二九日）。
＊20　「対於回復中行旧則例之輿論／新参議院之宣告延会」（『銀行週報』第三巻一五号、一九一九年五月六日）、『晨報』一九一九年六月一七日「安福部必欲擾乱金融耶」。
＊21　前掲、谷麗娟・袁香甫『中華民国国会史』中巻一〇二六〜一〇三三頁、張朋園『中国民主政治的困境』一二七〜一二八頁、『申報』一九一九年五月四日「修改中行則例形勢之別報」。
＊22　各「中行則例」は、中国銀行総行・中国第二歴史檔案館編『中国銀行行史資料匯編』上編（一九一二─一九四九）一（檔案出版社、一九九一年）一一〇〜一二二頁に収録されている。以下、同史料集については『中行資料匯編』上①と略す。
＊23　「財政部呈大総統文」（前掲『中行資料匯編』上①一二二〜一二三頁）。
＊24　「恢復中行旧則例風潮彙誌／上海中行股東緊急会議」（『銀行週報』第三巻二二号、一九一九年六月二四日）。

＊25 姚崧齢『張公権先生年譜初稿』上冊（伝記文学出版社、一九八二年）三九頁。
＊26 前掲「財政部呈大総統文」。
＊27 「議員鄭万瞻提出恢復民国二年臨時参議院議決之中国銀行則例案」（暢盦『民六後之財政与軍閥』文林書局、発行年不詳、一四～一五頁）。
＊28 前掲「回復四年修正中国銀行則例法律案」。
＊29 前掲、暢盦『民六後之財政与軍閥』一一～一二頁。
＊30 『申報』一九一九年四月二八日「総商会反対修改中行則例」、五月四日「旅滬中国銀行股東開会紀」。
＊31 以上、「対於回復中行則例之函電彙誌」（『銀行週報』第三巻一六号、一九一九年五月一三日）、及び『申報』・『晨報』一九一九年五月の関連報道記事を参照。
＊32 『申報』一九一九年六月一七日「新参院急遽通過中行案」、『民国日報（上海）』一九一九年六月二〇日「中行則例案之反動／已未派之通電」、前掲「安福部必欲擾乱金融耶」。
＊33 前掲、姚崧齢『張公権先生年譜初稿』上冊四四頁。
＊34 前掲「恢復中行旧則例風潮彙誌／上海中行股東緊急会議」。
＊35 『申報』・『晨報』一九一九年六月の関連報道記事を参照。
＊36 陳來幸『近代中国の総商会制度—繋がる華人の世界』（京都大学学術出版会、二〇一六年）第一章・第五章を参照。
＊37 黒田明伸「二〇世紀初期揚子江中下流域の貨幣流通」（角山栄編著『日本領事館報告の研究』同文館出版、一九八六年、所収）。
＊38 馬建華・王玉茹「近代中国国内匯兌市場初探」（『近代史研究』二〇一三年第六期）。
＊39 「対於回復中行旧則例之輿論／各報館之一致反対」（『銀行週報』第三巻一五号、一九一九年五月六日）。
＊40 『申報』一九一九年五月四日「雑評二／中行則例之風波」。
＊41 『申報』一九一九年五月五日「北京通信」、六月一七日「新参院急遽通過中行案」。
＊42 前掲、祚「維持中国銀行現行則例之必要」、「安福部必欲擾乱金融耶」。
＊43 張模民『北洋政府国務総理列伝』（台湾商務印書館、一九八四年）一九二頁。
＊44 「恢復中行旧則例案近事」（『銀行週報』第三巻一六号、一九一九年五月一三日）。
＊45 前掲「新参院急遽通過中行案」。

＊46 臨時約法の条文については、繆全吉『中国制憲史資料彙編―憲法篇』（国史館、一九八九年）三七～四一頁を参照。同史料集は、以下『憲法篇』と略す。

＊47 『申報』一九一九年六月一九日「中行案通過後之風潮」、六月一八日「雑評二／安福与中行」及び前掲「修改中行則例形勢之別報」。

＊48 「中行則例風潮彙誌」（『銀行週報』第三巻二三号、一九一九年七月一日）、『申報』一九一九年六月二〇日「中行股東否認修改則例電」・「専電／北京電」、『晨報』六月二四日・二五日・二六日所載の「反対恢復中行則例電」。

＊49 国務院→参議院、咨、一九一九年六月二四日（前掲『中行資料匯編』上①三四五頁）、桂生「政府所提中行則例修正案之疑点」（『銀行週報』第三巻二三号、一九一九年七月一日）。

＊50 「財政部的修改方案」（前掲『中行資料匯編』上①三六二～三六六頁）、「大総統咨提出修正中国銀行則例文」（前掲『北洋国会彙編』⑪四八七頁）。

＊51 『民国日報（上海）』一九一九年六月一九日「中行股東所接之京電」。

＊52 『申報』一九一九年六月二七日「中行股東臨時会展期」。

＊53 「議院法」（『政府公報』第五〇三号、一九一三年九月二八日）。第五六条の条文は以下のとおり。「甲院が移送し、あるいは提出した議案を乙院が可決したとき、乙院は同案を政府に咨達し、併せて可決の旨を甲院に通知しなければならない」。

＊54 「咨国務院咨達議決恢復民国二年中国銀行則例決議案文」（前掲『北洋国会彙編』⑪五七一頁）。

＊55 例えば、大総統が提出した「国会組織法」「衆議院選挙法」修正案の議決（一九一九年四月一二日）、あるいは議員発議の「県自治法」案の議決（八月二九日）については、参議院も大総統に議決案を送付している（「咨大総統咨達議決修正国会組織法第五条及衆議院議員選挙法第九十八条案文」「咨大総統咨達議決県自治法案文」前掲『北洋国会彙編』⑪五三九頁、六三七頁）。

＊56 「咨衆議院通知議決恢復民国二年中国銀行則例決議案文」（前掲『北洋国会彙編』⑪五七三頁）。

＊57 『申報』一九一九年六月一九日「雑評二／財政部之篠巧両電」。

＊58 前掲、桂生「政府所提中行則例修正案之疑点」。なお、「民六則例」第一五条は董事の数を九名と定めているが（前掲『中行資料匯編』上①一二〇頁）、ここでは依拠した桂生の記事に従い現有董事の数を一一名のままにしておく。

＊59 前掲、姚崧齢『張公権先生年譜初稿』上冊四五頁。

＊60 前掲、張模民『北洋政府国務総理列伝』一九二頁。

＊61 『民国日報（上海）』一九一九年五月五日「中行則例案之内幕」、前掲「修改中行則例形勢之別報」。

＊62　『民国日報（上海）』一九一九年六月二三日「中行股東之緊急会議」、『申報』一九一九年七月二二日「中行商股股東聯合会続紀」。
＊63　前掲、姚崧齢『張公権先生年譜初稿』上冊四六～四八頁、王強「商権、財政与党争―中国銀行〝民六則例風波〟述論」。
＊64　前掲、石川『中国憲法史』四三頁、前掲『憲法篇』二一四頁。なお、新国会の「中華民国憲法草案」の条文は『憲法篇』二一四～二二四頁を参照。
＊65　厳泉『失敗的遺産―中華首届国会制憲　一九一三―一九二三』（広西師範大学出版社、二〇〇七年）六九～七〇頁。
＊66　事実、広東国会の憲法審議では、旧国民党系議員が国会権限の強化を求め、天壇憲草第七五条が規定する大総統の衆議院解散権の廃棄が決定されていた（前掲、厳泉『失敗的遺産―中華首届国会制憲　一九一三―一九二三』七二～七三頁、薛恒『民国議会制度研究（一九一一―一九二四）』二七四頁）。
＊67　王印川は、日本の早稲田大学で法学を学び、一九一二年に統一党幹事（後に同党副総理）、一三年に進歩党理事、衆議院議員となった。その後、袁世凱を支持して一九一三年末に政治会議議員となり、一四年には約法会議の議員、参政院参政を歴任した（徐友春主編『民国人物大辞典』河北人民出版社、一九九一年、五二～五三頁）。
＊68　「憲法起草委員会第四次会議録」一九一九年一月一五日（『憲法起草委員会会議録』第一冊一～三頁、一〇頁：李貴連主編『民国北京政府制憲史料』第三冊、線装書局、二〇〇七年、所収）。

Ⅲ　孫文の立憲構想——国民大会と立法院——

1　問題の所在

前章でも記したように、一九二〇年七月の安直戦争に安徽派が完敗したことにより、安福倶楽部は解散され新国会も消滅した。この後、政局は第一次奉直戦争（一九二二年四月末～六月）における直隷派の勝利へと推移し、北京政府の実権を掌握した同派の呉佩孚が「法統恢復」（旧国会の回復）を主張したことによって、「南北対立」の要因が取り除かれた。このため、広東の国会に参加した多くの議員も北上して、一九二二年八月一日に旧国会が再度復活した。ところが、その旧国会は、一九二三年一〇月に直隷派の曹錕に買収されて彼を大総統に選んでしまう（曹錕賄選）。そして、第二次奉直戦争（一九二四年九月～一一月）後に臨時執政に擁立された段祺瑞は、一九二五年四月に臨時約法以来の「法統」の廃棄を宣言し、旧国会は最終的に解体される。一九一〇年代から続いた国会は変転と混迷の果てに終着点を迎え、ここに中国における西欧的議会制の命脈は一旦断ち切られることになった。[*1]

しかし、およそ一三年間続いた西欧的議会制の最終的局面においても、強化された議会権力の下に政府を従属させようとする立憲的志向が保持されていたことは、ここで留意しておく必要がある。復活した旧国会が起草・審議し、一九二三年一〇月一〇日に公布された「中華民国憲法」（大総統曹錕の下で公布されたため「曹錕憲法」ないし「賄選憲法」と呼ばれる）は、衆議院に国務総理任命に対する同意権、国務員に対する不信任権、大総統・副総統、国務員に対する弾劾権を与えながら、大総統の衆議院解散権は国務員が不信任決議を受けたときにのみ行使することができ、その上参議院の同意が必要で、しかも同一会期一度だけに限定されていた。つまり、厳泉がいみじくも指摘するように、「今までと同じように立法権は極めて強く行政権と司法権の上に超越しており、分権と相互牽制の憲政構造はけっして構築されていなかった」のである。*2

ところが、臨終間際の旧国会が、西欧的議会制の下であくまで「議会専制」的志向を保持しようとしていたのとは別のところで、全く異質の「議会専制」的な志向が頭をもたげつつあった。欧米の三権分立と議会制民主主義を超克するものとして、孫文が独自に設計した五権憲法に基づく〈国民大会―五権政府〉構想である。周知のように、孫文は中国革命の発展を軍政・訓政・憲政の三段階に分けた。すなわち、軍政府の下で軍事的に革命が成就する「軍政」段階の後、国民党が国民を政治的に訓育する「訓政」段階を置き、しかる後に憲法を制定して立憲共和制を実現する「憲政」段階を想定したのである。この「憲政」への移行に際して制定されるのが「五権憲法」であり、したがって孫文のいう「憲政」とは五権憲法に基づく立憲政治を意味した。

この五権憲法の下で「民意」を代表する機関として構想されたのが、中央政府官員の「選挙」と「罷免」、法律の「創制」（制定）と「複決」（再審）の四権を行使する「国民大会」であった。国民大会は、国民が政治を管理する権力機関であり国民の代表によって組織される。そして、国民大会に責任を負い国民大会によって統制される政府が、立法・司法・行政・考試・監察の五権を掌握する「五権政府」であった。孫文は、国民大会が行使する四権を「政権」と呼び、五権政府が掌握する五権を「治権」と称した。つまり、国民大会は「政権」機関として「憲政」期統治機関の頂点に立ち、国民大会の統制を受ける五権政府には、立法・司法・行政・考試・監察の五院が置かれ、各院が相互に独立して「治権」を行使するのである。これを「五権分立」といった。

ところで、国民大会を統治機関の頂点に据える孫文の発想は、後の中国共産党の人民代表大会制と共通している。共産党の人民代表大会制の淵源は、議会を最高権力機関とするソビエト的な国家構想に求められるが、中国における系譜は一九三〇年代の労農兵ソビエト、さらには一九二〇年代国民革命期の国民会議構想にまでさかのぼることができる。[*3] 一九二〇年代に共産党が提起した国民会議構想は、当時臨終間際にあった西欧的議会制の混乱に対抗するものだったが、国民会議に止まらず労農兵ソビエトから人民代表大会制に至る構想は、共産党にとってみれば、民主主義という政治原理を徹底し、清末以来定着がめざされた西欧的立憲体制を超克するものと意識された。

一方、孫文の〈国民大会―五権政府〉構想は、その来歴において共産党のソビエト的構想と出自を異にするが、やはり西欧的な三権分立と議会制民主主義を克服するものとして着想された点では、共産党の構想と見事なまでに交錯する。そのため、中国の学界において孫文の構想は、「民主集中制の精神」や「新民主主義的憲政」への接近如何という観点から評価されることにもなる。[*4] また、孫文の構想にせよ共産党の構想にせよ、国民大会ないし人民代表大会を統治機関の頂点に据えるという点で、議会権力の強化を民主主義の制度的強化と同一視する清末以来の立憲的志向が、いわば究極の形をとって現れたものと考えることも可能であろう。

さて、孫文にとって国民大会は、彼が本来追求していた「直接民権」(直接民主主義)を国政レベルにおいて体現する代議制の「政権」機関であり、「治権」機関である五権政府を管理・統制するために至高の権力を持つべき存在であった。それだけに、一九三〇年代になると国民大会の権限は国民党の制憲論議において重要な焦点となっていく。また、一九三六年に公布された「中華民国憲法草案」(以下、五五憲草)以降、「治権」機関の一つである立法院も代議制的な構成をとるようになったため、立法院との関係如何が現実の国民大会の権力と性格を大きく左右するようにもなっていく。

そこで本章では、そもそも孫文自身がどのように国民大会と立法院を構想し、彼の立憲構想のなかに位置づけていたのか、という点を検討してみたい。

2　皇帝に代位する国民大会

孫文が五権憲法構想を最初に公表したのは、辛亥革命前の一九〇六年一一月のことだった。そのとき、ロシアの革命家に「破天荒の政体を創建する」政治学説として五権憲法の考えを披瀝した彼は、同年一二月に東京で開かれた『民報』創刊一周年を記念する会合でも、中国で五権憲法を実施する必要性と可能性について触れている。しかし、国民大会が五権憲法構想のなかで初めて提起されたのは、一九一六年七月に上海で国会議員らを前に行った演説においてであった。そして、一九一九年発表の「孫文学説—行易知難」（以下、「孫文学説」）になると、〈国民大会—五権政府〉構想の基本的な骨格が示されるようになる。一方、国民が行使する「政権」と五権政府が運用する「治権」の区分を説く「権能区分」論の原則は、一九二二年の「中華民国建設之基礎」において初めて示されたという。[*5]

こうした経緯をへて、孫文の〈国民大会—五権政府〉構想は、一九二四年一月の「国民政府建国大綱」（以下、建国大綱）において最終的な枠組みが提示される。建国大綱の条文は簡潔であり、「訓政」から「憲政」に移行する政治的プログラムの曖昧さがしばしば指摘されるところだが、[*6]ここでは同大綱から読み取れる〈国民大会—五権政府〉構想の骨子を可能な限り忠実に整理しておこう。

建国大綱によると、「訓政」から「憲政」に移行する起点となるのは県自治の完成であった。訓政期の最大の課題は、県自治の実施に向けた準備と人民の訓練であり、自治が達成された県の国民には「政権」の行使が許される。さらに、一省の全県で自治が完全に達成されると、その省では「国民代表会」によって省長の選挙が実施され「憲政を開始する時期」に入る。この「憲政を開始する時期」に「中央政府は五院の設立を完成させて五権の統治を試行すべきである」とされ、行政・立法・司法・考試・監察の五院からなる五権政府が成立することになる。なお、五院の各院長は憲法が公布されるまで「全て総統の任免と監督に服する」と規定されていることから、孫文は総統（大統領）が成立当初の五権政府を統率すると想定していたようである。

一方、「憲政」期に施行されるべき憲法の草案は、「建国大綱と訓政・憲政両時期の成績に基づき、立法院が審議・制定して民衆に随時宣伝し、採択して施行する時に備えるべきである」とされたように、立法院が作成することになっていた。そして、「全国で過半数の省が憲政を開始する時期、すなわち全省の地方自治が完全に成立する時期に至れば、国民大会を開き憲法を決定して公布する」のである。この憲法公布によって「憲政」は完成し、それ以降「中央の統治権は国民大会が行使し、国民大会は中央政府官吏の選挙権と罷免権を持ち、中央の法律に対して創制権と複決権を持つ」ことになる。[*7]

なお建国大綱は、国民大会が国民代表によって組織される点を必ずしも明示していない。ただ大綱には、「各県は地方自治政府が成立した後、国民代表一人を選んで代表会を組織し、中央政治に参加することができる」とあり、以前の著作、例えば「孫文学説」にも「すでに完全な自治に達した各県は、みな代表一人を選挙して国民大会を組織し、五権憲法を制定することができる」という一文がある。[*8] したがって、国民大会が選挙に基づく「有形」の代議制機関であることは、孫文にとり自明であったと思われる。ただし、この点は戦後の制憲工作に至って、国民大会の「無形」化が主張されるようになり問題となっていく[*9]（第Ⅶ章参照）。

ところで、〈国民大会―五権政府〉構想は、孫文が自負するように彼の独創になるものであったが、その発想の来歴もまた特異であったといわなければならない。まず、孫文が西欧的な政治制度、とりわけ三権分立制度に触発されたことは確かであろう。しかし、彼の主観的な意図はさておき、「五権分立」が「三権分立」を発展させたものでないことは、「五権」が政府権力の五つに分化した機能的・組織的な属性（即ち五院）として考えられていること一つをとっても明らかである。通常の三権分立の観点に立てば、行政権から独立すべき立法権と司法権を、政府権力のなかに機能的にも組織的にも組み込んでしまうような発想は、およそ考えられないだろう。

孫文は、一九二一年四月に広東省教育会で五権憲法について演説した際、西欧の三権分立になぞらえて、専制王朝時代の中国には立法・行政・司法の各権を統括する「君権」と「考試権」・「弾劾権」の三権が分立していたと指摘している。彼によれば、五権分立とは王朝時代の権力分立のあり方に「造反」して「君権」を排除し、それによって独立した立法・行政・司法の三権を改めて考試権・弾劾権と並立させることであった。すなわち、「この五権憲法は上下を転倒させて、君権を取り除き、同時に君権中の行政、立法、司法三権を取り出して三つの独立した権とする」のである。明らかなように、ここでも五権分立は西欧的な三権分立の発展形態として説明されるのでなく、伝統中国の権力分立を発展させたものとして導き出されている。[*10]

ただし、専制王朝の下で一切の権力は皇帝に統一・集中されていたというべきだから、「考試権」と「弾劾権」が「君権」=皇帝権力から独立していたという孫文の解釈は成り立たないだろう。彼のいう専制王朝下における立法・行政・司法・弾劾・考試の「五権」とは、実のところ「君権」=皇帝権力の五つに分化した機能的属性を意味するに過ぎず、実体的・組織的に分立しつつ皇帝に直属した三省六部的な王朝の諸機構から抽出されてきたものでしかなかったというべきである。

それでは、「造反」によって排除された「君権」=皇帝権力は何処に行ってしまったのだろうか。周知のように、孫文は民権主義講演において、国民が選挙・罷免・創制・複決の四権を行使することを「全民政治」と呼び、さらに「全民政治」とは「四億の人を皇帝にする」ことだとして、以下のように定義している。[*11]

人民が政府を直接管理できるようにするなら、この四つの民権〔選挙・罷免・創制・複決四権のこと──筆者補足。以下、引用中の〔 〕内は同じ〕を実行できるようにしなければならない。人民が四つの民権を実行できて、やっと全民政治と称することができる。全民政治とはいかなる意味か。すなわち、以前述べたことがあるように、四億の人を皇帝にすることだ。四億の人はいかにして皇帝になることができるのか。すなわち、この四つの民権をもって国家の大事を管理することである。

この定義を単なる比喩と捉えてしまっては、孫文が独創した制度の真意をむしろ見失ってしまう。そもそも孫文は、代議制の欠陥を補うため、「直接民権」（直接民主主義）の発想に立って国民に四権を与えようとした。しかし、実際には困難であるため、国民による四権の直接行使は地方自治を実施する各県のレベルに止め、中央では各県で選挙された国民代表からなる国民大会が間接的に四権を行使するとされた。[*12] したがって、国民大会が、「全民政治」の理念──「四億の人を皇帝にする」こと──を国政レベルで実現する機関として位置づけられていたことは明らかであろう。つまり、彼にとって国民大会（国民代表）は皇帝に代位する至高の存在であり、だからこそ「憲政」期において統治機構の頂点に据えられなければならなかった。立法・行政・司法・弾劾・考試の五権を独立させるため一旦排除された「君権」は、「四億の人を皇帝にする」という「全民政治」の理念に基づいて、五権を管理する国民大会の権力──すなわち、選挙・罷免・創制・複決の四権──に転位されていたのである。

こうして見ると、孫文の〈国民大会─五権政府〉構想は、直接には西欧的制度に触発されながら中国の伝統的制度に淵源を求めて大きく思考を迂回させ、〈皇帝〉とその下に分立した〈王朝諸機構〉を、それぞれ〈国民大会〉と〈五権政府（五院）〉とに置き換えた彼独自の発想に由来するところが大きいというべきだろう。確かに、当時の聴衆（読者）の理解を容易にするため、孫文は敢えて独創的な立憲構想を専制王朝の制度に比定したのだという想定が成り立たないわけではない。しかし逆の見方をすれば、その想定は、彼の考案した〈国民大会─五権政府〉の制度的編成が、〈皇帝─王朝諸機構〉のそれに比定できるほど相似していたからこそ可能なのである。その意味で、孫文の構想と専制王朝の機構編成との親和性は疑う余地のない事実といってよい。皇帝に代位するがゆえに至高の権力を有する国民大会〈国民代表〉、孫文が追い求めた〈国民大会―五権政府〉構想の民主主義的な核心はそこに凝縮されていた。

だが、ここで注意すべきことは、皇帝に代位する国民大会の強大な権力が、孫文の調和的＝非敵対的な「国民」観によって初めて担保されるものだった点である。もし、孫文のいう「憲政」が実現し、政治的価値観の多元化にともなう国民間の政治的対立が、政党の形をとって国民大会の代表構成にそのまま反映されるようになれば、四権の行使をめぐって国民大会は混乱の場と化し、あるいは国民大会の決定がときに五権政府の政策・方針と激しく対立する可能性も高くなる。その混乱が激化すれば、国民大会はあたかも皇帝が錯乱したかのような状態に陥るのである。[*13] しかし、国民大会は五権政府の上位に立つ「政権」機関であるため、「治権」機関の政府が国民大会を解散することは原理的に許されない。つまり、五権政府は国民大会に対する解散権を持つことができず、その結果、臨時約法下の袁世凱政権がそうであったように、事態の収拾が極めて困難となって国家意思の安定的な決定と運営に支障を来すことが予想されるのである。

孫文の調和的な「国民」観を国民大会の代表構成に移し替えて、こうした事態を抑制ないし解消する条件を見出すなら、それは国民大会が政党間の安定した協調関係にあるか、あるいは一党の安定的ないし絶対的多数、究極には一党の独占状態の下に組織されるほかなかった。そして、国民大会の党派構成が一党独占状態に近づくほど、〈国民大会―五権政府〉体制の安定性は増し、同時に国民大会と五権政府の関係は、一元的・専制的に編成された皇帝と王朝諸機構との関係に限りなく重なっていく。

したがって、孫文の構想には以下のようなジレンマが内在していたといえよう。すなわち、国民大会に強大な権限を与えれば、国民大会が政府を過度に拘束する「議会専制」的な混乱を招き、上のような党派構成の条件を満たさない限り、五権政府の安定的・効率的な政治運営を損なう危険性が生じてしまう。逆に、国民大会の権力を抑制すれば、体制の民主性を担保する「政権」の機能が劣化・磨耗して、五権政府は国民大会の管理・統制を離れ文字どおりの専制権力として自立・肥大化の途を歩み出す。結局のところ、どちらに転んだにせよ、孫文の〈国民大会―五権政府〉構想は統治体制の民主性を保障するというより専制に親和的だったのである。日中戦争前において五五憲草に帰結する国民党の制憲作業は、孫文の構想自体に内在したこのジレンマのなかで進行し、「政権」と「治権」との関係調整に腐心することになる。

なお、孫文の構想に専制への親和性を認めようとする考えは、けっして筆者だけのものではない。国民政府の台湾移転後、『自由中国』誌上で民主化を求める言論を展開した雷震は、孫文のいう「全民政治」は「ソ連が主張するところの『人民独裁』の政体」に帰結すると批判した。[*14] また国民大会の欠陥についても、孫文の立憲思想を分析した牛彤によって、①国民代表は選出された県と強制委任関係にあるため、特殊的地域利害が表出・錯綜するなかで国民大会は統一的な合意形成が困難になる、②国民大会が政府を一方的に管理・統制する「『政権』の専制」の下では、政府の安定性と効率性が損なわれる等々、筆者とほぼ共通した論点が提示されている。[*15]

以上に見たように、孫文の〈国民大会―五権政府〉構想、とりわけ政府権力の専断を掣肘するはずの国民大会には専制に対する親和性が潜んでいた。通常の三権分立体制において政府を監督する役割を担うのは国会である。いったい孫文は、国民大会以外に西欧的議会に比定できるような機関を想定しなかったのだろうか。ここで問題となるのが立法院であろう。既述のように、一九三〇年代の国民党による制憲論議以降、立法院の議会的な機能が議論の焦点の一つとなっていくからである。それでは孫文は、〈国民大会―五権政府〉構想のなかで、立法院をどのように位置づけていたのだろうか。次に、彼の立法院構想について吟味してみることにしよう。

3　治権機関としての立法院

既述のように、孫文にとって「憲政」期に「民意」を代表する機関として想定されたのは国民大会であり、立法院は五院から構成される「治権」機関（政府機関）の一つに過ぎなかった。したがって、その人員は国民大会の選挙によって選ばれるとはいえ、あくまで「中央政府官吏」に過ぎず、その点で立法院は「議員」（代議士）によって組織される「議会」と全く異なる存在であった。こうした理解は、孫文が唱えた権能区分論（後述）に依拠するなら、当然のごとく導き出される理解である。

しかし、一九二四年一月の建国大綱や同年三月から四月にかけて行われた民権主義講演より以前の孫文は、立法院を必ずしも官吏によって組織される「治権」機関の一つとは考えていなかった。「孫中山自身の立法院の位置づけに関する論述は、むしろ前後の不一致が非常に多く、甚だしい場合は互いに矛盾するところもある。一九二四年以前の彼は一般に立法院を修正された国会と見なし、その晩年は立法院の国会としての地位を根本的に否定した」。これは、近年の著作において中国の国会制度の変遷を考察した聶鑫の指摘である。[*16] 以下では、しばし彼の整理と主張に耳を傾けながら議論を進めていこう。[*17]

聶鑫によると、一九一九年の「孫文学説」の段階では、孫文は立法院を「アメリカ式の国会に接近した」ものと位置づけていた。「孫文学説」では、既述のように〈国民大会―五権政府〉構想の骨格が示されたのだが、そこで孫文は次のように述べている。

　憲法制定の後、各県人民の投票により総統を選挙して行政院を組織し、代議士を選挙して立法院を組織する。残る三院の院長は総統が立法院の同意を得て委任するが、総統・立法院に対して責任を負わず、五院はみな国民大会に対して責任を負う。各院の人員の怠慢・過失は監察院が国民大会に対して弾劾し、監察院の人員の怠慢・過失は国民大会が自ら弾劾し免職にする。国民大会の職権は、もっぱら憲法の改正と公僕の怠慢・過失を制裁することにある。国民大会と五院の職員、及び全国大小官吏の資格は、みな考試院が定める。これが五権憲法である（傍点は筆者、以下同じ）。

「孫文学説」は、さらに「五権憲法の制定、総統・議員の選出」によって「憲政」実施に至れば、人民は各県で選挙・罷免・創制・複決の四権を直接行使し、国政レベルでは選挙権以外の三権を「国民大会の代表に付託して行使する」と述べる。[*18]

このように、一九一九年の「孫文学説」では、罷免・創制・複決の三権を国民大会の権限とするが、引用部分からは国民大会の職権が憲法改正と公僕の制裁に限定されているようにも見え、やや矛盾した印象を与える。これに対して立法院は、選挙された「代議士」により組織される点で明らかに「国会」として位置づけられ、司法・監察・考試各院院長任命の同意権まで与えられているものの、国民大会との関係については全く触れられていない。この点は、実は「孫文学説」以前においても同様であった。孫文が国民大会を初めて五権憲法構想のなかに位置づけたのは、既述のように一九一六年七月に上海で行った演説においてであったが、やはりそこでも五権のなかの立法権と国民大会との関係については全く言及されていなかったのである。[*19]

ところが、聶鑫によれば、一九二一年になると孫文は立法院を依然として「国会」と見なしているものの、同院が創制・複決両権の制約を受けることを明示するようになったという。彼が根拠とするのは、先述した一九二一年四月の広東省教育会における五権憲法演説である。確かに、孫文はそこで「行政は政務を執行する大総統を設け、立法はすなわち国会であり、司法は裁判官である。弾劾と考試はともに同じく独立する」と述べていた。また、同演説の「同題異文」になると、より直截に「五権憲法下の立法人員は国会議員である」と主張している。[*20] 問題は、この演説で孫文が立法院を制約する創制・複決両権の行使主体として語っているのが、次のように「人民」であって「国民大会」ではなかった点である。

何を創制権と呼ぶのか。もし人民がある事業を行おうとするなら、公意をもって法律を創制することができる。また、もし立法院に立法を委ねたとして、人民が不便を感じたなら公意をもってその法律を廃棄することができる。この法律を廃棄する権限を複決権と呼ぶのである。また、立法院がもし良い法律を通過させないなら、人民はまた公意をもって賛成し通過させることができる。この法律を通過させる権限は創制権ではなく、やはり複決権である。[*21]

国政レベルで立法院に創制・複決権を行使するのは「人民」を代表する「国民大会」であるにもかかわらず、この演説では「国民大会」の名前が全く出てこない。ところが、興味深いことに、この演説文に添付された「治国機関」図（次頁の図表3）には、国民大会が五権政府の上部にはっきりと配置されている。聶鑫は、この点について全く注意を払っていないのだが、私たちはこの事実から何を読み取るべきなのだろうか。

恐らく孫文は、「国会」である立法院に対して、その選出母体の「人民」が創制・複決両権を行使することは「直接民権」の実践として説明できたのであろう。だが、同じ代議制機関である国民大会が立法院の上位に立って両権を行使し得る正当な理由を、容易に説明できなかったのではないだろうか。立法院を「国会」と位置づける限り、国民大会と立法院はともに直接選挙に基づく国民の代表機関であり、しかも法律の創制・複決という点で立法権上の重複関係さえ生じてしまう。つまり、国民大会を立法院の上位に置くという両機関の関係を、整合的に説明しなければならないという難問に逢着してしまうのである。

聶鑫によれば、一九二三年に孫文が発表した「中国革命史」では、国民大会と立法院に関する叙述が、一九二一年の五権憲法演説以前の主張とほぼ一致しているという。確かに、「中国革命史」から見出すことができるのは、先に

図表3　1921年4月 五権憲法演説における治国機関図

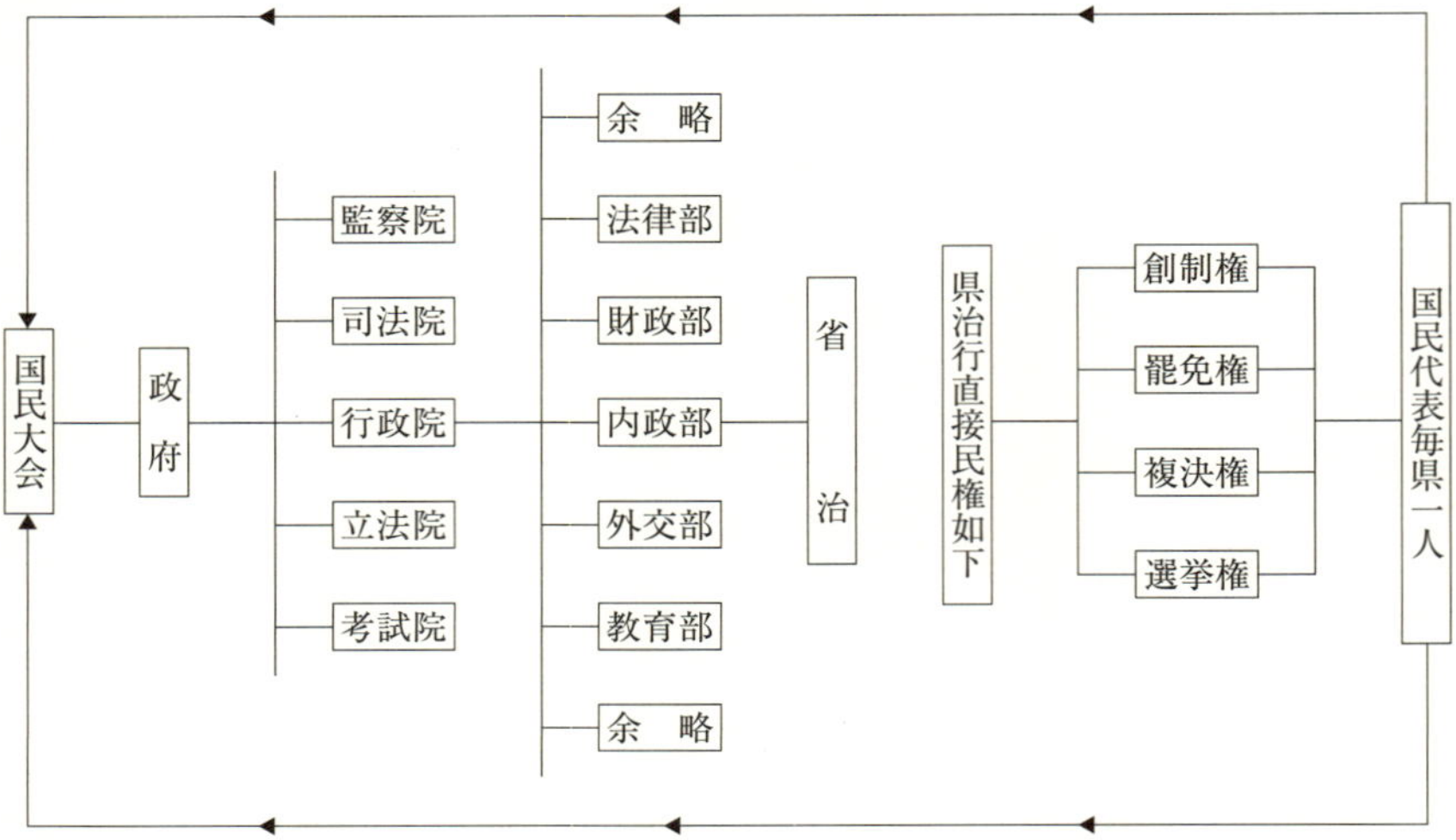

典拠：広東省社会科学院歴史研究所等合編『孫中山全集』第5巻（中華書局，1986年，498頁）より引用・作成．

一九一九年の「孫文学説」より引用したほとんどそのままの文章である。*22 つまり、そこでは、立法院が「代議士」によって組織される「国会」として位置づけられ、国民大会の機能との関係は不明のままになっている。この事実は、一九二三年段階の孫文が、依然として国民大会と立法院との権力関係を理論的に整序できていなかったことの証左となるだろう。

ところが、一九二四年の建国大綱になると、立法院を「国会」と位置づけたために生じた以上のような難問は一気に氷解してしまう。すでに紹介したように、建国大綱では「政権」機関の国民大会が「治権」機関に対して官員選挙権を行使するため、立法院の人員も政府官員として国民大会の選挙で選ばれる。したがって、国民が直接選挙しない立法院は国民大会と同格である制度的な根拠を失い、組織自体を「代議士」・「議員」からなる「国会」と見なす必要もなくなっているのである。

こうした転換のカギとなったのは、恐らく「政権」と「治権」の分離を説く権能区分論であったと思われる。それが、立法院の「国会」としての地位を否定する決定的な論拠となったはずである。権能区分論は、既述のように一九二二年に原則的な見地が主張され[23]、建国大綱と同じ一九二四年の民権主義講演では執拗なまでに論じられるようになるが、その理論的な核心は「全民政治」と「専家政治」に基づく「万能政府」にあった。前者は、既述のとおり皇帝に代位する強力な「政権」を国民に与えることであり、後者は有能な専門家によって五権政府を組織し、自立的で強大な権力を政府に与えることを意味する。この民権主義講演で注目されるのは、先に紹介した一九二一年四月の広東省教育会における五権憲法演説とは異なり、政府を管理・統制する「政権」機関として国民大会が登場している点であろう。この事実は、権能区分論によって、孫文が国民大会と立法院の関係を整合的に説明し両立させることができるようになった裏付けともなる。

すなわち「民権主義第五講」には、「専家政治」に基づく「万能政府」について、「国民は主人ですなわち有権者であり、政府は専門家ですなわち有能者である」とあり、また「彼ら〔有能者〕に能力があり国家のために働く忠誠心が有りさえすれば、われわれは国家の大権を彼らに付託し、彼らの行動に制限をつけないで、何でも自由にやらせるべきだ」とある。そして、「全民政治」については、「第六講」において「民権の極めて盛んな時代において政府を管理する方法が完全であれば、政府に大きな力があっても、人民は自分の意見を国民大会で発表しさえすれば、政府に攻撃を加えることで、これを倒すことができるし、また政府を賞賛することで、これを強化することができる」と述べ、国民大会を登場させている[24]。

ここでも孫文は、「政権」と「治権」が敵対する可能性について全く無頓着だが、ともあれ権能区分論の目的は、「全民政治」の下で「専家政治」による有能で強力な「万能政府」を実現することにあった[25]。権能区分論によって整序された「政権」と「治権」の体系の下では、立法院は「国会」として国民大会と同格の代議制機関である必要はなく、国民大会に管理・統制される「治権」機関の一つ、つまり「万能政府」において立法業務を実務的に処理する専門家の組織でなければならなかった。この意味において、国民大会と立法院は併存可能となったのである。

以上の点を踏まえ、〈国民大会―五権政府〉構想における国民大会と立法院の関係を整理すれば、次のように考えることできるだろう。まず、国民大会は法律を創制・複決する点で通常私たちが理解するところの立法権を有し、また選挙権・罷免権を通じて政府を管理・統制する。この点で、国民大会は「政権」機関であると同時に、特異な「国会」としても機能すると考えざるを得ない。孫文最晩年の構想にとって、国民大会以外に国民が選挙する「国会」のような代議制機関は不要なのである。したがって、立法院については、国民大会が最終的に確定（創制・複決）する法律を、技術的・専門的な見地から立案・作成していく――その限りで国民大会と立法権を分掌する――政府事務機関と考えるのが、孫文晩年の構想に最も忠実となるはずである。[*26]

そのため、孫文の教えに忠実であろうとすれば、五五憲草の作成に関わった張知本のように、次のような解釈が提出されることになる。[*27]読む上で注意を要するのは、孫文が立法院を「治権」機関のなかに押し込めたため、「立法権」の含意を「立法事務の処理」に矮小化して説明せざるを得なくなっている点である。

いわゆる治権とは、事務を処理する権であり、いわゆる政権とは政府を監督する権である。立法権が五種治権の一つであることは、孫中山先生がすでに民権主義と五権憲法の講演において説明している。ただ、ある人は各国代議制度の慣例が染みついているため、立法機関は人民を代表する機関であり政府を監督する最高権力を持つと考え、立法権は政権に属すべきであると主張している。しかし、こうした主張が出てくるのは、孫中山先生の説く立法権の作用がもっぱら立法の事務を処理するところにあり、他国の立法機関が政府を監督する政権を兼ね備えているのとは異なっていること、政府を監督する政権を行使する機関として、別に人民を代表する国民大会があることを知らないからである。

以上の議論から明らかなように、権能区分論によって晩年の孫文がたどり着いた構想に立つならば、立法院はけっして「国会」となるべき存在ではなかった。だが、孫文は一九二四年の建国大綱と民権主義講演に至るまで、立法院を「国会」と見なすような解釈を繰り返し提出していただけに、彼の言説には、一方において立法院の国会化を許容するような曖昧さがはらまれていたのである。立法院の位置づけが転換する前後の言説を同等に扱い、孫文の真意を忖度しようとするとき、そこに解釈上の対立と混乱が生じるのは避け難かったといえよう。この点が、戦前・戦後の制憲論議のなかで、立法院の制度的な位置づけが転変する重大な要因となった。

4 小結

孫文が、建国大綱において〈国民大会―五権政府〉構想を最終的な形で提示したのは、奇しくも彼が打倒の対象とした北京政府が臨時約法を廃止し、西欧的議会制を放棄した一九二四年のことであった。国民大会制度は、孫文にとって西欧的議会制を超克する妙案であったが、国民大会を統治機構の頂点に据え皇帝に代位する至高の権力を与えようとする点で、実は清末民初に導入された西欧的議会制から、「議会専制」の志向性をより徹底した形で継承していた。その意味では、孫文もまた、議会権力の強化を民主主義の制度的強化と同一視する立憲的志向から自由ではなかったのである。

事実、〈国民大会―五権政府〉構想には、国民大会に強大な権力を与えたことに由来する専制への親和性が刻印されていた。すなわち、国民大会に孫文が想定したような強い権限を与えれば、「万能政府」を従属させる「議会専制」の混乱を招き、逆に国民大会の権力を抑制すれば、「万能政府」が文字どおり専制的自立化の方向に突き進んでしまうのである。この問題は、国民大会に政府を一方的に管理・統制する権力を認め、しかも政府からは解散権など何らの制約も受けないという、「政権」と「治権」とのアンバランスな関係自体に原因があった。

孫文の発想は、「政権」と「治権」を一元的な機構編成の下に連結し、三権分立制のように多元的で相互に均衡・

抑制しあう権力編成を否定していた。既述のように、孫文の唱える「五権分立」とは、政府権力の五つに分化した機能的属性を意味するに過ぎず、西欧的な三権分立に比定できる代物ではなかった。孫文の立憲構想は、国民大会を統治機構の頂点に据えることで、議会の民主主義的要素を徹底的に強化しようとするものであったが、その反面において権力の分立と均衡を重視する自由主義的な議会観については、真っ向からこれを排斥していたのである。

また、「政権」を行使する国民大会の至高性は、権能区分論に基づく孫文の構想が「国会」を排除したことによっても担保されていた。国民大会と同じ直接選挙によって組織される「国会」を認めると、ともに「国民」を代表する点で国民大会の「政権」機関としての至高性が脅かされてしまうからである。ただし、それは孫文最晩年の建国大綱と民権主義講演に妥当するもので、それ以前の孫文は立法院を「国会」とはっきり位置づけていた。孫文の「五権分立」の発想は、西欧的三権分立の形式に触発され、そこに中国の王朝諸機構の機能的分化を重ね合わせることによって形成された。したがって、五権分立における「立法権」も、当初は三権分立における立法権のイメージが原型として意識されていたはずである。[*28] 恐らく、晩年に至るまでの孫文は、立法院についても国民が選挙する西欧的な「国会」のイメージを無造作に投影していたに違いない。孫がそのイメージを払拭する上で、権能区分論の果たした役割は大きかったのである。

孫文の〈国民大会―五権政府〉構想は、制度として具体化する段になると多分に解釈の混乱を招くものであった。彼の描いた「憲政」期統治体制の青写真は、必ずしも鮮明な像を結んでいなかったのである。だが、一九二八年に南京国民政府の全国政権化に成功した国民党は、日中戦争前から戦後に至る憲政運動と制憲事業のなかで、孫文が残したこの遺産と向き合い格闘しなければならなかった。とりわけ国民大会と立法院の性格は、「憲政」期統治体制の核心に触れるものだっただけに、党外の勢力も加わった制憲論議のなかで国民党を悩ますことになるのである。

註

＊1　以上の政治的推移について詳しくは、石川忠雄『中国憲法史』（慶應通信、一九五二年）四五～四六頁、五三～五五頁、五九～六〇頁、谷麗娟・袁香甫『中華民国国会史』下巻（中華書局、二〇一二年）一三四三～一三四六頁、一六八九～一七〇〇頁を参照。

＊2　厳泉『失敗的遺産―中華首届国会制憲 一九一三―一九二三』（広西師範大学出版社、二〇〇七年）一〇六頁。

＊3　野沢豊「中国における統一戦線の形成過程―第一次国共合作と国民会議」（『思想』第四七七号、一九六四年）、横山英「国民革命期における中国共産党の政治的統合構想」（横山英・曽田三郎編『中国の近代化と政治的統合』渓水社、一九九二年、所収）。

＊4　例えば、古いものでは陳盛清「論孫中山的〝五権憲法〟思想」（『学術月刊』一九五七年第九期―金冲及主編『孫中山研究論文集（一九四九―一九八四）』下、四川人民出版社、一九八六年、所収）、比較的新しいものでは王永祥『中国現代憲政運動史』（人民出版社、一九九六年）六〇～七五頁を参照。

＊5　以上、牛彤『孫中山憲政思想研究』（華夏出版社、二〇〇三年）一三五～一四二頁を参照。

＊6　例えば、光田剛「訓政開始と訓政の構想―孫文の建国大綱構想と胡漢民の訓政構想」（中央大学人文科学研究所編『中華民国の模索と苦境 一九二八～一九四九』中央大学出版部、二〇一〇年、所収）、深町英夫『孫文―近代化の岐路』（岩波書店、二〇一六年）一九六～一九七頁など。

＊7　「国民政府建国大綱」（広東省社会科学院歴史研究所等合編『孫中山全集』第九巻、中華書局、一九八六年、一二六～一二九頁）。条文の引用に当たっては、深町英夫編訳『孫文革命文集』（岩波書店、二〇一一年）の訳文（三九〇～三九四頁）を用いた。

＊8　「建国方略／孫文学説―行易知難」（『孫中山全集』第六巻、一九八五年、二〇五頁）。

＊9　一九三〇年代の五五憲草に至る制憲論議の際にも、金鳴盛のように国民大会の代議制機関としての性格を否定し、国民投票のための「無形」の機関だと主張する論者が存在した（前掲、石川『中国憲法史』一一一頁）。こうした主張が、戦後に政治協商会議が提出した五五憲草の「修改原則」において復活するわけである。

＊10　「在広東省教育会的演説（一九二一年四月四日）／附同題異文」（『孫中山全集』第五巻、一九八五年、四九五頁）。

＊11　「三民主義／民権主義第六講」（前掲『孫中山全集』第九巻、三五〇頁）。

＊12　これは、四権行使という「直接民権」を「間接民権」（代議制民主主義）によって実施することを意味する。戦後の「憲政」実施に際し、この点も国民大会が批判される論拠となった（第Ⅶ章参照）。

＊13　雷震もまた、各政党の統制力が非常に強く、ソ連のような鉄の規律が国民代表に貫徹するならともかく、党の統制力が不十分な

場合には、国民大会は「暴民政治」に変じる可能性があり、正常な討論ができなくなると述べている（雷震『制憲述要』友聯出版社、一九五七年、二一頁）。

＊14　雷震著／薛化元主編『中華民国制憲史―政治協商会議憲法草案』（稲郷出版社、二〇一〇年）一六四頁。

＊15　前掲、牛彤『孫中山憲政思想研究』一六九〜一七三頁。ただし、国民大会代表が選出単位の県と強制委任関係にあるという点は、なお検討の余地があるように思われる。

＊16　聶鑫『中国近代国会制度的変遷―以国会権限為中心』（上海人民出版社、二〇一五年）八四頁。

＊17　以下、聶鑫の議論については彼の著作の八三〜八六頁を参照されたい。

＊18　前掲「建国方略／孫文学説―行易知難」二〇五頁。

＊19　孫宏雲「孫文『五権憲法』思想の変遷」（『孫文研究』第三七号、二〇〇五年）。

＊20　前掲「在広東省教育会的演説（一九二一年四月四日）／附同題異文」四九五頁、五一一頁。

＊21　前掲「在広東省教育会的演説（一九二一年四月四日）／附同題異文」四九七頁。

＊22　「中国革命史」（『孫中山全集』第七巻、一九八五年、六二一〜六二三頁）。

＊23　「政治の主権は人民にあり、あるいは直接にこれを行使し、あるいは間接に行使する。人民が間接に主権を行使するとき、人民の代表たる者、あるいは人民の委託を受けた者は、ただその能を尽くすのみで権を自分のものにはしない。与奪の権は依然として人民にあり、だから人民が主体であって主導者なのである」（「中華民国建設之基礎」陳旭麓・郝盛潮主編『孫中山集外集』上海人民出版社、一九九〇年、三二一〜三六頁）。

＊24　「三民主義／民権主義第五講・第六講」（前掲『孫中山全集』第九巻、三一四〜三五五頁）。

＊25　かつて池田誠も、孫文の「権能区分」論が「政権と治権との調和的な均衡論」であるとし、「孫文が、現代国家における政権と治権の二元的体系が内包する矛盾と、その敵対的な性格にたいして、無神経と思われる程に楽天的でありかつ無警戒であるのも、この「権・能」区分論の調和性の然らしむるものであろう」と述べている（池田誠「孫文の「以党治国」論について―「権」と「能」の均衡による「全民政治」への期待」同『孫文と中国革命』法律文化社、一九八三年、所収、四一四頁）。

＊26　ちなみに、先に紹介した広東省教育会における五権憲法演説に関する別のテキスト（「五権憲法」張其昀主編『国父全書』国防研究院、一九六〇年、一六五頁）では、「五権憲法下の立法人員は立法治権機関における立法技術専門家にあたる」と記されている。以上に述べた権能区分論を前提にするならば、この表現が孫文晩年の立法院構想をもっとも直截に言い当てたものになる。

＊27　張知本「憲法草案委員会之使命及草案中応行研究之問題」(『東方雑誌』第三〇巻七号、一九三三年四月一日)。

＊28　前掲、孫宏雲「孫文『五権憲法』思想の変遷」も、「初期の五権憲法構想は三権分立制の代議制思想に対する改良と補充であり、本質上三権分立の精神と一致していることを見て取ることができる」と述べている。

Ⅳ　馮少山の訓政批判と立法院

1　問題の所在

一九二八年六月、蔣介石率いる北伐軍（国民革命軍）が北京に到達し、北京政府を倒した南京国民政府（以下、国民政府）は全国政権となった。北伐完了は、事実上、孫文が唱えた「軍政」期から「訓政」期への移行を意味した。同年八月の国民党第二期中央執行委員会第五回全体会議（以下、二期五中全会のように省略して表記する）はそうした状況を踏まえ、外遊中の胡漢民の提案に基づいて、国民政府に立法・行政・司法・考試・監察の「五院」を設置すると決定した。[*1] 五権分立の発想に基づく五院は、前章で見たように、本来ならば孫文の建国大綱にいう「憲政を開始する時期」に組織されるべきものであったが、胡漢民はそれを「訓政」の開始とともに設立するよう主張したのである。[*2] ただし、以下の分析においては、「憲政」期の「五権政府」と区別するため、「訓政」期の五院によって組織される国民政府は「五院政府」と呼ぶことにしよう。

ところで、この五院政府の設立とほぼ時を同じくして、大胆にも「訓政」期の統治機構に対して民主主義的な修正を迫る人物が登場した。当時、全国商会聯合会常務委員会主席の地位にあった馮少山である。彼は、広東省香山県の出身で一八八四年の生まれ。一九二〇年代には上海で金物・雑貨・洋紙類を商う文成隆号を営み、龍章造紙有限公司の董事や紙業公会の会長を務めた。この二〇年代の初めから、上海総商会の会董を歴任して上海財界気鋭の人物としてその名を知られるようになり、とりわけ一九二七年以降は総商会の主席委員として上海の財界をリードする一方、全国商会聯合会のトップにも就任して中国財界全体を率いる若き指導者に躍り出ていた。

しかしながら、全国商会の経済的実力を背景に馮少山が提出した要求は国民党の逆鱗に触れ、逮捕令を出された彼は上海を追放されてしまう。馮少山の要求は、いわば「訓政」の禁忌を犯したのである。「訓政」期の統治機構に改変を迫った馮の要求は、後述するとおり、孫文が「治権」(政府)機関の一つに想定した立法院に国民代表を参画させようとするところに核心があった。前章で指摘したように、日中戦争を挟んで展開する憲政運動と制憲事業のなかで、立法院の制度的地位が転変することを踏まえれば、彼の要求には注目すべき内容が含まれていたと考えるべきであろう。

ところが、従来の研究において、国民党統治体制に変更を迫る民主主義的要求は、あたかも知識人層の専売特許のごとく捉えられる傾向が強く、中国財界のトップにあった彼の主張に注意が向けられることはなかった。しかし、財界の経済的実力を背景に、現実の国民党支配と真っ向から切り結んだ馮少山の要求の方が、むしろ国民党を慌てさせるだけのリアリティがあったと見なければならない。そこで、本章では馮少山の要求内容と国民党の反発の理由を明らかにしながら、彼の要求・構想の意義を、その後の中国における立憲構想の展開と関連づけて考えてみることにしよう。

2 訓政統治の特質

国民党二期五中全会における五院政府組織の決定を受け、一九二八年一〇月に「訓政」期の統治形態を規定する

「訓政綱領」「中華民国国民政府組織法」及び「中央政治会議暫行条例」が国民党の中央常務委員会（以下、中常会）を通過した。[*3] そして、この統治形態は、一九三一年六月に国民政府が「中華民国訓政時期約法」を公布することによって、憲法上の国制として公定化されていく。図表4は、一九二八年時点における上記三つの国家基本法をもとに国民党と五院政府との関係を図式化したものである。馮少山の要求と構想を明らかにする前に、以下では同表に基づきながら、「訓政」期統治形態の特質をごく簡単に概観しておくことにしよう。[*4]

「訓政」期においては、国民党全国代表大会（閉会時には国民党中央執行委員会）が国民大会に代わって「政権」（選挙・罷免・創制・複決四権）を行使し、国民に代位した国民党が国民に対して「政権」運用の訓練を施す。他方において「治権」（行政・立法・司法・考試・監察五権）は国民政府に付託され、同政府がこれを総攬・執行するのである。国民政府は、国民政府主席が主宰する委員制の国務会議[*5]の下に五院が置かれ、行政院には各種行政実務を担当する各部・委員会が所属していた。

ただし、国民政府の重要な国務の遂行は、「全国で訓政を実行する最高指導機関」であり、国民党中央執行委員会（以下、中執会）に責任を負う中央政治会議（以下、中政会）の指導・監督を受けなければならなかった。中政会は、党中央執行委員・監察委員、国民政府委員、及び中執会が選定した者により組織され、独自に命令を発したり政務を処理したりすることはできなかったが、その決議は直接国民政府に交付して執行されることになっていた。国民党の政治指導機関である中政会の権限は絶大であり、建国綱領・立法原則・施政方針・軍事大計など最高国策の決議権を掌握するとともに、国家基本法に当たる「国民政府組織法」の修正・解釈権が与えられていた。また、人事権の面でも、国民政府委員、五院の各院長・副院長、行政院の各部部長・委員会委員長など政府重要ポストの人選、さらには各省政府の主要ポストや各特別市の市長、大使・公使級外交官等の人選を審議・決定する権限を握っていた。[*6] 中政会の存在こそが、「訓政」期を特色づける「以党治国」理念の制度的な具体化であったといえるだろう。

図表4　国民党と「五院政府」の関係

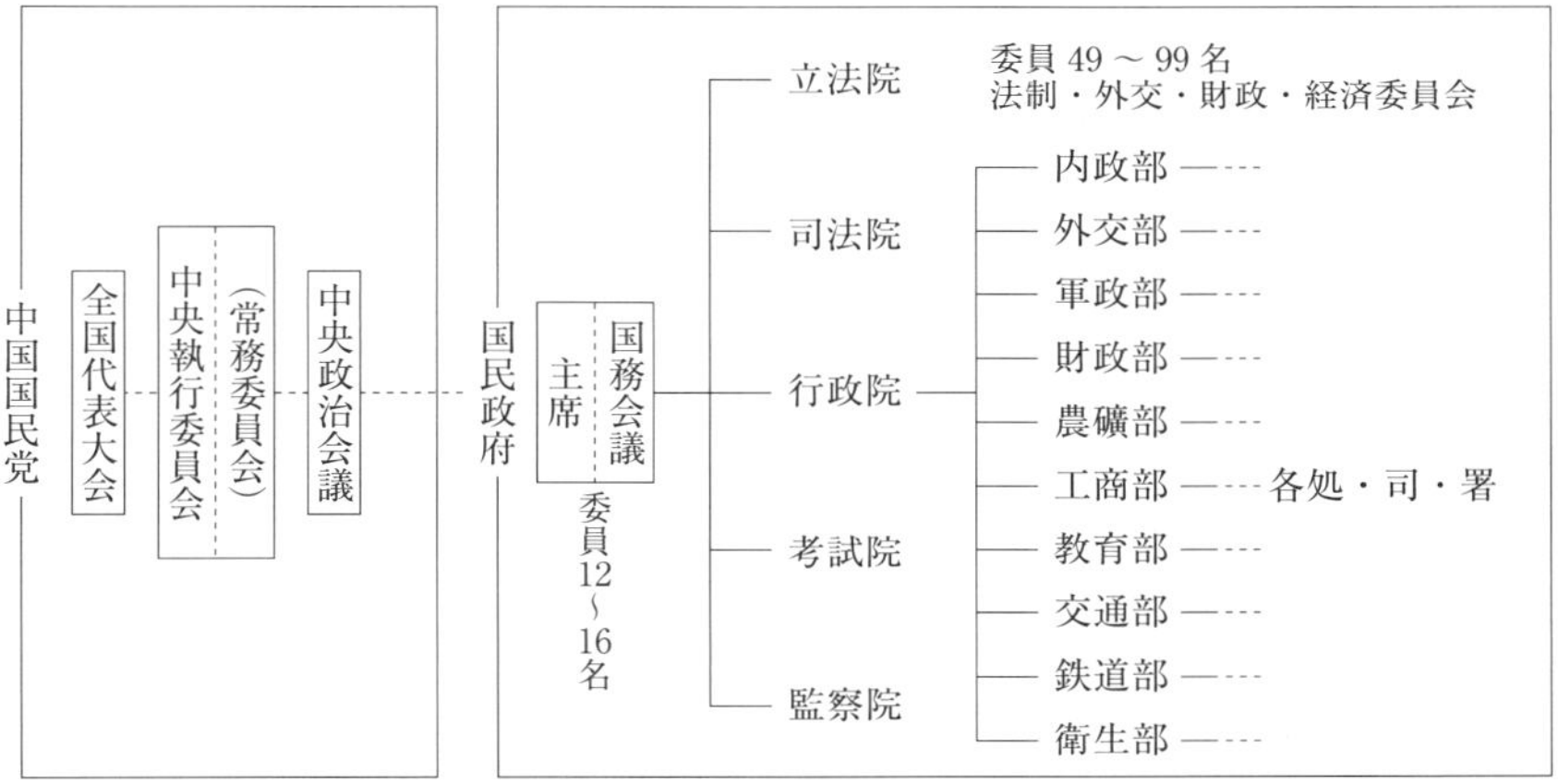

典拠：「訓政綱領」，「中華民国国民国政府組織法」，「中央政治会議暫行条例」より作成．

一九二八年一〇月に中常会を通過した「国民政府組織法」には明記されていなかったが、中政会を媒介とした党・政府間の関係を踏まえれば、五院政府が責任を負うのは明らかに国民党に対してであった。なお、五院が党に対して責任を負うことが明記されるのは、一九三一年一二月の国民党四期一中全会で修正された同組織法第一五条に、「憲法が頒布される以前は、行政、立法、司法、監察、考試各院は、おのおの中国国民党中央執行委員会に責任を負う」と規定されてからである。[*7]

ところで、通常の民主主義国家では、「議会」という形をとって立法権が政府執行権力の活動を制約する。「訓政」が始まり五院政府が成立する以前は、立法権の所在が極めて不明確であったが、一九二八年三月に公布された「立法程序法」では、中政会が一切の法律を制定し、中執会が国民政府に交付して公布させると規定されていた。[*8] これに対して、五院政府の成立後に法律の議決権を掌握したのは五院の一つである立法院であった。立法院は「国民政府の最高立法機関」として、法律・予算・大赦・宣戦・講和・条約各案、及びその他重要国際関連事項の決議権を有し、任期二年の立法委員四九名～九九名によって組織されることになっていた。

しかし、孫文が最晩年に構想した「憲政」期の立法院がそうであったように、「訓政」開始とともに組織された立法院もまた、あくまで国民政府の一「治権」機関に過ぎず、同院院長の申請により立法委員を政府が任命する点で代議制機関でもなかった。したがって、立法院に与えられた「立法権」とは、立法委員が専門的・技術的見地から法律を起草・審議し議決する権限を意味したに過ぎなかった。その上、立法院の権限は国務会議や中政会、とりわけ後者によって大きな制約を受けていた。すなわち、立法院が議決した法律案の公布には国務会議の裁可が必要であり、また上述のように法秩序の枠組みを確定する立法原則の決定権を中政会が掌握していたからである。[*9]

立法院が政府執行権力から独立して立法権を行使する「議会」的な存在でない以上、国民党は五院政府の成立後も、制度上、中政会と立法院に法律の審議・議決権を分掌させながら、総体として立法権を独占していたことになる。つまり、国民党は「訓政」の名の下に、主に議会により行使される立法権の制約を受けることもなく、中政会を媒介として党と連結する国民政府を通じて、国家意思の形成・決定過程を排他的に掌握していたのである。その意味で、「訓政」期統治機構の特徴は、何よりも「民意」を国家意思の形成・決定過程に伝達する制度化されたチャネルを欠いた点にあった。

3　馮少山の立法院参政構想

当時、上海を中心とする全国各地のブルジョワジーは、北伐の完了と「訓政」の開始とによって、国民党が具体的な経済建設に着手していくことを期待していた。一九二八年一〇月に上海で開催された全国商会臨時代表大会は、こうしたブルジョワジーの期待を背景とする数多くの議決案を国民政府に提出したが、そこでは同月の五院政府成立という事態に対応した立法過程への参画要求も提起されていた。それが、五院政府において法律の議決権を持つ立法院への参政要求である。

全国商会聯合会常務委員であった馮少山は、大会が開幕した一〇月一三日の歓迎会の席上において、国民政府工商部長の孔祥熙、上海市長の張定璠をはじめ各省の商会代表など政財界一〇〇余人が居並ぶ前で、おおよそ次のような主旨の演説を行った。「軍政時代は終わりを告げ、訓政が始まり五院が設立された今、全ての国家法規はおおむね立法院で決定されなければならない。もし、われわれ商人が立法院で議席を獲得することができるなら、代表を選出して立法に参与し、……商人の福利を代表の発言の基本に据える」べきであり、そうすれば孫文が求めていた「全民政治」をわれわれ「商人」は貫徹し実行することができる、と。[*10] 全国商会聯合会をリードする馮少山がその臨時代表大会の開幕に際し、わざわざこのように熱弁を振るったことは、彼が立法院参政要求を今大会の重要な課題と見なしていたことを示唆するものであった。大会前の九月当時、五院組織法の審議を進めていた国民党の胡漢民・戴季陶らは、その時点で「国内実業家や学術家等」の立法院への列席を考慮していたというから、[*11] 馮少山の演説もこうした情報を踏まえていた可能性がある。

馮少山の提起を受けた全国商会臨時代表大会は、一〇月一七日に常務委員蘇民生（南京総商会）の臨時動議として立法院への代表参画について討議した。その結果、全国商会聯合会（以下、全国商聯会と略）が立法委員候補として一〇名を選挙し、国民政府にそのうちから五名を委員として選抜・任命するよう求めることに決し、即日、党・政府に決定内容を打電した。しかし、その後、政府から何ら回答がなかったため、一〇月二六日に大会は国民党の許可を得ることなく立法委員候補一〇名を選出するに至った。[*12] 全国商聯会が選出した候補者一〇名は、馮少山（上海総商会）、蘇民生（南京総商会）、穆藕初（上海総商会）、王曉籟（上海・閘北商会）、方淑伯（上海県商会）、聞蘭亭（上海総商会）、鄒殿邦（広州総商会）、朱鴻達（浙江・拱宸橋商会）、盧広績（奉天総商会）、王介安（蘇州総商会）であった。江浙地域、とくに上海の代表が多いのが特徴である。

こうした全国商聯会の動きに対して、上海の国民党機関紙『民国日報』の社論は、①農工学各界からも同様に立法院へ代表を参加させなければ、国民党が「商界を偏愛している嫌い」が生ずること、②全国商聯会の要求を承諾すれば、商民協会が「商界」代表として同様の要求をした場合に拒絶することができないこと、以上の二点を指摘して中央党部がその要求を認めないだろうと示唆していた。[*13] この社論の後者の論点については、商人団体として商会と商民協会が対峙していた当時の状況を踏まえるなら妥当な批判といえる。国民党は、国民革命において、商会を解散し国民党公認の商民協会に商人組織を統一するという「商民運動」方針を掲げていたが、その方針はこの時点においてなお維持されていたのである。[*14] しかし、全国商聯会の要求は、『民国日報』の指摘にあるように、「商界」代表だけを立法院に参画させようとするものではなかった。

そこで、全国商聯会の党・政府に対する請願文と、馮少山が立法院院長の胡漢民に宛てた書翰から、改めてこの要求の内容を整理してみよう。重要な論点は、ほぼ以下の三点に集約される。①立法院を、孫文が一九二四年の「北上宣言」において主張した「国民会議」の「雛型」と位置づけ、とくに「訓政」開始時期の立法院を、同じく孫文が「北上宣言」で国民各界に開催を呼びかけた「国民会議の予備会議」と等置して、商会代表の立法院への参画を正当化していること。②「憲政」期に立法委員が完全に民選化されると想定し、国民の選挙・罷免・創制・複決四権の直接行使に備えて、その準備期である「訓政」期に四権運用の訓練のため立法委員九九名の半数を民選にするよう求めていること。そして、③農工商学各界から等しく五名の代表を立法院が受け入れることによって、孫文のいう「全民政治の実」を示すよう求めていること。[*15] このうち、農工商学各界の代表数を五名としたのは、「訓政」時期における「立法院組織法」の規定を踏まえた現実的な配慮から出たものであった。なぜなら、立法院において立法委員の提案が法律案として審議されるためには、五名以上の連署が必要だったからである。[*16]

周知のように、最晩年の孫文が唱えた「国民会議」は、反直隷派の軍隊や政党の代表のほかに、近代的実業団体、商会、教育会、工会、農会、各省学生聯合会等の代表を召集し、中国の統一と建設について討議することを目的としていた。[*17]立法院参政構想は、「訓政」期の立法院をその「国民会議の雛型」と見なすことにより、職能代表制に基づく国民代表の政治参画を実現しようとするものであった。しかも、その構想は「憲政」期の到来を展望し、孫文のいう「全民政治」の具体化として正当化されていたのである。だが、馮少山が職能代表制に立脚して「訓政」期における立法過程への参画を提起したのは、今回が初めてのことではなかった。彼は、五院政府成立以前においても、すでに「経済会議」の設立という形で職能代表制の構想を公表していたのである。

経済会議は、ドイツのワイマール憲法（一九一九年）が提起したことに始まる。同憲法によれば、経済会議は全国と地方の経済会議からなり、労使双方の利害を代弁する各種職業団体の代表を中心に組織されることになっていた。とくに全国経済会議は、政府が国会に提出する経済政策上の法案を事前に審査する権限と、経済政策に関わる法案を独自に提出する権限が認められていた。[*18]中国では、一九二七年の春以降、北方銀行界の有力者呉鼎昌や馮少山らによって、経済会議がドイツの戦後経済復興に大きな役割を果たしたとして紹介されていった。彼らは、ソビエトも含めた従来の政治制度・代議制度が、社会経済政策の策定や労資協調に十分な効果を発揮できなかったという認識に立ち、そうした問題を解決する新たな制度として経済会議に注目したのである。[*19]

一九二七年一二月に上海で開催された各省商会聯合会の大会に、上海総商会が経済会議設立を求める議案を提出している。そこから、馮少山の描いた経済会議の構想を整理してみよう。[*20]まず、経済会議議員の総計は一〇〇名で、農業・工業・商業・金融業・交通業・鉱業等の職業群ごとに定員が割り振られ、若干の偏りがあるものの各職業群ともほぼ対等に労使双方（農業の場合は地主・小作人・自作農）の代表が選出されるようになっていた。また、農業・工業・商業代表の枠には学者にも定員が与えられている。経済会議は「全国的な憲政開始、国民会議の開幕」まで存続するものとされ、権限としては①国民政府が「憲政」開始以前に公布する経済政策上の法案は同会議の承認を得なければならないこと、②経済会議自身も法案の提出権を持ち、政府にその実施を建議し得ること、③政府に経済政策上の不当な行政行為の取消と変更を請求できること、④経済会議を通過した法案は各省政府も拘束しうること、以上の四点が掲げられていた。

ここで注目すべきは、経済会議の会期が「全国的な憲政開始」までに設定されていた点であろう。この点は、立法院参政が来るべき「憲政」期を見据えた要求であったことと軌を一にしている。また、立法院参政構想は立法院を「国民会議の雛型」と性格づけていたが、経済会議は「国民会議の開幕」まで存続するものとされていた。なお、第Ⅲ章で見たように、孫文は建国大綱において「全国で過半数の省が憲政を開始する時期」になると国民大会を召集して憲法を公布すると規定した。したがって、孫文の主張に忠実であるならば、「全国的な憲政開始」に対応して開催されるのは「国民大会」であって「国民会議」ではない。立法院参政構想にせよ経済会議設立構想にせよ、職能代表制に立脚する点を正当化し権威づけるために、馮少山は「国民大会」ではなく「国民会議」を敢えて持ち出してきたと考えるべきだろうか。

何れにせよ、国民党が「訓政」期の「以党治国」理念を根拠に、「民意」(国民の集合的意思)を国政に汲み上げる制度的チャネルを排除していた以上、馮少山の要求は「訓政」の先に展望される「憲政」の理念的高みから現実の統治体制に修正を迫っていく必要があったといえるだろう。経済会議設立と立法院参政の要求が、何れも「憲政」・「全民政治」、あるいは「国民会議」といった孫文の主張を拠りどころにしていた理由は、以上の文脈から理解しなければならない。いわば「憲政」に至る理路として、上記二つの要求は、国民党が排他的に独占する「訓政」期の立法権と立法過程に、国民の代表が参画する正当性を大胆にも提起していたのである。

ところで、中国のブルジョワジーが国家の立法過程に参画しようとする動きは、馮少山指導下の全国商聯会に始まったことではなかった。中華民国成立後の一九一〇年代にも、全国商聯会は国会の一定議席を割りふるよう北京政府に要求していた。一九一二年八月に袁世凱政権が公布した衆参両院議員選挙法、同じく九月に公布した省議会議員選挙法等によれば、国会・省議会の選挙権資格には直接税と不動産所有による制限があり、[*21] 主に間接税を納付する商工業者にとっては不利であった。このため、全国各地の商会は連合して商工業界の選挙権拡大を求めるとともに、全国商聯会は大総統・国務院と臨時参議院に対して国会議席の配分を要求していたのである。この要求は北京政府に退けられたものの、一九一四年の旧国会解体後には、袁世凱政権の下で新約法を起草した約法会議、そして国会に替わって立法権を代行した参政院に全国商聯会は代表を送り込んでいる。[*22] だが、袁世凱政権が崩壊した後になると、一九一六年八月に開催された全国商聯会大会、そして一九二二年一〇月に召集された同臨時大会において、改めて国会・省議会に特定数の「商界議員」を加入させるよう求めた決議が採択されたが、何れも北京政府によって一蹴されていた。[*23]

ただし、ここで注意しておくべきは、国民政府成立以前のこうした動きと馮少山の要求との間には、見過ごすことのできない違いがあったことである。第一に、北京政府期における国会議席獲得の要求が、もっぱら「商界」の議席を獲得することに関心が集中していたのに対して、馮少山指導下の全国商聯会の要求は、「商界」だけでなく「国民各界」の代表を立法過程へ参与させようとしていた点で明らかに異なっていた。経済会議創設と立法院参政の要求は、ブルジョワジーの立法権参入という要求を、より普遍的な「国民」的要求として表現し実現しようとする企てにほかならなかった。しかも、そのための手段として採用された職能代表制は、孫文の「国民会議」構想を継承するものとして、要求の正当性を補強する役割を担っていたのである。

第二に、すでに明らかにしたように、「訓政」の下では〈国民党―国民政府〉の党・政機構が立法権を吸収した専制権力として独立化していたため、三権分立に基づく国会が存在した北京政府期とは事態が大きく異なっていた。しかも、党組織である中政会が、政府機関である立法院に法律の審議・議決権を分掌させながら立法原則や施政方針等の最終決定権を握っていたため、事態はより複雑であった。この枠組みのなかで、国民各層が国民党中枢の中政会へ代表を送り込むことは、「以党治国」の原則を直接否定することになるだけに不可能であった。とすれば、立法過程へ参入する手段として考え得るのは、党・政機構の外部に経済会議のような新たな機関を設立するか、もしくは国民政府内の立法院に代表を送り込むかして、国民党が独占する立法権を部分的に侵食していくという特異な方法をとる以外にはなかったのである。

4　国民党の批判と馮少山の追放

では、馮少山の要求に対して、国民党はいかに反応したのだろうか。

まず経済会議構想については、一九二八年六月に国民政府財政部長の宋子文が商工業界の代表と財政官僚を集めて「全国経済会議」を開催している。宋は、この会議が「国民会議」召集以前に「民衆団体から意見を採用して大きな成果を上げる」ための手段であると語り、財政次長の張壽鏞も今回の会議を「国民会議の結晶品」であると述べていた。[*24] 孫文の「国民会議」を意識したこのような発言は、明らかに馮少山らの主張を意識したものであった。しかし、宋子文の「全国経済会議」は確かに商工業界の要求を財政経済政策に汲み上げようとする意図に基づいていたが、それは馮らが主張した選挙によって組織される職能代表制の会議ではなく、ましてや「憲政」開始までを会期とする常設機関として召集されたわけでもなかった。国民党は、経済会議のような機関を設置するにしても、独立した常設機関とすることには否定的で、あくまで党・政府に従属する機関に止めようとする意向が強かった。[*25]

しかし、経済会議設立要求に対する国民党の反応がそうした微温的な拒絶に止まったのは、それが「訓政」期統治機構の外部に新たな立法過程への参画ルートを設けようとする要求であったからだった。これに対し、立法院への参画は、「訓政」期の統治機構そのものへの容喙であり、その意味で「以党治国」の理念と真っ向から対立する性格を持っていた。このため、立法院参政要求は立法院院長であった胡漢民の反駁を受け、さらに上海の国民党各級党部からも痛烈な批判を浴びることになったのである。

胡漢民は、馮少山の書翰に対する返書において、「訓政」期における立法院の性質を根拠に、「代議性質の独立した立法機関」との相違を強調した。すなわち、①立法院は「国民政府組織法」が規定しているように政府の一機関に過ぎないから、「清朝の資政院とは異なり、ましてや国民会議の雛型でもあり得ない」。②その立法原則は完全に国民党中政会の意思に基づいており、法律の公布も国務会議の議決を必要とするから、立法院は「直接、人民に責任を負わないだけでなく、政府から独立しているわけでもない」。③したがって、立法委員は議会の代議士と比較できるものではない。④「現在の訓政時期における立法院」が「いかなる国家政体の国会・議院にも相当する」と考えるのは誤解にほかならない、という論理である[*26]。

上の整理のなかで清末の資政院が登場するのは、馮少山が胡漢民宛ての書翰において、立法委員を完全な任命制にするなら立法院は資政院にも劣ると指摘したからだった。ちなみに、資政院の議員二〇〇名は、勅選議員と各省諮議局の互選議員がそれぞれ半数を占めていた[*27]。馮少山の立法院半数民選の要求は、これまで紹介してきたように孫文の「憲政」構想を前提として主張されており、その限りでは立法院の性格を五権憲法論の枠組みのなかで理解していたと読み取れる。だが、資政院を比較の対象とし、「憲政」期立法院の完全民選を展望する馮に、「訓政」期の立法院を「国会・議院」と重ね合わせて考えようとする発想があったことも確かであった。

一方、胡漢民にとって、国民党に責任を負う「訓政」期の立法院と、国民に対して責任を負う議会との違いは絶対的であった。この点において、胡は孫文最晩年の権能区分論に基づく立法院解釈にしっかりと立脚していたのである。だが、馮少山の要求に接した彼の脳裏には、あるいは第Ⅲ章で確認した立法院を国会と同一視する孫文の曖昧な捉え方が去来したかもしれない。何れにせよ、胡漢民は馮の要求のなかに、「訓政」期の立法院を民主国家の「国会・議院」に読み替えていく危険な匂いを敏感に嗅ぎ取っていたのである。胡は、翌一九二九年一二月の立法院成立一周年記念会において、立法委員を地方代表ないし職業代表にすると、各地方・各職業の利害を主張して審議に紛糾を来し立法事業を停滞させると述べ、改めて立法委員を国会議員に比定する考えを退けている。胡漢民によれば、地方ごと、職業ごとの代表が召集された国会は、個別・特殊の利害に攪乱され「全ての国民を代表していない」のであった。これに対して「党治制度下の立法院」は、国民全体を代表して「政権」を行使する国民党の付託を受けており、その点において、むしろ代議制の国会よりも優れていると彼は考えていた。[*28]

一方、上海の国民党各級党部は、全国商聯会が中央党部の許可なく独断で立法委員を選挙した点に批判を集中させた。一一月一〇日、まず市党務指導委員会が全国商聯会に対する「厳重なる譴斥」を中央党部に求め、同会に警告を与えることを決定し、[*29]これ以後、各区党部の激しい批判が展開されることになる。

第六区党部は、中央党部が決定した院長推挙という立法委員の決定方法に反対し、国民党の各級党員大会あるいは全国代表大会による立法委員の選挙を主張した区党部の一つであった。[*30]党内民主主義を強調するその主張は、「訓政時期の立法は全体党員の意思を基礎としなければ、決して党治の効果を治めることはできない」という認識に基づいていた。[*31]しかしながら、立法過程に「全体党員の意思」を反映させることを強調する第六区党部も、党外の全国商聯会の意思が立法院に直接参入することには極めて強い拒否反応を示した。一一月一五日に発表された批判文は、「いわんや訓政時期は党治実行の時代である。今、党員による選挙さえ認められていないのに、どうして商会聯合会が選挙することができるだろうか」と断じて、「該商会等の行動は……ことごとく反革命行為である」と同会への不満を露骨に表明していたのである。[*32]

第六区党部の批判は、全国商聯会が市党部の警告を受け入れるどころか逆に反駁したため、[*33]より激しさを増し、一一月末には同会が国民党の指導を軽視していると非難して、その解散を中央党部に要請するに至った。また、時を同じくして上海各区党務指導委員聯席会議でも全国商聯会の解散要求が採択され、それは上海各区党部の共通した要求となっていった。[*34] 一二月に入ると、第一区党部各分部執行委員聯席会議が、「商人」が商会の名義で政治に干渉することの抑制を求めた決議を採択している。また第二区党部は、全国商聯会による立法委員の「擅選」（独断選挙）は、馮少山がかつて深く関与した「商人政府」の主張が悪質化したものであると論難し、批判の矛先が馮少山個人に向けられつつあることを窺わせた。[*35]「商人政府」とは、一九二三年六月の北京政変（直隷派が大総統黎元洪を追放した事件）に際し、馮少山が「商人革命」を唱え、上海総商会を主導して臨時政府の設立をめざす「民治委員会」を組織したことを指している。この動きが、当時「商人政府」の建設を目論んでいると喧伝されたのである。[*36]

以上のような各級党部の批判は、国民党三全大会に向けた商会解散キャンペーンのなかで、さらに激しさを増していった。翌一九二九年一月から二月にかけて、第一区一分部、第三区、第六区など各党部が商会の解散要求を決議し、また二月の国民党上海全市代表大会では、商会及び全国商聯会を解散して、商民協会の活動を強化することが工作目標として決定された。[*37] 商会の解散を求める上海各級党部の動きは、国民革命以来の商民運動方針――商民協会による商人組織の統一という課題――に根ざす面があったことは確かであった。しかし、商会の解散要求が立法委員の「擅選」事件を契機として活発化していったこと、そして同事件が商会解散を要求する理由の重要な根拠になっていったことは軽視すべきではない。二月二日の第三区党部の主張、及びその主張を受けて市党部が三月の三全大会に提出した商会解散提案は、第一の解散理由として、商会の「帝国主義及び貪官・軍閥と結託し党国に危害を加えようとする」行為を列挙・非難するなかで、馮少山による立法委員の「擅選」と全国商聯会の「反動言論」を糾弾していたのである。[*38]

三全大会では、商民協会に対抗した商会側の精力的な請願活動もあって、商会解散提案は採択されなかった。しかし、一九二九年四月に起きた上海総商会と国民救国会（上海特別市党部が組織していた反日団体）との衝突事件は、馮少山と上海の国民党各級党部との対立を決定的なものにした。そこでの各級党部の批判は、総商会という組織よりも、同会執行部を握る馮少山や石芝坤らにその矛先を集中させていた。[*39] 市党部は「中央党部から『党権を無視し、且つ市党部の計画行動を制肘して、党組織を破壊するが如き、総商会頑固派〔馮少山らをさす—筆者補足〕を此の機会に葬るべし』との内命に接し」ていたといわれ、また「市党部の腹を割つてみれば総商会の取潰は第二義で、実は総商会主席団たる馮少山等の放逐が、第一義であつた」とも指摘されている。[*40]

かくして、上海市党部はこの衝突事件を口実として馮少山らを上海総商会から追放し、国民党中央党部は上海の全商人団体の活動を一斉に停止させた。そして、それまで馮に総商会の指導権を譲っていた寧波幇の虞洽卿・王暁籟らを中心メンバーとして、上海商人団体整理委員会の発足を命じた。一方、上海を逃れた馮少山は、一九三〇年八月には全国商聯会の事務所を北平（北京）に移し、国民党による商会の組織的改編に抵抗を続けていたようである。[*41] そして、満洲事変後の一九三一年一二月には忽然と上海に姿を現し、商人運動委員会を組織して商会指導権の奪回、孫文のいう「民権」（選挙・罷免・創制・複決の四権）の民衆への返還、人民の一切の自由の保障などを訴えた。しかし、彼の活動と要求は再び上海市党部の批判にさらされ、商工業者からも見放された商人運動委員会は短期間で解散を余儀なくされたのだった。[*42]

5 小結

上海の新聞『時事新報』は、馮少山の立法院参政要求の主旨が、「一方で事実の成り行きから党治を承認し、同時に党治の下で民治の要素を十分参入させようと可能な限り努力する」という点で、経済会議設立の要求から一貫していると述べ、馮の要求が持つ意義を正確に把握していた。その上で、こうした趨勢は「一方で商界の欧米通常国家の民治理論を継受する程度が日増しに深まっていることを証明するものだが、同時に商界の優秀分子が党治の真意について深刻に考えていないことを非常に惜しむものである」と論評していた[*43]。この『時事新報』の表現を借りるなら、馮少山の追放は、まさしく「欧米通常国家の民治理論」と国民党の「訓政」理念が衝突して起きた事態にほかならなかった。そしてまた、彼の追放は、「以党治国」の原則に抵触する政治的要求になると、それが国民党に強い経済的影響力を持つ全国商聯会の要求であろうと、断固として排除されるものであることを物語っていた。

しかしながら、「訓政」期の立法過程に参入しようとする経済会議創設と立法院参政の構想は、その後の中国における立憲構想の展開にとって先駆的な意義を有していたように思われる。本章で見たように、職能代表制に基づく立法委員半数民選という構想は厳しい国民党の批判によって一旦は葬り去られたが、一九三一年の満洲事変後になると、当の国民党によって採用されるようになる。すなわち、分裂していた南京・広東両国民政府が統一されるに及び、一九三一年一二月の国民党四期一中全会において「国民政府組織法」が修正され、立法委員は監察院の委員とともに半数を「法定人民団体」が選挙することになったのである[*44]。しかし、この規定は翌三二年一二月の国民党四期三中全会において、再び国民政府主席による任命制に改められ、実際は実施されるに至らなかった。四期三中全会において立法委員の半数民選が覆ったのは、同会で組織することが決定された「国民参政会」に民選代表が加わることになったためだった[*45]。

職能代表による立法委員の半数民選は実現しなかったものの、国民党四期三中全会に孫科らが提出した提案は、抗日体制の構築を図るため各省区と職業団体から代表を選出する「国民代表大会」の設置を求めていた[*46]。また、それより早く一九三二年四月に洛陽で開催された「国難会議」においても、地域代表と職業代表からなる「中央民意機関」として「国民代表会」の設立が提起されていた[*47]。さらに国難会議の別の提案では、各地選挙民と「法定職業団体」が半数ずつ代表を選ぶ「議会職権を代行する民意機関」の創設が求められ、そこでは国民党が前年一二月に決定した立法・監察両院委員の半数民選が実現していないことに不満が表明されていた。[*48] これらの提案の基調は、何れも国難に際して「訓政」を終結し「憲政」を実施するよう求めるところにあり、その点で「憲政」期の到来を展望し民選代表の参政を求めた馮少山の主張に連なるものだった。

次章で詳しく述べるように、国民党は一九三三年から「憲政」への移行を視野に入れた憲法制定事業に着手する。そして、一九三六年公布の五五憲草に至る憲法草案起草過程において、国民大会の間接選挙によるとはいえ立法委員の民選が自明視されるようになっていく。それは、満洲事変後の民選機関設置を求める以上のような情勢を踏まえて理解する必要があるが、同時にそうした要求の起点に馮少山の立法院半数民選要求があったことは銘記しておきたい。少なくとも、日中戦争前において、国民党は立法院が国民の選挙に基づく代議制機関となることを事実上受け入れていたのである。

孫文の「憲政」理念を逆手にとって、現実の「訓政」期統治機構に民主的な修正を迫るという馮少山の手法は、一九三〇年代以降に自由主義的な知識人たちが推進する憲政運動に継承されていった。その知識人たちの憲政運動によって「訓政」期統治機構の改変が確実性をもって政治日程に上ってくるのは日中戦争後のことだが、そこでも立法院の制度的地位が制憲構想の重大な焦点の一つになっていった。第Ⅶ章で詳述するように、国民党の五五憲草に修正を試みた一九四六年の政治協商会議「憲草修改原則」は、立法院を国民が直接選挙する「各民主国家の議会に相当する」と規定した。本章で明らかにしたとおり、馮少山の立法院半数民選の要求は、立法院を民主国家の「国会・議院」に読み替えていこうとする意図を潜ませていた。その意味で、彼の要求と構想は、戦後の「憲草修改原則」に収斂する立法院国会化の発想にも連なるものであった。

馮少山は、一九四五年以降は民主促進会・民主建国会に参加して人民政治協商会議に出席した。人民共和国成立後には、民主促進会と民主建国会の中央委員となり第二期から第四期の人民政協委員を務めるかたわら、上海市の糧食局・第二商業局・民政局の副局長を歴任し、文化大革命中の一九六七年にその生涯を閉じている[*49]。上に述べたように、戦後における「憲政」期統治機構の制度設計が、知識人による憲政運動の高まりのなかで推進されたところに、彼が民主党派へ参加していく契機もあったわけである。

註

＊1 「第五次中央執行委員全体大会紀（下）」（『国聞週報』第五巻三二期、一九二八年八月二六日）。
＊2 胡漢民の「訓政」構想については、岩谷将「訓政制度設計をめぐる蔣介石・胡漢民対立」（『アジア研究』第五三巻二号、二〇〇七年）、光田剛「訓政開始と訓政の構想—孫文の「建国大綱」構想と胡漢民の訓政構想」（中央大学人文科学研究所編『中華民国の模索と苦境 一九二八～一九四九』中央大学出版部、二〇一〇年、所収）等を参照。
＊3 三法令とも、羅家倫主編『革命文献』第二二輯（中国国民党中央委員会党史編纂委員会編輯、一九六〇年）に収録されている。以下の叙述は、特記しない限り三法令の条文による。
＊4 詳しくは、銭端升等『民国政制史』上冊（商務印書館、一九三九年）第六章・第七章を参照。
＊5 国務会議は、国民政府委員からなる合議機関であったが、実際は同会議の主席であり陸海空軍の総司令でもあった国民政府主席の権限が強大であった。
＊6 一九二八年一〇月に制定された「中央政治会議暫行条例」は、一九二九年五月と一九三〇年三月に修正されている。前者の修正により、メンバーは中央執行委員会が選任した中央執行委員・監察委員を中心に構成され、国民政府委員がはずされた。また後者の修正によって、権限に財政計画の決定権が加わったが、人事権の範囲は国民政府の主席及び委員、五院の院長・副院長及び委員、特任・特派官吏の人選に限定された（中国第二歴史檔案館『国民党政府政治制度檔案史料選編』上、安徽教育出版社、一九九四年、三八～四二頁）。
＊7 「修正中華民国国民政府組織法案」（『革命文献』第七九輯—中国国民党歴届歴次中全会重要決議案彙編（一）、一九七九年、二六三頁）。
＊8 「立法程序法」（国民政府法制局編『増訂国民政府現行法規』商務印書館、一九二九年）。

＊9　「立法院議事規則」（『国民政府公報』第一八号、一九二八年一一月一五日）には、このほかに立法院に対する中政会の優越を定めた幾つかの規定がある（同規則第一三条・二二条・四二条・六五条・六六条を参照）。また、一九三一年公布の「立法程序綱領」（『革命文献』第二五輯、一九六二年、所収）は、立法院通過法律案に対する中政会の修正権まで認めている。

＊10　『申報』一九二八年一〇月一四日「全国商会臨時代表大会開幕」。

＊11　『申報』一九二八年九月二四日「五院組織法審査結果」。

＊12　『申報』一九二八年一一月一四日「全国商会請任命立法委員」、一一月一八日「全国商会第三次執委会議紀」。

＊13　『民国日報（上海）』一九二八年一一月一四日「慎予／商聯会選挙立法委員」。

＊14　この点について詳しくは、拙稿「商民協会と中国国民党（一九二七―一九三〇）―上海商民協会を中心に」（『歴史学研究』第五九八号、一九八九年）を参照。

＊15　前掲「全国商会請任命立法委員」、『申報』一九二八年一一月一五日「馮少山為立法委員函胡漢民」。

＊16　「国民政府立法院組織法」（前掲『増訂国民政府現行法規』）第二二条を参照。

＊17　拙稿「一九二〇年代前半における各省「法団」勢力と北京政府」（横山英編『中国の近代化と地方政治』勁草書房、一九八五年、所収）。

＊18　ドイツ経済会議を中国に紹介した論説記事として、前溪（呉鼎昌）「創設中国経済会議」（『国聞週報』第四巻二〇期、一九二七年五月二九日）、馮少山「対於中国組設経済会議之主張」（『上海総商会月報』第七巻一〇号、一九二七年一〇月）、藹廬「論経済議会」（『銀行週報』第五三一号、一九二七年一二月二七日）、馬前蟄「経済議会与経済会議」（『国聞週報』第八巻一八期、一九三一年五月一一日）などを参照。

＊19　前掲の前溪、馮少山、藹廬の論説を参照されたい。

＊20　「主張経済会議者之継起」（『国聞週報』第五巻一期、一九二八年一月一日）、「各省商会聯合会議紀」（『銀行週報』第五三〇号、一九二七年一二月二〇日）。

＊21　谷麗娟・袁香甫『中華民国国会史』上巻（中華書局、二〇一二年）四四五～四七七頁。

＊22　虞和平『商会与中国早期現代化』（上海人民出版社、一九九三年）三一八～三二三頁。

＊23　『申報』一九二一年一〇月二七日「全国商会聯合会第十三次開会紀」、二二年一月五日「国会省会加商議員之部批」。

＊24　全国経済会議秘書処編『全国経済会議専刊』（学海出版社影印版、一九七三年）五八六～五八七頁。

＊25　以上、詳しくは拙稿「上海資本家階級と国民党統治（一九二七―二九）―馮少山追放の政治史的意義」（『史学研究』第一七六号、一九八七年）を参照。

＊26　『申報』一九二八年一一月一八日「胡院長覆馮少山函」。

＊27　前掲「馮少山為立法委員函胡漢民」、「資政院院章」（李啓成点校『資政院議場会議速記録―晩清預備国会論辯実録』上海三聯書店、二〇一一年、七二〇頁）。

＊28　「胡漢民在立法院成立一周年紀念会之報告詞《一年以来立法新制的施行》（一九二九年一二月五日）」（前掲『国民党政府政治制度檔案史料選編』上冊二五八頁）。

＊29　『民国日報（上海）』一九二八年一一月一一日「市指委会第五十五次常会」。

＊30　立法委員の党員による選挙を主張していた上海の区党部は、他に第二・第三・第七区党部が確認できる（『民国日報（上海）』一九二八年一一月一五日「各区指委聯席会議」、一一月二九日「三区指委常会」）。

＊31　『民国日報（上海）』一九二八年一〇月一三日「立法院委員応由党部選挙」。

＊32　『民国日報（上海）』一九二八年一一月一六日「六区党部痛斥全国商聯会」。

＊33　全国商聯会の反駁内容を直接確認することはできなかったが、国民党の批判から推測すると、党の商会に対する指導・管轄権、全国商聯会に警告した上海市党部の権限の当否を問題にしていたようである（『民国日報（上海）』一九二八年一一月二八日「六区党部請解散全国商会聯合会」、一九二九年三月二二日「滬特別市代表之四提案」）。この反駁の根拠となったのは、恐らく「民衆団体組織原則及系統」（一九二八年七月一九日に国民党中常会を通過）中の「商人組織的原則及系統」における規定である。そこでは、商民協会が「党の指導」を受け「本党革命力量の所在」とされたのに対し、商会は「政府の管理」下に置かれ「本党経済政策の所在」であると規定されていた（『民国日報（上海）』一九二八年七月二四日「中央常会通過之民衆団体組織原則及系統」）。しかし、他方において、商界を「管理」するはずの国民政府工商部は、一九二九年一月に「党治」下において「党の指導」と「政府の管理」を区別することに疑義を呈していた（『申報』一九二九年一月二六日「工商部訂定工商同業公会条例草案」）。したがって、全国商聯会の反駁の根拠も確たるものではなかった。

＊34　前掲「六区党部請解散全国商会聯合会」、『時報』一九二八年一一月二八日「各区指委聯席会議」。

＊35　『民国日報（上海）』一九二八年一二月四日「上海一、二、三各区各分部執委聯席会議詳情」、一二月二五日「二区指委会呈請解散上海総商会」。

＊36　前掲、拙稿「一九二〇年代前半における各省『法団』勢力と北京政府」を参照。
＊37　『民国日報（上海）』一九二九年一月九日「商会応取消」、二月一日「劉文輝応査辦案」、二月一二日「六区党部執委会」、二月一四日「全市代表大会議決一年内収回上海租界」。
＊38　『民国日報（上海）』一九二九年二月三日「三区党部呈請解散各地各級商会」、前掲「滬特別市代表之四提案」。
＊39　前掲、拙稿「上海資本家階級と国民党統治（一九二七―二九）―馮少山追放の政治史的意義」。
＊40　満鉄上海事務所（志村悦郎）『浙江財閥』（上海満鉄調査資料第六編、一九二九年）九一～九二頁。
＊41　「民国商聯会主席馮少山為該会被迫遷往北平辦公事致各地商会電並附宣言」（天津市檔案館・天津社会科学院歴史研究所・天津市工商業聯合会『天津商会檔案匯編（一九二八―一九三七）』上、天津人民出版社、一九九六年、五四六～五四九頁）。
＊42　商人運動委員会について詳しくは、拙稿「馮少山の「訓政」批判と「国民」形成」（曽田三郎編『中国近代化過程の指導者たち』東方書店、一九九七年、所収）を参照。
＊43　『時事新報』一九二八年一一月一五日「立法院与職業代表」（前掲『天津商会檔案匯編（一九二八―一九三七）』上五六八～五六九頁）。
＊44　前掲「修正中華民国国民政府組織法案」第三〇条（前掲『革命文献』第七九輯、二六五頁）。
＊45　前掲、石川『中国憲法史』九六～九九頁。「請定期召集国民参政会並規定組織要点交常会切実籌備以期民意得以集中訓政早日完成案」「修改国民政府組織法第三十条及第四十八条案」（前掲『革命文献』第七九輯、二九九～三〇〇頁）。
＊46　「集中国力挽救危亡案」（前掲『革命文献』第七九輯、三〇〇～三〇四頁）。
＊47　「設立中央民意機関案」（国難会議秘書処編『国難会議紀録』文海出版社、一九八四年影印版、一一八～一一九頁）。
＊48　「応付東北事変対外宜運用外交手腕密修戦争準備対内宜結束訓政即日実施憲政羅致全国人才共図治理案」（前掲『国難会議紀録』一三四～一三七頁）。
＊49　《上海工商社団志》編纂委員会編『上海工商社団志』（上海社会科学院出版社、二〇〇一年）五七九～五八〇頁、内閣官房内閣調査室『中華人民共和国組織別人名表』一九五七・五九・六二・六五年版を参照。

V　五五憲草における国民大会と立法院

1　問題の所在

前章の冒頭で述べたように、国民党は一九二八年に北京政府を打倒して「訓政」期の開始を宣言した。この後、蒋介石が指導する南京国民政府（以下、国民政府）は、紆余曲折をへながら党内外の反蒋勢力を軍事的に制圧し、一九三七年の日中戦争勃発までの間に国内の政治的統一を推進していった。その過程において、「憲政」期への移行を睨んで国民党が起草し、一九三六年五月五日に公布されたのが「中華民国憲法草案」であった。この憲法草案が、すでに何度か言及した「五五憲草」である。

国民党は、一九二九年六月の三期二中全会において「訓政時期を六年と規定し、民国二四年〔一九三五年―筆者補足。以下、引用中の〔　〕内は同じ〕に完成する」と決議した。[*1] しかし、一九三三年二月から始まった憲法草案の起草作業は、必ずしもこのスケジュールに基づく既定の方針だったわけではない。多くの研究が指摘するように、国民党が憲法制定に着手する直接の契機となったのは、満洲事変（一九三一年）・上海事変（三二年）による日本の圧力であり、そこで強まった民族的な危機意識と国内団結のため「憲政」の実施を求める世論であった。

一九三一年一二月の国民党四期一中全会では、「訓政」期間の短縮と「憲政」の実施を求める提案が提出され、「国難会議」と「国民救国会議」の召集が決定された。[*2] また、立法・監察両院委員の半数を「法定人民団体」から選出することも決定された。さらに、一九三二年四月に開催された国難会議では、「憲政」の早期実施と憲法の制定を求める議案が多数提出され、[*3] 前章末尾で言及したように民意機関の設立を求める声が強まった。こうした一連の動きは、何れも国内外の切迫した趨勢を背景としていたのである。

こうしたなかで、積極的な動きを見せたのが国民党内で広東派に属した孫科である。国難会議閉幕後の一九三二年四月二七日、彼は上海において「救国綱領草案」を発表し、短期間のうちに「憲政」の準備を始め、一九三三年四月に国民大会を開催して憲法を制定するよう提案した。孫科の動きに、蔣介石と対立する広東派として、蔣を牽制する狙いがあったことも否定し難い。しかし、孫文の子である彼が建国大綱に拘泥することなく、また一九三五年に「訓政」を完成させるという党の方針にも拘束されず、憲法の早期制定を主張したことは世論の支持を得るのに十分であった。さらに孫科は、一九三二年一二月の四期三中全会で、一九三三年一月から半年かけて立法院が憲法草案を起草し、翌三四年三月に国民大会を開催して憲法を公布するよう提案した。[*4]

三中全会では、この孫科の提案が修正の上採択され、立法院において憲法草案の起草作業を進めること、一九三五年三月に国民大会を開いて憲法を議決するとともに憲法公布の日程を決定することが確認された。[*5] 当時は、孫文が「憲政」移行の前提とした「訓政」期の地方自治工作も、十分な成果を上げてはいなかった。それにもかかわらず、日本の侵略を契機としたナショナリズムの高揚と、それを背景に「憲政」の実施を求める世論の圧力が、国民党に憲法制定を急がせたのである。[*6]

さて、こうして開始された憲法起草事業は、本章冒頭で述べたように一九三六年五月五日の五五憲草の公布に結実する。中国では、この五五憲草が規定する〈国民大会―五権政府〉体制を大統領制（総統制）に接近した政体と見なしたり、[*7] 孫文の構想を継承している点で民主的な政体と捉えたりする見解がある。[*8] 他方において、日中戦争中と戦後の制憲作業（五五憲草修正作業）に活躍した雷震は、五五憲草における国民大会の権限はソ連の最高ソビエトと似ていたが、実際には五権政府を管理・統制できる代物ではなかったと評価している。[*9] これは、五五憲草が規定する体制の民主性を否定する評価といえよう。また、戦前の日本において五五憲草を詳細に検討した宮澤俊義と田中二郎は、五五憲草を支配する最大の原理が「執行権の強化」にあると見ていた。[*10]

この第V章では、以上のような従来の評価を踏まえながら、五五憲草が描く〈国民大会―五権政府〉構想の特徴について考えてみたい。[*11] その際、留意するのは、まずこれまでの考察、とりわけ第Ⅲ章で分析した孫文の「憲政」構想と比較するなかで、五五憲草が規定する統治形態の特徴を吟味することである。具体的には、孫文の構想に内在した専制に対する親和性――「政権」の強化・抑制の如何に関わらず専制化が招来される、という国民党に課せられたジレンマ――に対して、五五憲草がいかに対処しようとしたのか、という点が問題となってくるであろう。

第二に留意するのは国民大会と立法院の権限である。「政権」機関の国民大会と「治権」機関である立法院の権限は、やはり五五憲草の起草過程において議論の焦点となったが、ここでは権能区分論に基づく孫文最晩年の立憲構想が、国民大会の至高性を保つため、立法院に「国会」の役割を担わせることには否定的であった点を改めて想起しておきたい。恐らく、この孫文の構想の受け入れ方次第が、五五憲草が規定する統治形態の性格にも影響を及ぼすはずである。また、国民大会と立法院の権限は、詰まるところ五五憲草における立法権の所在という問題に帰着する。三権分立下の立法権が行政権を掣肘する役割を持つことに鑑みるなら、五五憲草において五権政府の執行権中枢を形成する総統・行政院と国民大会・立法院との関係も、当然のことながら考察の視野に収めなければならない。この点が、本章の考察で留意すべき第三点である。

なお、前章で見たように、国民党は「訓政」期においてすでに立法院を含む五院を組織していたが、五五憲草の起草を担当したのがその立法院であった。以下の叙述には、憲法草案を起草する「訓政」期の立法院と、憲法試案・草案に規定された「憲政」期の立法院とが混在している。この点につき混乱なきよう留意願いたい。

2　五五憲草の起草過程

五五憲草の内容の検討に入る前に、同草案公布に至るまでの起草過程を簡単に整理しておくことにしよう。[*12] 五五憲草が公布されるまで、前後七回にわたって試案・草案が作成され修正が繰り返された。したがって、同憲法草案の内容が確定する背景を知る上で、起草過程について予備的な知識を得ておくことは無駄ではない。ちなみに、試案・草案の起草・修正の過程を一括して示すと以下のとおりである。

1. 中華民国憲法草案初稿試擬稿（立法院憲法草案起草委員会副委員長呉経熊提出、一九三三年六月八日、以下、各試案・草案名称の「中華民国憲法」は省略する）
2. 初歩草案（立法院憲法草案起草委員会主稿人会議通過、一九三三年一一月一六日）
3. 草案初稿（立法院発表、一九三四年三月一日）
4. 草案初稿審査修正案（立法院発表、一九三四年七月九日）
5. 第一次草案（立法院通過、一九三四年一〇月一六日）
6. 第二次草案（立法院通過、一九三五年一〇月二五日）
7. 第三次草案（立法院通過、一九三六年五月一日）

なお、最後の「第三次草案」が国民政府によって公布され五五憲草となる。

さて、一九三三年一月、立法院院長に任命された孫科は、四期三中全会の決定に基づいて院内に「憲法草案起草委員会」（以下、起草委員会）を組織し、自ら委員長を兼務して起草工作を主宰することになった。起草委員会は、副委員長に張知本と呉経熊が就任し、そのほか三七名の委員、五名の顧問、三名の専員（専任官）、及び各二名の秘書と纂修（編纂）から構成された。また、憲法起草の段取りについては、①立法院が国民の意見を徴しつつ起草する段階と、②立法院の起草した草案を国民党中央党部が審査し、立法院がその結果を踏まえて条文を整理・確定する段階が想定されていた。[*13] 上に示した一連の試案・草案のうち、「第一次草案」の提出までが立法院の起草になる①の段階、「第一次草案」の修正以降は国民党の審査に基づき改訂が行われる②の段階となる。

立法院の起草委員会は起草作業を開始するに当たり、まず一九三三年三月二日から四月二〇日まで九回の会議を開き、孫文の五権憲法構想を根拠とする憲法上の基本原則二五項目（領土・国体から人民の権利・義務、国民大会、中央・地方の均権制度、中央政治制度等々に及ぶ）を決定した。本章に関わる項目を紹介すれば、①国民大会は三年に一回開催で会期は一ヶ月、②国民大会の職権は中央重要官員の選挙・罷免、法律の複決と創制、憲法改正、及び五院政治報告の審査、③現役軍人の総統当選禁止、総統は任期六年で直接の行政責任を負わない、④行政院長は総統が立法院の同意を得て任命、などである。[*14]

また、憲法草案の主稿人（起草者）には張知本・呉経熊・傅秉常・焦易堂・陳肇英・馬寅初・呉尚鷹の七名が指名され、そのなかから呉経熊が手始めに試案の起草を担当することになった。呉は、上述した憲法上の基本原則を踏まえて、一九三三年六月に五篇二一四条よりなる試案の作成を完了し、同月八日、国民各界の意見を徴すべく個人名義でその内容を公開した。これが「初稿私擬稿」である。

次いで、孫科は上述七名の主稿人に「初稿私擬稿」の審査を命じた。彼らは、「初稿私擬稿」を土台に、呉の試案に対して各界から寄せられた二〇〇件余りの意見と、同時期に張知本ら三名の委員が各自作成した試案を参考にして、一〇章一六六条からなる新たな草案を共同で起草した。これが、一九三三年一一月一六日に主稿人会議を通過した「初歩草案」である。この草案は、翌年二月二三日まで一一回にわたる起草委員会の討議に付され、三月一日に

「草案初稿」一〇章一六六条として立法院から発表された。この「草案初稿」は、孫文の五権憲法構想に立脚しながら、立法院に行政院院長に対する不信任案提出権を与え、国民大会の閉会期間中にその権限の一部を代行する常設機関を設けるなど、国民大会と立法院の権力を強化したところに独自性を見ることができる。[*15]

同草案の起草が終了した後、起草委員会は解散され、一九三四年三月一二日に傅秉常ら三六名が新たに「憲法草案初稿審査委員会」(以下、審査委員会)の委員に指名された。傅秉常は、委員の林彬・陶履謙と「草案初稿」に寄せられた二八一件もの意見や批判を集約・整理するとともに、その後、九回にわたって審査委員会全体会議を開催し「草案初稿」の逐条審査を行った。この修正審議によって六月三〇日に成立したのが、一二章一八八条よりなる「草案初稿審査修正案」であった。この草案は、「草案初稿」が認めた立法院の行政院に対する不信任案提出権を削除し、行政権を総攬する総統の地位を認める一方で、国民大会常設機関の権限を強化したところに特徴があった。

この「審査修正案」も広く一般に公開され、「草案初稿」のときほどではなかったにせよ、『独立評論』・『国聞週報』・『東方雑誌』等の有力雑誌や天津の『大公報』・『益世報』、上海の『晨報』や『武漢日報』など各地の新聞から批判が寄せられた。このため、再び傅秉常らがそれらの批判を整理・審査し、その報告を踏まえた立法院が一九三四年九月二一日から七回に及ぶ修正審議を実施して一〇月一六日に起草を完了した。ここに成立したのが、立法院が議定した最初の憲法草案となる「第一次草案」一二章一七八条である。同草案の特色は、「草案初稿」と「審査修正案」において保持されていた国民大会常設機関に関する規定を取り消し、国民大会の「治権」機関に対する管理・統制機能を弱め、五権政府の自律性を強化したところにあった。[*16]

「第一次草案」は、同年一一月九日に国民政府を通じて国民党中央党部に移送され、その審査を受けることとなった。国民の意見を徴しつつ立法院が起草する上述①の段階はここで終わり、これ以降、起草工作は国民党中枢の政治的な意向が憲法草案の修正に大きな影響を及ぼす②の段階に移っていく。

さて、「第一次草案」は中央党部に送られた後、一九三四年一二月一四日の国民党四期五中全会の決議により、中央常務委員会（以下、中常会）で審議されることになった。中常会は、翌三五年一〇月一七日に審査を終了し、同時に草案修正のための五原則を議決して同草案を立法院に差し戻した。この五原則は、その第二項で「政府の組織は、実際の政治経験を斟酌し、運用が効率的で国力が集中できる制度を作り上げるべきである。行政権行使の制約は剛性の規定であってはならない」と述べていた。国民大会の「政権」機能を弱め、政府執行権力を強化して政治運営の効率性を高めようとする国民党中枢の意思が示されたといえよう。これに対して立法院は、呉経熊・傅秉常・馬寅初・呉尚鷹・何遂・梁寒操・林彬の七名に草案の再検討を命じ、総統の軍人就任を認めるとともに、総統の権限を立法院との関係において相対的に強めるなどの修正を行い、一九三五年一〇月二五日に起草作業を終えた。これが八章一五〇条からなる立法院の「第二次草案」である。[*17]

中央党部に送付された同草案は、一一月になって四期六中全会の審議に付され、間もなく開催が予定されていた国民党五全大会に回付されることになったが、六中全会の要請を受けた五全大会は、同月二一日に「第二次草案」の審議を五期中央執行委員会に委ねる決議を採択した。一方、五全大会の決議を受けた五期一中全会は、一二月上旬に憲法草案の公布日を一九三六年五月五日、憲法を制定する国民大会の開催日を一一月一二日と正式に決定し、また党内に「憲法草案審議委員会」（以下、審議委員会）を組織して葉楚傖・李文範ら一九名を審議委員に任命した。

「第二次草案」の審査に当たった中央党部審議委員会は、蔣介石や孫科をはじめとする党内有力者の意見を広く聴取し、その上で二三項目に及ぶ審議意見を決定して中常会に送付した。一九三六年四月二三日に中常会は審議委員会の審議意見を承認して、「第二次草案」を立法院に差し戻し再度の審議と修正を命じた。審議委員会の審議意見には、国民大会召集間隔の延長、総統への緊急命令権・五院院長会議召集権の付加、移行措置としての立法院・監察院委員半数任命制の導入など、極めて重大な修正点が含まれていた。この審議意見を受けた立法院は、呉経熊・傅秉常・馬寅初・呉尚鷹・梁寒操・林彬・瞿曾澤ら八名に命じて条文を整理させたが、五月一日の会議では立法委員の間で総統の緊急命令権や五院院長会議召集権について「激しい争論」が生じたといわれる。[*18] しかしながら、結局はこの会議において「第三次草案」の起草が完了し、これが国民政府に提出されて五月五日の五五憲草の公布となる。

3 憲草中の国民大会と立法院

さて、こうして成立した五五憲草は全八章一四八条よりなり、全体の構成は第一章「総綱」、第二章「人民の権利・義務」、第三章「国民大会」、第四章「中央政府」、第五章「地方制度」、第六章「国民経済」、第七章「教育」、第八章「憲法の施行及び修正」となっている。本章の目的は、以上の各章の内容を逐一分析するのではなく、同憲法草案が構想する〈国民大会—五権政府〉体制の特徴、なかんずく国民大会と立法院の位置づけ、及び両者と執行権中枢を占める総統・行政院との関係に焦点を当てて検討することにある。したがって、とくに対象とすべきは、第三章「国民大会」と第四章「中央政府」——そのなかでも第一節「総統」、第二節「行政院」、第三節「立法院」——であろう。なお、監察院は総統・行政院長に対して弾劾権を有するため、必要に応じて第四章第六節「監察院」の内容についても若干言及することにしたい。

(1) 国民大会

五五憲草では、国民大会は県・市等の区域代表を中心に普通選挙(二〇歳以上に選挙権、二五歳以上に被選挙権)で選ばれた任期六年の「国民代表」によって構成され、総統が三年に一回、一ヶ月の会期(さらに一ヶ月の延長が可能)で召集することになっていた。臨時大会は、五分の二以上の国民代表の同意によって開くことができたが、総統にも召集権が与えられた（第二七〜三一条）[19]。また、国民大会が有する「政権」としては、①総統・副総統、立法・監察両院の院長・副院長、立法委員、監察委員の選挙、②総統・副総統、立法・司法・考試・監察各院の院長・副院長、立法委員、監察委員の罷免、③法律の創制、④法律の複決、及び⑤憲法の改正などの権限が与えられていた（第三二条）。国民大会の召集間隔については、「草案初稿審査修正案」から「第二次草案」に至るまでは二年に一回の召集とされていた。しかし、上述した「第二次草案」に対する中央党部審議委員会の審議意見によって、五五憲草では三年に一回の召集間隔とされ、国民大会が「政権」機能を実際に発揮することができる機会は削減された。また、総統が臨時大会も含めて国民大会の召集権を有することになったのも、やはり中央党部審議委員会の審議意見によるものだった[20]。

一方、国民大会の職権について五五憲草とそれ以前の試案・草案を比較したとき、注目されるのは立法院が起草を担当した「草案初稿試擬稿」から「審査修正案」までの規定である。まず、「草案初稿試擬稿」・「初歩草案」・「草案初稿」の何れもが、政府に国民大会に対する政治報告の提出を義務づけて、「治権」機関の五権政府が「政権」機関である国民大会に責任を負い、その管理・統制下にあることを明示していた。他方、「審査修正案」では、国民大会の召集間隔を二年とし、権限においても①総統・副総統、立法・監察・司法・考試各院院長、立法・監察両院委員の選挙・罷免に加えて、②法秩序の制度的な大枠を確定する立法原則の創制、③立法院が議決した予算・宣戦・講和・法律・条約・戒厳・大赦案の複決、④総統・立法院・司法院・考試院・監察院の報告の収受、⑤同じくそれら各機関が要請する解決事項の受理、など極めて広汎な職権を認めて、「政権」行使の範囲と機会を可能な限り拡大することに意が注がれていた。

また「審査修正案」は、国民大会閉会期間における常設機関として、「国民大会委員会」の設置を規定した点でも注目される。国民大会常設機関は「草案初稿」においても「国民委員会」として提起されていたが、「審査修正案」

はそれを踏襲したのである。国民大会委員会の委員は、国民代表より各省区ごとに決められた定員が互選される。その職権は、①立法院を通過した予算・宣戦・講和・条約・戒厳・大赦案を複決し、②総統及び立法・司法・考試・監察各院が要請する解決事項を受理するほか、③監察院が議決した総統・副総統、立法・司法・考試・監察各院長弾劾案の受理（受理すると臨時国民大会で罷免の可否を決定）、④監察院が議決した立法委員・監察委員弾劾案の受理（受理された委員は失職）、⑤総統に対する国家政策・行政措置に関する質詢（総統の回答に不満な場合、全体委員三分の二以上の出席、出席委員三分の二以上の決議で臨時国民大会を召集し総統罷免の可否を決定）など、五権政府に対して中断することなく、しかも強力な管理・統制機能が発揮できるようになっていた。

だが、国民大会常設機関に関する規定は「第一次草案」において削除された。孫科は、一九三四年九月二八日の立法院における「審査修正案」修正審議において、「世間は誤解して、治権を事務権、五院もまた事務院と考え、一切の権力はみな国民大会に属すると考えている。このため、国民大会は毎年開会し、あるいはその代行機関として国民大会委員会を組織しなければだめだ」と考えていると批判し、「政権」を行使する国民大会は「治権」機関の具体的施策にまで干渉できないと主張した。[*21] 第Ⅲ章で述べたように、孫文の権能区分論は、皇帝に代位する「政権」機関の国民大会と、有能・強力な「治権」機関＝「万能政府」との調和の上に成り立っていた。孫科はここで、「万能政府」の自立性を重視する見地から国民大会常設機関の設置を取り消したのである。

孫科が、こうした判断に傾いたのは、上記九月二八日の審議前に傅秉常らと上海で王寵恵の意見を聴取したことが契機になっていたと考えられる。傅秉常も、孫科が上のように述べた会議の席上、王との協議によって「第一次草案」を作成したと語り、「修改の原則は政権と治権を明確に区分し、政府が常に国民大会の干渉を受けず可能な限り治権を行使できるようにする」ことだと明言していた。[*22] 王寵恵は、国民党のなかでも国際的に著名な法学者として知られ、雷震によれば孫文の権能区分論や五権憲法構想を全く支持していなかったという。[*23]「第一次草案」における国民大会常設機関の削除が、王のどのような意見に影響を受けた結果なのか詳らかにできないが、孫文の権能区分論に忠実に「政権」機能を強化すると「治権」機関の効率的な運用を損なう、といった忠告があったのではないかと推測される。

何れにせよ、傅秉常が述べた上の原則に立ち、「第一次草案」では国民大会委員会が取り消されるとともに、国民大会自体の職権も、①総統・副総統、立法・監察両院院長、立法・監察両院委員の選挙、②総統・副総統、立法・司法・考試・監察各院長、立法・監察両院委員の罷免、③法律の創制、④法律の複決、⑤憲法修正に縮小され、これが基本的に五五憲草まで引き継がれることになった。

(2) 立法院[*24]

一方、立法院の地位は、「草案初稿試擬稿」から五五憲草に至るまで、ほぼ孫文の権能区分論の枠組みのなかで考えられていた。すなわち、各試案・草案中の立法院は、「治権」機関として政府の「最高の立法機関」ないし政府の「立法権を行使する最高機関」である点が明示され、また「審査修正案」以降は「国民大会に対して責任を負う」と必ず規定されるようになった。そのため、各試案・草案で規定の細部に異同はあるものの、立法院は国民大会によって立法委員が選出され、法律・予算・宣戦・講和・条約・戒厳・大赦案等の議決権を有していたが、こと法律案に関しては必ず国民大会による複決権の掣肘下に置かれていた。また、甚だしい場合には、国民大会の権力を強化しようとした「審査修正案」のように、国民大会に立法原則の創制権と立法院が議決した上記各案全ての複決権まで与えようとしたこともあった。

五五憲草における立法院も、法律・予算・戒厳・大赦・宣戦・講和・条約各案、及びその他重要な国際事項に関する議決権を有し、また立法事項について各院・各部・各委員会に質問する権限があった(第六四・第六五条)。総統は、立法院の議決案に対して停止的拒否権（再議権）を行使できたが、立法院が出席立法委員三分の二以上の多数で再議を否決すれば総統は公布ないし執行しなければならなかった。ただし、法律案と条約案については、総統に国民大会へ複決を請求する権限が認められていた（第七〇条）。この国民大会への複決の請求は、「第一次草案」修正審議の際に書き加えられたものであり、「将来、総統と立法院の間で政見が一致せず争いが生ずることを避ける」ことが理由とされた。[*25] だが、この規定によって、総統は国民大会の開催まで複決を請求した法律案・条約案の執行を先送りできることになる。したがって、立法院の議決権が総統を掣肘する機能は、むしろこれにより弱められたと見るのが妥当であろう。

また、「第一次草案」の時点で規定されていた総統の司法・考試両院院長任命に対する立法院の同意権は、「第二次草案」において削除され五五憲草もそれを踏襲した。総統による任命は、国家元首の資格で国民に替わって「政権」の一部を行使することになるが、「治権」機関の立法院が同意権を行使することは、「立法院に政権行使の特権を授けること」になり「総理の権能区分制と抵触」する、また立法院が司法・考試両院に超越して「総理が創った五権憲法の精神と背馳」する、というのが「第一次草案」を審議した際に立法院会議が主張した理由であった。[*26]

ところで、五五憲草で注目されるのは、立法院があたかも民選議会のような組織となっていた点である。五五憲草の規定によれば、立法委員は任期が三年で、各省・蒙古・西蔵及び海外で選出された国民大会の国民代表が予備選挙を行い、候補者名簿から国民大会が省区ごとに割り振られた定員を選挙することになっていた。また、立法委員は国民代表以外からも選ぶことができたから、一般の国民が予備選で候補者に選ばれ本選で当選することも可能であった（第六七条・第六八条）。

なお、国民大会が国民代表の選んだ候補者から委員を選出するのは、総統・副総統、五院院長・副院長の弾劾権を有する監察院も同様であった（第九〇条・第九二条）。ただし、五五憲草には過渡的規定が設けられ、地方自治を完成した省区が全国の半数に達するまでは、立法委員と監察委員の半数は両院院長の申請に基づいて総統が任命するものとされた（第一四三条）。これも、「第二次草案」に対して中央党部審議委員会が求めた修正項目の一つであり[*27]、総統の立法院と監察院に対する影響力を強め、両院の総統に対する掣肘力を弱める規定であった。

しかし、そうであるにせよ、立法院が代議制機関として民選議会を彷彿させる構成を採用していた点は、やはり十分に留意されてよい。しかも、こうした立法院の構成は五五憲草だけでなく、委員選挙に関する条文が盛り込まれた「初歩草案」以来、具体的な規定に異同があるとはいえ各草案に一貫したものであった。立法院の地位が、既述のように各試案・草案を通して権能区分論に基づく「治権」機関の枠組みのなかに押し込まれていたにも関わらず、そうなのである。この要因としては、権能区分論によって〈国民大会―五権政府〉構想を整序する以前の孫文が、立法院を西欧的な「国会」と同一視していたことが恐らく関係したであろう[*28]。事実、立法院の起草委員会が起草作業を開始した当初から、起草委員の間では立法院の構成や権限を外国の「国会」・「議会」と重ね合わせて考える傾向が強かったように感じられる。

例えば、主稿人の一人として「初歩草案」を起草した傅秉常は、国民大会の基本原則を審議した会議の席上において、国民大会と立法院との権限調整が難題であるとの認識を示した上で、「総理の考えには、まずアメリカの憲法があった。総理の遺訓は恐らく立法院を大体のところ国会と同じであると考えていた」、「恐らく、総理の考えのなかには立法院をもって国会を代表させる気持ちがあった」と述べている[*29]。また、孫文の五権憲法構想に忠実な張知本でさえ、起草委員会の席上で立法院は「各国議会の性質と異なる」と言明しつつも、その権限が「治権」と「政権」の何れに属するのか詳細に検討する必要があると発言していた[*30]。第Ⅲ章で確認したように、張知本は「各国議会」が孫文のいう「政権」（政府監督権）を兼ね備えていると捉えていた。その張が、立法院の権限は「政権」に属するか否か検討を要すると述べたのなら、彼もまた立法院と議会との相似性を完全に否定しきれていなかったことになる。

こうした起草委員の思考傾向が明確に現れたのが、立法院に行政院院長に対する不信任案提出権を与えた「草案初稿」の規定であったと思われる。同草案によれば、立法院は行政院の施策や法律案の執行に不満なとき、出席立法委員三分の二以上の賛成で不信任案を国民委員会（国民大会の常設機関）に提出し、同委員会が不信任案を受理すれば行政院院長を解職することができた。だが、立法院の不信任案提出権は、議院内閣制下の国会が有する内閣不信任決議権を想起させるため、立法院と国会の違いなどを理由として多数の批判が提出され、次の「審査修正案」に向けた修正作業の過程で削除された。[*31] 孫科は、削除の理由として、イギリスやフランスの政府が国会によって生み出されるのと異なり、五権憲法下の行政院院長は立法院によって生み出されるわけではないため、その罷免を立法院が求めることはできないと説明していた。つまり、五権憲法下における立法院と外国の国会との機能の違いが根拠とされたわけである。[*32]

ところが、不信任案提出権が削除された後も、立法院の国会的性格に対する批判は止まなかった。次いで発表された「審査修正案」の立法院規定についても、依然として「中央政府の一機関でなく中央政府と対等に振る舞う議会に酷似している」という批判が寄せられたのである。批判の矛先は、立法委員に国会議員のような免責特権と不逮捕特権が与えられていた点に向けられたが、二つの特権は「草案初稿私擬稿」以来の試案・草案が一貫して認めてきたものであった。この批判を展開した上海『晨報』は、陳果夫・陳立夫を介して蔣介石とつながる国民党員潘公展が経営する新聞であり、党内派閥CC系を政治的な背景としていた。[*33] つまり、『晨報』の論調は国民党内でも蔣介石寄りの主張を反映していたわけだが、「審査修正案」を批判した同紙の評論は、孫文最晩年の権能区分論を根拠として次のように主張していた。[*34]

〔中山先生が〕設立しようとした立法院は、各国の法制局と同質の立法院であって各国の国会と同質の立法部ではなく、付与しようとした立法権は治権に属する立法権であって政権に属する立法権ではない。また、先生が任命しようとした立法委員は専門知識をもった専門家であって神聖不可侵の代議士ではない。今、審査修正案中の立法院は変相の国会となったばかりでなく、立法委員も神聖な議員となっており、中山先生が権と能を二つに区分した本意と全く符合しない。

これは、第Ⅲ章で明らかにしたように、孫文最晩年の立法院理解としては全く正当であった。草案の起草者たちも、孫の最晩年の発想を骨抜きにしようとしたわけではなかったであろうし、あくまでその枠組みのなかで立法院に国会的な要素を埋め込もうとしたのだろう。だが、恐らくは上のような権能区分論からの原則的な批判に直面するなかで、「草案初稿」における行政院院長不信任案の提出権や「第一次草案」における司法・考試両院院長任命に対する同意権など、議会の権能を連想させる立法院の権限は、次々と抹消されることになったと考えられる。

ただし、立法院の国会的要素は、権能区分論からの批判によって条文から一掃されてしまったわけではなかった。孫文最晩年の構想と背理する立法院の代議制的な構成や、そこに付随する立法委員の免責・不逮捕特権については、五五憲草の公布に至るまでなぜか変更されることなく維持されたのである。この事実は、後に述べるように、立法院にとって重大な意味を持っていた。

(3) 総統・行政院

さて、ここまでの考察においても総統の権限について言及するところがあったが、最後に執行権中枢を構成する総統・行政院の規定を、国民大会・立法院（及び監察院）との関係に留意しながら整理しておきたい。

五五憲草において、総統は国民大会に責任を負う国家元首として対外的に中華民国を代表し、陸海空三軍を統率するとともに、法律の公布と命令の発布、宣戦、講和、条約の締結、戒厳・解厳の宣布、文武官員の任免などの権限を有していた（第三六～第四二条）。また、五院に対しては、行政院の院長・副院長の任免権、各部部長、各委員会委員長の任命権（第五六条・第五八条）、司法院・考試院の院長・副院長の任命権（第七七条・第八四条）を持ち、立法院の議決案に対する停止的拒否権（第七〇条）を有するほか、二院以上に関係する案件や総統が諮詢すべき案件については五院院長を召集して会商させることができた（第四五条）。さらに五五憲草では、「第二次草案」に対する中央党部審議委員会の審議意見に基づいて、それまでの試案や草案にはなかった緊急命令権が総統に与えられた（第四四条）。緊急命令の発令には行政院の同意が必要であり、発令後三ヶ月以内に立法院の追認を得なければならなかったが、同権の追加は五五憲草において総統権力の拡大がめざされたことを如実に示す事実であった。

実は、中央党部審議委員会が緊急命令権の追加を指示した際、立法院による追認は「もし立法院の議決が必要ならば」という条件の下で求められていたに過ぎなかった。審議意見は、全ての緊急命令に立法院の追認が必要だとは考えていなかったのである。立法院会議の修正審議では、さすがにこの点が問題となり、全ての緊急命令に立法院の追認を義務づけることが決定された。また、五院院長の会商権も審議委員会の審議意見に基づくものであったが、当初は「五院院長会議」の召集権として要求されていた。だが、立法院会議は、対等の五院の上に総統が召集する会議機構を設置する点を問題視し、結局「会議」ではなく意見交換を意味する「会商」に改めた上で承認したのだった。[*35] とはいえ、この規定の追加は、五五憲草における総統が、事実上、五院の上に立って政府全体の運営を調整・統率する地位にあることを確認するものであった。

総統はまた、内閣に相当する行政院に対しても強い指導力を発揮することができた。上述のように、総統は行政院院長・副院長の任免権、その他主要ポストの任命権を掌握していた。しかも、院長をはじめ行政院の主要メンバーは「各々が総統に対して責任を負う」（第五九条）とされたように、全員が連帯して責任を負うわけではなく、各自が総統に責任を負う単独責任制をとっていた。つまり、行政院は院長の統制力と組織的な一体性を制度的な前提としておらず、主要メンバーは事実上の「幕僚」として総統に従属する可能性が高かった。[*36] しかも、このような行政院の人事は、国民大会や立法院に何ら掣肘されることがなかったのである。以上に見てきた総統の権限は、明らかに蔣介石の就任を意識したものであったといえよう。

実は、立法院において憲法草案の起草作業が開始された当初、総統にこれほど実質をともなった強い権力を与えることは想定されていなかった。前述のように、立法院の起草委員会が決定した起草原則では、総統は直接の行政責任を負わず、現役軍人の総統就任も禁じられていたのである。ところが、「審査修正案」以降になると立法院の起草方針は総統に実権を与える方向へ転換し、「第二次草案」からは軍人の総統就任まで認められるようになった。もちろん、以上のように強力な権限を認められた総統といえども、制度上は国民大会による「政権」の管理・統制下にあった。また、法律の公布と命令の発布には関係各院院長の副署が必要であったし、法律の公布をはじめとする権限の多くは立法院の議決権によって一定の制約を受けていた。さらに監察院も、監察委員全体の二分の一以上が審査決定することにより、総統に対する弾劾案を国民大会（閉会中は臨時大会の召集を国民代表に要請）に提出することができた（第九二条・第九三条）。

しかし、国民大会は既述のように召集間隔を三年に一回と延長されたため、会期中に罷免権を行使できたとしても、多くの場合、かなりの時日をへた事後の対応となって総統の専断を事前に予防することは難しかった。また、立法院が議決権によって総統の行為を制約するにしても、立法院の半数を同院院長の申請により総統が任命するという過渡的規定が適用された場合、その機能は大きく減じてしまうことが予想された。事実、国民党系法学者の一人であった薩孟武は、五五憲草が規定する「政府の立法権」は、「行政権を牽制するためにではなく行政権行使の利便を図るため」にあり、しかも過渡的規定によって立法委員の半数を総統が任命するため、「総統は一方において行政権を総攬し、他方において立法権を支配できる」と主張していた。[*37] この過渡的規定は監察院にも適用されたから、同院の総統を弾劾する審査決定も同じく困難となるはずであった。

4 小結

孫文の〈国民大会―五権政府〉構想は、専制王朝における〈皇帝―王朝諸機構〉になぞらえた一元的な機構編成をとっていた。それだけに、皇帝に代位する国民大会の強大な権力は政府を過度に拘束する「議会専制」の危険性を内包し、他方において五権政府も国民大会の管理・統制が弛緩すれば「万能政府」として自立し専制権力に転化する可能性をはらんでいた。したがって、これまで繰り返し指摘してきたように、孫文の構想は国民大会の権限を強化しようと抑制しようと、その如何に関わりなく専制に収斂していく性格を本来的に内包していた。

このジレンマに対して五五憲草が選択した処方箋は、国民大会の「政権」行使の範囲と機会を制限して「議会専制」の芽を摘み取り、他方において蔣介石が就任するであろう総統の権力を強化して、五権政府の自立性を確保することであった。五五憲草では、「四億の人を皇帝にする」という言葉が象徴する、議会の民主主義的要素を過度に強調した孫文の発想は全く骨抜きにされたのである。

こうして組み立てられた五五憲草の統治形態を、「民主的な政体」と評価するにはいささか無理があるといえよう。その統治形態の根幹は、依然として孫文が主張した「政権」と「治権」を結ぶ一元的な権力編成にあり、西欧的三権分立に基づく多元的な機構編成は否定されている。その条件の下で、国民大会の「政権」機能が抑制された以上、五権政府が文字通りの「万能政府」として自立し専制化することは避け難いのである。[*38] しかも、五権政府内部において総統は五院を統合する地位にあって、立法院と監察院が総統を規制する機能も周到に制限されている。そうした権力構想は、やはり専制的な性格を有していたと評価せざるを得ない。

だが、五五憲草が構想した統治形態について、以上のように専制的な性格を指摘するだけでは、不十分の誹りを免れないだろう。五五憲草の複雑な性格を示す事実として、少なくとも次の二点に注目しておく必要がある。まず、総統の行為が立法院の議決権によって一定の制約を受け、総統には立法院の議決案に対して停止的拒否権が認められたように、五権政府の内部に関する規定には、三権分立下の国会と政府の相互牽制を彷彿させるような発想が混入していたことである。また、「草案初稿」の段階で立法院に与えられた行政院院長に対する不信任案提出権も、同様の文脈で考えることができるだろう。さらに、五五憲草を含む起草過程全体を通して、間接選挙とはいえ立法院を民選議会のような代議制機関とすることが当然視されていた事実も、これらのことと関連して重要である。

そもそも、五権政府は相互に独立した五院の機能的分業の下で運営され、加えて制度上は立法院の議決権が総統の行為を制約している。仮に、立法委員に対する過渡的規定が解除されたなら、総統の立法院に対する統制は弱まり、総統によって統合される五権政府の一元的な意思決定能力が損なわれる可能性も出てくる。その場合、五五憲草が想定する五権政府は、専制権力としては政治効率がいささか悪くなるが、制度の運用次第ではむしろ民主的な様相さえ帯びてくることが予想される。その意味で、権能区分論からの批判にもかかわらず、五五憲草において立法院の代議制的構成が維持されたことは重要であった。

立法院に関する規定に議会的要素が混入した背景として、第Ⅳ章で考察した馮少山の立法院参政要求を起点として、満州事変後に高まった民選機関設立の気運を指摘しておく必要がある。だが、五五憲草における立法院の規定に直接的な影響を及ぼしたのは、やはり孫文の立法院構想であったといえよう。第Ⅲ章で述べたように、最晩年の孫文は権能区分論の立場から、立法院を専門的・技術的に立法事務を処理する「治権」機関として再定義したが、それ以前は「国会」と同一視する言説を繰り返していた。孫文による性格づけが転換したにもかかわらず、五五憲草には「治権」機関としての立法院と「国会」的な立法院とが混在していたのである。

恐らく、国民党のなかで権能区分論に忠実な勢力といえども、立法院を「国会」と見なす孫文の言説を無下に否定することはできなかったに違いない。それほど、孫文の言説は国民党にとって絶対的な規範だったといえる。しかし、その結果、立法院の規定に議会的要素が混入したまま五五憲草が公布されたことは、戦後になって立法院が立憲的議会へと変転する上で極めて重要な意味を持っていた。なぜなら、五権憲法の枠組みが取り払われさえすれば、「治権」機関という制約から解放された立法院は、一気に三権分立下の「国会」へ転成する途が開けるからである。[*39]

第二に指摘すべきは、立法院に国会的要素を混入させた第一の点とも関係するが、五五憲草の起草者たちのなかに自由主義的な議会観に立つ者が存在し、彼らが権力の相互抑制や執行権の肥大化を抑止することに、起草の最終局面まで努力していた点である。それは、「草案初稿」において立法院に行政院院長不信任案の提出権を与えたこと、「第二次草案」の修正において総統の緊急命令に立法院の追認を必須としたこと、また五院の分立を保つため総統による「五院院長会議」の召集権を問題視したこと、などによく現れている。私たちは、五五憲草の専制的性格をあげつらうばかりでなく、起草者たちの努力と営為にもっと寄り添いながら再評価していく必要がある。[*40]

雷震の回想によれば、立法院で起草委員会・審査委員会の委員を務めた林彬は、五五憲草起草時、以下の三点に腐心したそうである。①蒋介石が総統になるという現実政治の局面を考慮し、彼が独裁を行うにしても違憲に至らないよう留意する、②孫文の五権憲法構想と建国大綱の指示から大きく逸脱しないように注意する、③中国が民主国家であることを顧みて、憲法上の政治制度が民主的であることを示す。しかし、この三点を同時に考慮せざるを得なかったため、林彬は起草に際して進退窮まり自己矛盾に陥ったという。[*41]

上に整理した五五憲草の複雑で矛盾に満ちた性格は、この林彬の苦衷のなかに凝縮されていたといっても過言ではないだろう。

註

＊1 「訓政時期之規定案」（中国国民党中央委員会党史編纂委員会編輯『革命文献』第七九輯―中国国民党歴届歴次中全会重要決議案彙編（一）、一九七九年、一二八頁）。

＊2 「関於国難会議国民救国会議及国民代表会等之組織以及縮短訓政実行憲政各案」（同上、二六七～二六八頁）。

＊3 前章の註47、48に掲げた国難会議提出議案のほか、「請於最短期間召集国民代表大会案」「提議実施民治促成憲政以紓国難案」「速開国民大会進行制憲以利禦侮救災綏靖案」「提議順応民意迅施憲政以求一致禦侮案」など八本の提案が確認できる（国難会議秘書処編『国難会議紀録』文海出版社、一九八四年影印版、目次を参照）。

＊4 「集中国力挽救危亡案」（前掲『革命文献』第七九輯、三〇一頁）。

＊5 同上、三〇六頁。

＊6 以上の憲法草案起草が着手されるまでの経緯については、荊知仁『中国立憲史』（聯経出版事業公司、一九八四年）四〇一～四一三頁、石川忠雄『中国憲法史』（慶應通信、一九五二年）一〇五頁を参照した。

＊7 王永祥『中国現代憲政運動史』（人民出版社、一九九六年）一一六頁。

＊8 石柏林・彭小平『中国近現代政治体制的演変与発展』（河南人民出版社、一九九一年）二六七頁、石柏林『旧中国憲法五十年―国家権力配置研究』（湖南大学出版社、二〇〇八年）三一三頁。

＊9 雷震著／薛化元主編『中華民国制憲史―政治協商会議憲法草案』（稲郷出版社、二〇〇九年）一七三頁。

＊10 拙稿「中国の憲法制定事業と日本」（水羽信男編『アジアから考える―日本人が「アジアの世紀」を生きるために』有志舎、二〇一七年、所収）。ただし、宮澤・田中の評価は、五五憲草だけの観察から導き出されたものではなく、「現代の国際社会に生存する国家の憲法は端的に独裁政を採用するか、さもなければ伝統的な立法権の優越を廃棄して執行権の強化乃至優越を其の原理としなくてはならぬ」（宮澤俊義・田中二郎『中華民国憲法確定草案』中華民国法制研究会、一九三六年、一四頁）という、一九三〇年代当時の世界的な憲法の趨勢を踏まえたものだった。

＊11 本章とは異なる観点から五五憲草を扱った成果に、中村元哉「国民党「党治」下の憲法制定活動―張知本と呉経熊の自由・権利論」（中央大学人文科学研究所編『中華民国の模索と苦境 一九二八～一九四九』中央大学出版部、二〇一〇年、所収）がある。

＊12 五五憲草の起草過程については、傅秉常「中華民国憲法草案起草経過」（立法院中華民国憲法草案宣伝委員会編『中華民国憲法草案説明書』正中書局、一九四〇年、所収）、呉経熊・黄公覚『中国制憲史』（民国叢書第四編二七収録のテキストを使用）、前掲石川

『中国憲法史』、荊知仁『中国立憲史』の叙述に依拠した。

呉経熊・黄公覚の著作の発行年と出版社は民国叢書のテキストには記されていない。ただし、上海図書館所蔵のテキストでは商務印書館による一九三七年一月の発行となっている。なお、呉経熊と黄公覚は五五憲草の起草に関与した人物であり（後述のように呉は立法院憲法草案起草委員会の副委員長、黄も同委員会の専員）、同起草委員会の議事録をふんだんに利用した『中国制憲史』の叙述には高い史料的価値がある。

＊13 前掲、荊知仁『中国立憲史』四一四〜四一五頁、「憲法草案起草委員会的組織」（前掲、呉経熊・黄公覚『中国制憲史』第二編第二章）。

＊14 前掲、傅秉常「中華民国憲法草案起草経過」。

＊15 以上、前掲石川『中国憲法史』一〇五〜一〇六頁、荊知仁『中国立憲史』四一五〜四一六頁。

＊16 以上、前掲石川『中国憲法史』一〇六〜一〇七頁、荊知仁『中国立憲史』四一六〜四一七頁。「草案初稿」と「草案初稿審査修正案」に対する批判や意見の内容については、「各方対於中華民国憲法草案初稿的意見」「各方対於憲法草案初稿審査修正案的意見」（前掲、呉経熊・黄公覚『中国制憲史』第二篇第三九章及び第四一章）を参照されたい。

＊17 以上、前掲石川『中国憲法史』一〇七頁、荊知仁『中国立憲史』四一七〜四一八頁、「憲法草案的初次修正」（前掲、呉経熊・黄公覚『中国制憲史』第二篇第五四章）を参照。なお、中常会が決定した五原則第二項の内容は、すでに四期五中全会の決議においても言及されている。

＊18 以上、前掲石川『中国憲法史』一〇七頁、荊知仁『中国立憲史』四一九頁を参照。また、中央党部審議委員会の二三項目の審議意見の内容、審議意見に対する立法院会議の討議内容については、前掲傅秉常「中華民国憲法草案起草経過」、「憲法草案的重加修正」（前掲、呉経熊・黄公覚『中国制憲史』第二篇第五五章）を参照。

＊19 五五憲草及び同憲法草案に至る試案・草案の内容については、前掲『中華民国憲法草案説明書』の「附録三 立法院歴次所擬憲草各稿条文」、前掲呉経熊・黄公覚『中国制憲史』第三編附録三、及び繆全吉編著『中国制憲史料彙編―憲法篇』（国史館、一九八九年）所載の条文を参照した。以下、煩瑣を避けるため条文の参照頁は注記しない。

＊20 審議委員会の審議意見第五・第六項（前掲、傅秉常「中華民国憲法草案起草経過」一二頁）を参照。

＊21 前掲、呉経熊・黄公覚『中国制憲史』四八九〜四九〇頁。国民大会常設機関の規定を削除した理由については、孫科「最近憲草討論情形」（一九三四年一〇月八日、国民政府記念週での報告、前掲『中華民国憲法草案説明書』一四七〜一五〇頁）も参照されたい。

＊22　前掲、呉経熊・黄公覚『中国制憲史』四九〇～四九一頁。
＊23　雷震著／薛化元主編『中華民国制憲史―制憲国民大会』（稲郷出版社、二〇一一年）二五八～二六一頁。
＊24　卞琳『南京国民政府訓政前期立法体制研究（一九二八―一九三七）』（法律出版社、二〇一二年）一六九～一七五頁は、草案初稿から五五憲草に至る立法院に関する規定を整理しているので、併せ参照されたい。
＊25　前掲、呉経熊・黄公覚『中国制憲史』五七八～五八一頁。
＊26　前掲、呉経熊・黄公覚『中国制憲史』五八一頁。なお、国民党は、日中戦争中に設置された憲政実施協進会の五五憲草検討作業において、立法院の「政権」機能を認めざるを得ない方向に追いやられていく（第Ⅵ章参照）。
＊27　審議委員会の審議意見第一六・第一七項（前掲、傅秉常「中華民国憲法草案起草経過」一三～一四頁）を参照。
＊28　一九四〇年刊行の前掲『中華民国憲法草案説明書』では、立法院の選挙は孫文が国民による直接選挙を主張していたが、国土が広大で人口も多く国民が「政権」の行使に習熟していないため、国民大会による間接選挙になったと解説している（二九頁）。
＊29　前掲、呉経熊・黄公覚『中国制憲史』一三四～一三五頁。
＊30　前掲、呉経熊・黄公覚『中国制憲史』一〇七頁。
＊31　前掲、呉経熊・黄公覚『中国制憲史』四三三頁、石川『中国憲法史』一二〇頁。
＊32　孫科「総理逝世紀念週報告詞」（前掲、呉経熊・黄公覚『中国制憲史』七六一頁）。他方において、前掲『中華民国憲法草案説明書』では、立法院を国会とみなす孫文の言説を引用して「立法院の任務は大体のところ国会と同じである」としながら、「外国議会が有する不信任権については、本来政府を規制するための方法だが、五権分立の精神と一致しないので立法院が有すべき職権ではない」と説明されている（四六頁）。ここでは、立法院を国会と同一視しつつ、五権憲法の精神との整合性から不信任権を否定していることになる。
＊33　《上海新聞志》編纂委員会編『上海新聞志』（上海社会科学院出版社、二〇〇〇年）一五九頁、「潘公展」（中国社会科学院近代史研究所／厳如平・熊尚厚主編『民国人物伝』第八巻、中華書局、一九九六年）。
＊34　『上海晨報』一九三四年七月二日「評論／憲草修正稿概評（二）」（前掲、呉経熊・黄公覚『中国制憲史』四七四～四七五頁に所収）。
＊35　審議委員会の審議意見第一三項（前掲、傅秉常「中華民国憲法草案起草経過」一三頁）、孫科「憲法草案最後一次修正之経過情形」（一九三六年五月一一日、中央党部における報告、前掲『中華民国憲法草案説明書』一五七～一六一頁）を参照。
＊36　行政院メンバーの連帯責任の欠如を鋭く、かつ執拗に指摘・批判するのが、前掲雷震著／薛化元主編『中華民国制憲史―政治協

商会議憲法草案』である。同書八六頁、二〇三頁、二二九〜二三〇頁を参照。

＊37 薩孟武「中華民国憲法草案的特質」（『東方雑誌』三三巻一二号、一九三六年六月一六日）。

＊38 雷震によると、孫文の理論に否定的だった王寵恵は、孫文が建国大綱で設計した政治制度は権力の分立を否定した「一権的政治制度」であると見なしていた。また、建国大綱に基づく五五憲草は総統の独裁を許す「一権憲法」であり、「万能政府」は過去の専制政府の別名にほかならないと断じていたという（前掲、雷震著／薛化元主編『中華民国制憲史—制憲国民大会』二六一頁）。

＊39 前掲、聶鑫『中国近代国会制度的変遷—以国会権限為中心』は、「訓政」時期における立法院の代表性と職権が国会に接近していく過程を「国会化」と表現している（同書第六章を参照）。この観点は、本章の視角と軌を一にするものであるが、聶鑫の考察は戦前の五五憲草までに止まり、本書が次章で試みるような日中戦争中と戦後における立法院の「国会化」については具体的な分析が及んでいない。

＊40 自由・人権の観点から五五憲草を再評価する成果として、前掲中村「国民党「党治」下の憲法制定活動—張知本と呉経熊の自由・権利論」がある。

＊41 前掲、雷震著／薛化元主編『中華民国制憲史—政治協商会議憲法草案』一七七頁。

Ⅵ　日中戦争下の五五憲草批判と国民大会議政会

1　問題の所在

一九三七年七月七日の盧溝橋事件が発端となり、日中両国はついに全面戦争に突入した。国民党は「五五憲草」の公布に先立ち、一九三五年一二月の国民党五期一中全会において翌三六年一一月一二日に国民大会を召集し憲法を制定すると決定していた。しかし、この決定は各地の国民代表が選出されないことを理由に延期され、三七年二月の五期三中全会において改めて同年一一月一二日に国民大会を開催することが決議されたが、これもまた盧溝橋事件の勃発によって延期せざるを得なくなった[*1]。日中戦争は、五五憲草に基づく国民党の憲法制定プログラムを中断させてしまったのである。

だが、国民党にとっての誤算は、予定どおり一九三七年に憲法を制定できなかったというだけに止まらなかった。なぜなら、盧溝橋事件がなければ、何の反対もなく正式憲法となったはずの五五憲草が、日中戦争期（一九三七～四五年）になると、民主党派を中心とした知識人や共産党など党外勢力によって厳しい批判にさらされたからである。そして、その舞台となったのが一九三八年七月から開催された「国民参政会」であった。同名機関の設立は、第Ⅳ章の末尾で指摘したように、満洲事変後の一九三二年一二月に開かれた四期三中全会においても決定されたが、そのときは組織されずに終わっていた。今回の国民参政会は、日中戦争勃発後の一九三八年三月に武漢で開催された国民党臨時全国代表大会で設立が決定されたものであった。同大会が採択した「抗戦建国綱領」は、同会の性格を「全国の力量を団結させ、全国の思慮と見識を集中させ、国策の決定と進行に利する」ために組織する「国民参政機関」であると規定していた。[*2]

一九三八年四月に国民党五期四中全会を通過した組織条例によれば、国民参政会は国内各省市、蒙古・西蔵の公私機関あるいは団体、海外華僑から選任された一〇〇名、そして「各重要文化団体あるいは経済団体」から選任された五〇名、の総計一五〇名からなる参政員によって構成されることになっていた[*3]（ただし、同年六月に「文化団体」・「経済団体」選出の参政員は一〇〇名に増員）[*4]。共産党や各民主党派は後者の「文化団体あるいは経済団体」として登録され、国民参政会に参加することになった。国民参政会の党派構成は、大体のところ国民党と非国民党がそれぞれ五分の二ずつを占めたといわれる。[*5] 第一期第一次会議における参政員二〇〇名のうち、国民党は八二名で全体の四一％を占め、その他の非国民党勢力は中国共産党が七名、中国青年党七名、中国国家社会党一一名、救国会派八名、職業教育派三名、郷村建設派三名、第三党一名、無党派七八名であった。[*6]

当初、国民参政会には①政府の対内的・対外的重要施政方針に対する事前決議、②政府に対する建議、③政府施政方針に対する聴取・諮問等の権限が与えられ、後に④政府委託事項に関する調査権と⑤国家予算に対する第一審査権が加えられた。[*7] これらの職権から明らかなように、国民参政会は政府の政策執行に対して拘束力を持たない諮問機関の地位に止まっていた。だが、同会は抗戦時期における政治制度の民主化を推し進め、また知識人が結集する民主党派にとっては、初めて合法的な地位を獲得し政治に参与する制度的な拠点になったと評価されている。[*8]

さて、第一期国民参政会の会議は、一九三八年七月から四〇年七月までの間に五回召集された。次いで第二期は一九四一年に二回、第三期は一九四二年から四四年にかけて三回開催され、第四期は戦後も含めて一九四五年から四七年までに三回開かれた。[*9] これらの会議のうちで、本章の考察に関係するのは一九三九年九月九日から一八日に開催された第一期の第四次会議と四〇年四月一日から一〇日にかけて召集された第五次会議、そして一九四三年九月一八日から二七日に開かれた第三期第二次会議である。

第一期第四次・第五次会議と第三期第二次会議が開催された時期は、どちらも非国民党勢力による「憲政運動」が高揚した時期と重なっている。ここでいう「憲政運動」とは、満洲事変以来の民族的危機に対応し得る「国家の統治形態」を、孫文が唱えた「訓政」から「憲政」への移行を通じて実現しようとする一連の民主主義運動を指す。[*10] つまり、国民党の「訓政」統治が改革の対象とされたのである。この憲政運動の高揚に対応して、一九三九年九月の第一期第四次会議では「憲政期成会」の設立が決定され、翌四〇年四月の第五次会議には同会が改訂した五五憲草修正草案が提出された。また、一九四三年九月の第三期第二次会議での蔣介石の発言を機に「憲政実施協進会」が設置され、再び高まろうとする憲政運動と並行して五五憲草検討作業が進められていった。

前章で考察した五五憲草の起草は、各界に対する意見聴取はあったものの、国民政府立法院の起草作業も含め基本的には国民党が排他的に実施したものであった。これに対し、国民参政会には国民党以外の党派が参与し、しかも上記の憲政期成会と憲政実施協進会が活動した当時は憲政運動の只中にあった。こうした状況のなかで、五五憲草はいかなる批判に直面したのか。そして、五五憲草起草時の焦点であった国民大会と立法院の性格と位置づけは、どのような変容を被り、戦後の立憲構想と議会制をめぐる制度設計にいかなる影響を及ぼすことになったのだろうか。

この疑問について、従来の研究は必ずしも十分な回答を用意していなかったように見受けられる。確かに、憲政実施協進会の五五憲草に対する意見が国民参政会第四期第二次会議に報告された一九四六年三月には、[*11] すでに政治協商会議が提起した「憲草修改原則」に基づき五五憲草の修正作業が開始されていた。したがって、憲政期成会の五五憲草修正草案も憲政実施協進会の五五憲草に対する意見も、戦後の制憲工作において直接重要な役割を果たすことはなかった。そこで、以下の荊知仁のような評価が導き出される。「憲政期成会の憲草修正草案と憲政実施協進会の憲草修正意見は、国人が抗戦期間における憲政運動の促進に努力した記録である以外は、政治協商会議の憲草問題の討論に一種の参考を提供したに過ぎず、それ自身は現行憲法〔「中華民国憲法」を指す―筆者補足。以下、引用中の〔〕内は同じ〕に対して全く直接的な影響と作用を及ぼしていない」[*12]。

つまり、五五憲草に対する憲政期成会の修正草案や憲政実施協進会の修正意見は、戦後の制憲事業に「一種の参考」程度の影響しか与えなかったという評価である。こうした評価を再検討するため、国民大会と立法院の位置づけを中心に両会の五五憲草検討作業に注目すること、本章の課題は何よりもそこに置かれる[*13]。

2 憲政期成会の期成憲草

第Ⅴ章に登場した薩孟武のような国民党系の法学者と異なり、欧米的な国会の機能を基準として国民大会の性格を理解しようとする学者や知識人は、五五憲草公布に向けた試案・草案の起草・審議段階から、すでに孫文の〈国民大会―五権政府〉構想について懐疑的であったという。また彼らは、「草案初稿」と「審査修正案」で国民大会の常設機関として提起された国民委員会や国民大会委員会の構想が、五五憲草に採用されなかったことを批判していた[*14]。第Ⅰ章で天壇憲草の国会委員会について述べたように、議会常設機関の設置は「議会専制」の危険性を内包していた。だが、国民党の「訓政」を経験した一九三〇年代の知識人は、むしろ国民大会による政府執行権力に対する監督・統制の強化（「政権」の強化）を求めていたのである。こうした知識人の五五憲草に対する批判が、日中戦争に入って国民参政会の下に組織された憲政期成会（以下、期成会）の五五憲草修正草案（一九四〇年三月、以下、期成憲草）に結実することになる。

(1) 憲政期成会の設立と活動

ここでは、まず期成会が設立される経緯から確認することにしよう。一九三九年九月九日より重慶で開幕した国民参政会第一期第四次会議において、左舜生(青年党)・張君勱(国家社会党)・章伯鈞(中華民族解放行動委員会)の三名は、国民党による「党治」の終了と「憲政」の即時実施、国民参政会への憲法起草の授権と迅速な憲法の頒布、などを求める連名の提案二件を提出した。[*15] 同会議は、この二件を含む関連提案七件(提案者は国民党一、民主党派五、共産党一)を合併討議に付し、「治本」(根本的対処)策として、①政府に期日を定めて国民大会を召集し、憲法を制定して「憲政」を実行するよう要請する、②議長(蔣介石)が参政員若干名を指定して「国民参政会憲政期成会」を組織し、政府による憲政事業の促進に協力させる、の二点を決議した。[*16]

この七件の提案をめぐっては、各党派の合法性と「党治」の終了を争点としながら、国民党籍の参政員と民主党派を中心とする非国民党参政員との間で激しい論戦が展開されたといわれる。その結果、採択された決議文には、左舜生・張君勱・章伯鈞の提案に明示された「党治の終結」という文言が盛り込まれることなく、「憲政の実行」という表現にぼかされていた。また、逆に「憲政の即時実施」という要求は、「期日を定めて……憲政を実行する」というように実施の時期が曖昧にされていた。その限りで、この決議は民主党派の知識人にとっては満足いくものではなかったといえよう。[*17] しかし、彼らの提案が契機となって憲政期成会の設立が決議文に盛り込まれたことは、後述する期成憲草の内容に鑑みるならば非常に重要な成果であった。

国民参政会議長の蔣介石は、この決議を受けて第四次会議閉幕前日の一九三九年九月一七日に一九名の参政員を期成会の委員に指名し、一〇月一七日になってさらに六名の委員を追加で指定した。[*18] 張君勱、黄炎培(職業教育派)、周覧(国民党)を召集人とする委員二五名の顔ぶれは図表5に示したとおりである。民主党派のメンバーに無党無

図表 5　憲政期成会のメンバー

	所属・経歴など
張君勱	国家社会党，党治終結提案の連名提出者の１人
左舜生	青年党，同上
章伯鈞	中華民族解放行動委員会（農工党），同上
李　璜	青年党
黄炎培	職業教育派
史　良	救国会派
羅隆基	国家社会党，西南聯合大学教授
羅文幹	国家社会党，西南聯合大学教授
章士釗	民国初年以来，政界・教育界等で活躍
張　瀾	民国初年以来，四川省の政界・教育界等で活躍，後に中国民主政団同盟主席
傅斯年	学者，中央研究院総幹事，西南聯合大学教務委員会委員
陶孟和	学者，中央研究院社会科学研究所所長
董必武	共産党
銭端升	国民党，政治・法学者，西南聯合大学教授
周炳琳	国民党，法学者，国民参政会副秘書長，西南聯合大学教授
周　覧	国民党，政治・法学者
褚輔成	国民党，民初旧国会衆議院副議長
馬　亮	国民党，国民政府内政部禁煙委員会委員など歴任
王家楨	国民党，国民政府外交部常務次長，監察院委員など歴任
李中襄	国民党，ＣＣ系の幹部，江西省党部の要職，中央党務委員など歴任
許孝炎	国民党，ＣＣ系の幹部，中央民衆訓練部，宣伝部等の要職を歴任
杭立武	国民党，政治学者，中央研究院特約研究員，中英庚款董事会幹事等を歴任
李永新	国民党，モンゴル人，辺疆党務処処長など歴任
梁上棟	国民党，国民政府財政部・実業部などの要職を歴任
胡兆祥	国民党，華僑を代表

典拠：雷震著／薛化元主編『中華民国制憲史—制憲的歴史軌跡（1912-1945）』（稻鄉出版社，2009 年）115 ～ 116 頁，謝慧『西南聯大与抗戦時期的憲政運動』（社会科学文献出版社，2010 年）64 頁，徐友春主編『民国人物大辞典』（河北人民出版社，1991 年）に基づき作成.

派の人物、国民党所属も含めた学者等を加えたら、その数は国民党の党務・政務関係者よりも多くなっていることが分かる。

九月二〇日に早くも第一次会議を開いた期成会は、一一月二〇日の第二次会議において各界各方面より五五憲草に関する意見を収集し、同憲法草案の改訂に当たることを決定した。翌一九四〇年の初めまでに同会に寄せられた五五憲草修正意見には、昆明在住で西南聯合大学の教授を中心とした羅隆基・陶孟和・周炳琳・傅斯年・羅文幹・銭端升らによる修正草案（所謂「昆明憲草」）をはじめ、その他の期成会会員や参政員の意見、重慶・成都・上海等の民間団体が提出した意見などが含まれていた。*19

期成会は、一九四〇年三月二〇日

より、これらの修正意見を参考にしながら五五憲草の再検討作業に取り掛かった。召集人の一人である周覧が駐米大使胡適の顧問となって渡米し参加できなかった以外は、残り二四名全ての委員が会議に出席したという（周覧の召集人代理には蔣介石が周炳琳を指名した）。会議は一日の休息を挟みながら一〇日間に及ぶ時日を費やして、三〇日に五五憲草を改訂した八章一三八条からなる修正草案を完成させた。[*20] これが、「期成憲草」（正式には「中華民国憲法草案（五五憲草）修正草案」）である。この憲法草案は、もともと昆明在住の羅隆基らが中心となって起草した昆明憲草に基づいていたが、戦後になって中華民国憲法の起草に重要な役割を果たすことになる張君勱もまた、昆明憲草の作成に大きく貢献したといわれる。[*21]

期成会の五五憲草改訂作業が以上のように迅速であったのは、同会に参画した民主党派を中心とする知識人たちに、国民参政会の決議で曖昧にされた「憲政」実施の時期を可能な限り早めたい、という願望があったからだと思われる。一九三九年九月二〇日の期成会第一次会議では、①双十節（一〇月一〇日）に政府が「憲政」実施の時期を公布できるよう望む、②双十節後、長時間をかけて憲法や国民大会組織法・選挙法等について研究・討議するが、③遅くとも九ヶ月以内に国民大会を開催し「憲政」を完成させる、という三点について合意が成立していたといわれる。他方、国民党の側も、同年一一月一七日の五期六中全会において、四〇年一一月一二日に国民大会を召集する決議を採択した。こうした状況のなかで憲政運動も盛り上がり、一九三九年一〇月には重慶で憲政問題座談会が発起され、この座談会を基盤として憲政促進会結成の準備が進められた。この動きは各地にも拡がり、同年一二月には成都の憲政促進会籌備委員会が発足し、翌年になると二月に延安の、五月に広西の憲政促進会が成立していった。[*22]

(2) 国民大会と国民大会議政会

憲政運動の高まりのなかで完成した期成憲草は、一九四〇年四月一日から重慶で開かれた国民参政会第一期第五次会議に提出された。以下、その特徴について、五五憲草との相違に留意しながら、国民大会と立法院の位置づけを中心に検討してみよう。*23

期成憲草では、国民大会の「政権」を行使する機会と範囲は、一部を除きほぼ五五憲草の規定が踏襲されている。すなわち、国民大会は三年に一回総統が召集し、会期は一ヶ月（最大一ヶ月の延長が可能）とされ、①総統・副総統、立法・監察両院の院長・副院長、立法委員、監察委員の選挙、②総統・副総統、行政・立法・司法・考試・監察各院の院長・副院長、立法委員、監察委員の罷免、③法律の創制、④法律の複決、及び⑤憲法の改正などの職権が与えられていた（以上、第三二・第三三条）。五五憲草との違いは、国民大会に行政院院長・副院長の罷免権を与えた点である。五五憲草では、同院院長・副院長の任免権は総統が掌握し、国民大会はそこに全く容喙することができなかった。その意味で、期成憲草における国民大会は、五権政府の執行権中枢（総統・行政院）に対する掣肘機能を高めているといえよう。

だが、期成憲草の最大の特徴は、国民大会自体の規定に大きな変更を加えることなく、五五憲草における国民大会と総統・行政院との関係を根本から改変したところにあった。それを示すのが、国民大会の常設機関として提起された「国民大会議政会」（以下、議政会）に関する規定である。国民大会の常設機関は、既述のように五五憲草起草過程でも登場していたが、期成憲草における議政会の提起は羅隆基ら昆明在住の期成会会員が起草した昆明憲草に基づいていた。

期成会は、期成憲草に付した説明書で、国民大会常設機関として議政会の設置を提起した理由として、

国民大会の職権は選挙・罷免・創制・複決各権に限られるというが、この数項で国民の行使すべき政権が尽くされたと言えるだろうか。……思うに、国民が政府を監督する所以は、予算・決算を通過させ、行政方針に質問し、和戦の大計に参与し、行政当局に対して信任あるいは不信任を提出するところにある。これらの事項を、国人の

なかには治権に列する者もいるが、実のところ欧米各国は皆これを政権と見なしている。もし、これらの政権を人民が行使できなければ、民国の政権が完全にダメになると言っても何ら差支えない。このため、昆明の若干の参政員が提出した修正草案には、国民大会の閉会期間中に国民議政会を設ける規定があったのだ。

と述べ、さらに昆明憲草の注釈から「五五憲草の最大の欠点は、人民による政権の運用が不全で、立法院が政権機関でない上に国民大会も三年に一回集会するだけであるところにある。このため、〔人民は〕政権を行使する術がないから、国民議政会を設けて埋め合わせとしたのだ」という理由を援用している。[*24]

次に、議政会の具体的な職権について見てみよう。期成憲草によると、議政会は国民大会の閉会中に設置され、国民大会が互選した議政員一五〇〜二〇〇名からなり六ヶ月ごとに召集される（第三七条・第四四条）。ただし、同草案第三七条の「附記」によれば、張君勱は議政員の選出方法について、同条文の「国民大会が互選する」という部分を「国民大会が選挙する」と改めるよう主張し、また羅文幹と羅隆基も張の意見に従って「国民大会議政員は国民代表を限りとしない」の一句を付け加えるよう求めていた。議政会は国民大会の常設機関として提起されてはいたが、議政員の選出方法に対する付帯意見から見る限り、彼らの真意は、議政会を国民大会から相対的に独立した機関とすることにあったようである。[*25] この考え方は、五五憲草における立法委員が、国民大会によって選出されるものの、国民大会代表に限定されない規定となっていたことに類似していた。

一方、期成憲草が規定する議政会の権限は極めて広汎に及んだ。すなわち、国民大会閉会期間において①戒厳・大赦・宣戦・講和・条約案の議決権、②立法院が議決した法律・予算・決算案の複決権、③立法原則の創制権、④監察院が国民大会に提出すべき総統・副総統弾劾案の受理、五院院長・副院長弾劾案の議決権が与えられ、さらに⑤行政院の院長・副院長・各部部長・各委員会委員長の不信任決議権、⑥総統、各院院長、各部・会長官の政策・行政措置に対する質詢権と報告聴取権も認められていた（第四一条）。なお、②の立法院議決の法律案を議政会が複決した場合、総統は公布を強制された。また、④の監察院が提出する総統・副総統弾劾案を議政会が議決受理したときは、臨時国民大会を召集して罷免の可否を決し、五院院長・副院長の弾劾案が通過した場合は、該当する院長・副院長は辞職に追いやられた（議決条件は出席議政員の三分の二以上の同意）。そして、⑤の行政院院長・副院長の不信任決議も、出席議政員三分の二以上の賛成で成立し、総統が同意しない場合は臨時国民大会に最終の判断を委ね、もし臨時国民大会が議政会の決議を否認した場合、議政会は改選（解散）されることになっていた。[*26]

以上から判断されるように、期成憲草が議政会を提起した理由は、五五憲草が規定する国民大会では「人民による政権の運用が不全」で、欧米各国が「政権」と見なしている予決算審議、行政方針に対する質問、宣戦・講和決定への参与、行政権に対する不信任案提出などの権限を行使する術がないという点にあった。欧米各国が認める「政権」とは、欧米の国会が有する権限にほかならないのだが、以上の理由から議政会には戒厳・大赦・宣戦・講和・条約案に対する議決権、立法院が議決した予決算案に対する複決権、行政院院長以下の主要部・会長官に対する不信任案決議権など、国民大会が本来持たない権限まで認められていたのである。議政会が行使する「政権」は、西欧的議会が行使する立法権とほとんど変わりないものになっていたといえよう。

だが、これでは国民大会の付託を受けて職権を行使するはずの議政会が、国民大会よりも強い権限を持つことになる。期成会の説明書は、この点について、

本会の多数意見は、国民大会が国家最高の権力機関として、確かに直接と間接の政権を包括して〔保持して〕いると考える。国民大会自身は直接政権を行使するが、間接政権は事実上二千人以上を擁する国民大会が行使すべきではないから、議政会に帰属させるべきである。したがって、権力の大小の問題は、閉会あるいは開会を基準にして是非を定めることはできない。

と述べ、「政権」を「直接政権」と「間接政権」の二種類に分けて、議政会が「間接政権」を行使する正当性を主張

していた。[*27] これまでの論旨から判断できるように、国民大会が行使する「直接政権」は、孫文が主張した本来の「政権」、すなわち選挙・罷免・創制・複決の四権を意味し、議政会に帰属する「間接政権」は、基本的に西欧的議会が行使する通常の立法権を指すと考えて間違いないだろう。

(3) 国民大会議政会と総統・立法院

この期成憲草の規定に従えば、国民大会は議政会を通じて、五五憲草が規定する以上に執行権中枢の総統・行政院に対して強力な管理・統制機能を発揮することができるはずだった。しかし、国民大会が三年に一回の召集に止まる限り、実質的に総統・行政院と対峙しその活動を掣肘することになるのは、六ヶ月ごとに召集される議政会の方であったといわねばならない。そこで、次に「期成憲草」における総統権と議政会との関係を、やや立ち入って検討しておくことにしよう。

期成憲草の総統権限も、ほぼ五五憲草の規定を継承しているため、ここで改めて逐一確認することは避けるが、以下の点において比較的重大な修正が加えられていた。まず、五五憲草で認められた緊急命令権について、追認機関が立法院から議政会に替わり、また「命令発布後三ヶ月以内」という追認期間の規定が「命令の発布後ただちに……」と改まり、掣肘を受ける条件が厳しくなった（第五三条）。また、五五憲草では、行政院の院長以下主要部・会長官は各々総統に責任を負う単独責任制をとっていた。これは、事実上、行政院メンバーを総統の「幕僚」と見なす規定だったが、期成憲草では削除され同院の総統に対する従属性が弱められた。[*28]

さらに五五憲草では、総統は立法院の議決案全般に対して再議を求め、立法院が原案を維持した場合は法律・条約両案について国民大会に複決を申請することができた。だが、期成憲草では再議の要求は法律案に限定され、立法院が再議を否決した場合に複決を申請する機関も議政会に替わった（第七六条）。他方、期成憲草下の総統は、前述のとおり議政会の不信任決議権に対抗して同会の改選（解散）を国民大会に請求する権限が新たに認められた。しかしながら、こうした議院内閣制を彷彿させる職権は、そもそも五五憲草の起草過程において排除されていたところのものであり、したがってこの規定は総統の地位を強化するためにではなく、総統・行政院と議政会との権力的な均衡と相互牽制を図るために新たに加えられたものだった。

前章で確認したように、五五憲草が規定する総統は、国民大会の「政権」機能を抑制し、五権政府内部の立法院・監察院の掣肘機能を制限することによって、絶大な権力を振るうことができる存在であった。期成憲草は、この総統の権限を注意深く削ぎ落すとともに、議政会に与えた「間接政権」（西欧的議会の立法権とほとんど重なる）を通じて、総統・行政院との間に権力的な均衡と牽制の関係を生み出し、執行権中枢に対する管理・統制を実現しようとしていたのである。期成会の説明書は、こうした議政会の職権について「各国の国会と似ているが、詰まるところ似るか否かは我が国の政治上の発展によって定まる」と含みを持たせていた。また、議政会の性格については、「行政当局を補佐し、やや規制を加える機関であって、英仏の議会政治とは全く異なる」と説明していた。ただし、これは国民党の批判をかわすための方便に過ぎなかったと見るべきで、職権から見る限り議政会が「各国の国会」を模して構想されたのは明らかであった。[*29]

さて、そこで問題となるのは立法院の位置づけであろう。なぜなら、前章で述べたように、五五憲草の立法院は「治権」機関と位置づけられながら、そこに議会的な要素が混入していたからである。期成憲草における立法院の特徴は、議決権が法律・予算・決算各案に限定され、他に宣戦・講和・条約・戒厳・大赦案などの議決権も認めた五五憲草に比べ、その範囲が大幅に縮小されたところにある。これは、先に列挙した議政会の職権から明らかなように、宣戦以下各案の議決権が議政会に移されたために生じた変化であった。この権限変更の理由について、期成会は「国民が政権を行使する機関に国民大会と議政会がある以上、立法院が五五憲草中の旧状のままであれば、屋上屋を架す嫌いを免れない」と述べ、そのため「政治性」を帯びた――すなわち「政権」に関わる――宣戦以下各案の議決権を議政会に移したのだと説明していた。[*30]

このように期成憲草では、議政会の「政権」機関（事実上の「国会」）としての性格を前面に押し出す必要から、立法院については孫文の権能区分論に立った「治権」機関としての性格がむしろ強調されることになったのである。期成会の期成憲草説明書は、この点について以下のように述べている。[*31]

〔議政会が〕立法院の議決を複決すると、立法院を立法技術上の専門機関とすることができ、これは中山先生の五権分立の遺教精神と一致する。立法院の議決が議政会の審査をへれば、法律案等々は必ずやより周到詳細な成績を上げ、立法院は能を有し議政会は権を有して、〔これも〕また中山先生の遺教精神と一致する。

最晩年の孫文が、権能区分論に立脚して立法院を専門的・技術的な見地から立法事務を処理する「治権」機関と見なしたことは、第Ⅲ章で明らかにしたとおりである。期成憲草は、この孫文の観点に立って立法院を「立法技術上の専門機関」としたわけだが、それに見合う形で同院の構成にも修正を加えていた。すなわち、五五憲草では四〇〇～五〇〇名を擁するはずだった立法委員の定員を一〇〇名にまで減らし、選定方法についても、国民大会が選挙する各省・蒙蔵・華僑代表を除き、残り六〇～七〇名の国民代表は立法院院長の申請により総統が任命するとしたのである（第七三条）。この点について、期成会の説明書は「立法院の小部分に民意代表の性質を持たせるほか、その余りの大部分は政府が専門家を任命して一切の法案を起草させる」と述べ、任命制が「立法技術機関」に相応しい方法であると示唆していた。[*32] 皮肉なことに、孫文の構想を厳格に解釈する段になると、知識人たちの方が五五憲草よりもはるかに徹底していたのである。

だが、議政会の設立を提起した知識人たちも、立法院を「立法技術機関」と見なして満足したわけではなく、本来ならば立法院こそが「国会」の役割を果たすべきだと考えていた。昆明憲草を起草した羅隆基らは、「我が国の立法院は政府不信任権あるいは政府弾劾権がないだけでなく、政権を行使する代議機関でもない」と述べ、五五憲草における立法院の性格に対して不満を表明していたのである。[*33] こうした不満は、民主党派等の知識人にほぼ共通したものであったと思われ、それはまた「立法院を国会、すなわち政権機関として認めないならば、政権機関としての議政会を欠くことはできない。議政会を認めようとしない者は、なぜ毅然として立法院を政権機関にしないのだろうか」という、国民党の五五憲草擁護派に対する批判となって現れていた。[*34]

さて、国民参政会第一期第五次会議に提出された期成憲草は、一九四〇年四月五日の会議に上程され、張君勱が期成憲草の内容について報告した。彼は、議政会の設置について国民党の同意を得るため、同会が孫文の「遺教精神」に背馳するものではないことを強調し、また議政会と国民大会・立法院との関係についても説明したという。翌六日の会議では、国民大会常設機関設置の是非について激論が展開され、国民党籍の参政員は議政会の設立に反対するため国民大会の会期を毎年一回にするよう主張し、民主党派の参政員は会期の間隔を短縮しても「政権」運用の不全さは解消されないと応酬した。[*35] 結局、議長蔣介石の提議により、期成憲草とそれに付帯された建議、議政会に対する反対意見を国民政府に回付するとともに、同憲草の他の部分に関する異議についても政府に移送することで同日の討議は打ち切られた。[*36]

期成憲草に対する蔣介石の拒否反応は殊更厳しかったようである。会議に参加した梁漱溟（郷村建設派）の回想によると、四月六日の会議後に蔣は、議政会の設置と同憲法草案の行政権に対する規制の強さを非難する演説を行ったという。また、四月一〇日の第五次会議の閉幕に際しても、「われわれの国父孫先生の民権主義と五権憲法の精神に絶対に違反すべきではない。我々の国父の遺教を一致して擁護するからには、「権」と「能」を区分する精義と五権制度創作の真意を理解して、絶対に五権憲法に抵触する規定を持つべきではない」と述べ、期成憲草に対する警戒を露わにしていた。[*37]

3 憲政実施協進会の研討意見

以上のように、期成憲草は、蔣介石をはじめとする国民党の激しい反発を招くことになった。しかしながら、民主党派を中心とした知識人による議政会設立構想の提起、「政権」機関（実質的には西欧的な国会）たり得ない立法院への不満は、国民大会と立法院との関係について、国民党側の微妙ではあるが重大な認識の変化を呼び起こす契機となった。その事実を示してくれるのが、やはり日中戦争中に組織された憲政実施協進会の五五憲草に対する「研討意見」である。

(1) 憲政実施協進会の組織と活動[*38]

憲政実施協進会（以下、協進会）の設立は、一九四三年九月の国民参政会第三期第二次会議において報告を行った国民政府主席兼国防最高委員会委員長の蔣介石が、「憲政」実施のための準備機関を設置するよう求めたことに端を発する。蔣の要望を受けた国民参政会主席団・同駐会委員会は政府と協議の上、準備機関を速やかに組織することで一致し、同年一〇月二〇日に国防最高委員会から「憲政実施協進会組織規則」が頒布された。[*39]この組織規則によれば、協進会は国防最高委員会の下に設置され、国民参政会主席団主席を「当然会員」とし、その他の会員については、国防最高委員会委員長が①国民党中央委員、②国民参政会参政員、③その他政治的な学識・経験に富み、あるいは憲政について特別に研究している人士、より三五～四九名を指定することになっていた。

同組織規則は、協進会の任務として①政府に「憲政」準備に関連した建議を提出する、②地方民意機関の設立状況を考察し随時報告を提出する、③「憲政」関連法令の実施を考察・促進し随時報告を提出する、④憲法問題及びその他関連政治問題に対する意見について政府と民間団体の橋渡しをする、⑤政府の付託により「憲政」実施に関連する一切の事項を審議する、の五点を上げていた。[*40] また蔣介石は、①五五憲草の精義を宣揚し憲政問題に関する意見を徴集する、②各級民意機関、とりわけ県級民意機関の設置状況を考察する、③法治と自由の精神をいかに増進するか研究し、民意を発揚して民治の基礎を確定する、の三点を協進会の任務として強調したという。[*41]

一九四三年一一月一二日に成立した協進会は、国防最高委員会委員長の蔣介石を会長とし、国民参政会主席団のメンバー七名を当然会員とするほか、国民党中央委員一四名、国民参政会参政員二四名、政治学識経験者・法律専門家一一名の計五六名から構成された。また、同会の秘書長と副秘書長には国民参政会の秘書長・副秘書長（邵力子・雷震）が充てられた。具体的な会員名は図表6に示しておいたが、この人員構成を見る限り国民参政会のメンバーが協進会の主体となっているように感じられる。だが、協進会が国防最高委員会の隷属下に置かれたこと、また会員中に国民党員が多数含まれ、蔣介石の意向で民主政団同盟主席の張瀾が排除されたことなどから窺えるように、[*42] 同会は先の期成会と異なり国民党の規制を強く受ける組織であった。恐らく蔣介石としては、「憲政」実施を求める民主党派や無党無派の知識人を懐柔し、しかも期成会の轍を踏まず国民党が制御可能な組織となることを協進会に期待したといえるだろう。

このため、国民党外の知識分子、とりわけ民主党派に所属する参政員たちの協進会に対する期待は低く、雷震の回想によれば、常務会員の左舜生や黄炎培さえ会議の席上で「われわれは国民党の面子を保つため、求めに応じて参加せざるを得なかったのであり、とりあえず恰好を付けたに過ぎないのだ」とうそぶいていたらしい。一方、国民党の側も、協進会工作の中心を担うべく送り込まれた呉鉄城と王世杰が会議にあまり出席できず、有力な中央委員のなかには会議に全く出席しない会員（孔祥熙・宋子文・呉鼎昌・熊式輝ら）や成立大会に出席しただけの会員（孫科・張群・朱家驊・張厲生ら）、もしくは会議に出席したとしても真摯に討論しない会員が多かったという。[*43]

図表6　憲政実施協進会のメンバー

区　分	氏　名						
参政会主席団	張伯苓	莫徳恵	呉貽芳	李　璜	王寵恵	王世杰	江　庸
国民党中央委員	孔祥熙 朱家驊	孫　科 張道藩	呉鉄城 梁寒操	陳布雷 洪蘭友	張厲生 呉経熊	張　群 宋子文	熊式輝 呉鼎昌
国民参政員	褚輔成 左舜生 江一平 孔　庚	張君勱 陳啓天 傅斯年 范予遂	黄炎培 許孝炎 銭公来 喜饒嘉錯	胡政之 李中襄 薩孟武	邵従恩 周炳琳 達浦生	王雲五 銭端升 李永新	江恒源 董必武 梁上棟
学識経験者	呉尚鷹 蔣夢麟	林　彬 燕林棠	黄右昌 張志譲	楼桐蓀 蕭公権	王造時	梁漱溟	周恩来

典拠：荊知仁『中国立憲史』（聯経出版事業公司，1984年）434頁の表より作成．
註：下線のある人名は憲政期成会の委員．

だが、協進会はただ手を拱いてばかりで、何ら具体的な活動を展開しなかったわけではない。とくに、設立に際し蒋介石が強調した五五憲草の宣揚と検討については、同会第一次全体会の決議に基づいて常務会員会が「全国人民研討憲草辦法」を作成し、中央党部・行政院・教育部・宣伝部を通じて所属各機関や学校・団体に検討工作へ参加するよう呼びかけている。また一九四四年元旦からは、国民党内外の人士による「憲政・憲草問題」に関する講演を、ラジオ放送を中心に一三回にわたり実施した。[*44]

五五憲草の検討は、国家建設の最高原則が三民主義であること、中華民国の主権は必ず「国民全体」に属すべきことを大前提として行うものとされた。[*45]また、検討意見の収集は、当初は一九四四年五月五日を期限としていたが、その後一〇月一〇日に延期され、八月までに二〇〇件近くの意見が寄せられたという。意見は、領土規定や地方制度、国民経済に関するものなど多岐に及んだ。国民大会と中央政府の規定について見ると、五五憲草の規定に賛同する意見のほか、国民大会の召集間隔の短縮、会期の延長と職権強化、常設機関の設置を求めるもの、行政院の合議制の廃止や同院院長が責任を負う対象を総統から国民大会に変更するよう求めるもの、総統への「集権」化、あるいは逆に総統権の「虚権」化を求めるものなど、様々な意見が提出されていたようである。ただし、「五五憲草の根本精神を維持することが国民の共同一致した意見である」というのが、寄せられた意見に対する協進会の総括であった。[*46]

結局、五五憲草に対しては、一九四四年一〇月一〇日までに総計二六九件の検討意見が寄せられた。五五憲草起草時の一九三四年、「草案初稿」に対して各界より出された意見や批判が二八一件に上ったことを考えるならば（第V章参照）、戦時中の二六九件という数字は、協進会の五五憲草検討工作に対する反響が、決して小さくなかったことを物語っているように思われる。この背景には、当時再び高揚していた憲政運動の影響があったものと推測される。集まった検討意見は、まず秘書処によって初歩的な整理がなされ、その後一〇名からなる「第一組委員会」で本格的な検討作業が実施された。第一組委員会の五五憲草検討結果は、協進会の常務会員会を通過した後、会長の蔣介石に要請して各方面から送られてきた意見とともに立法院に回付される予定であった。

一九四五年二月一九日から開始された第一組委員会の討論は、同委員会の委員（召集人の孫科・王寵恵に朱家驊・陳布雷・李中襄・張君勱・呉経熊・林彬・陳啓天・張志譲を加えた計一〇名）と重慶在住会員の自由参加によって行われ、五回の会合をへて三二項目の研討意見が決定された。[*47] この研討意見について、協進会の常務会員であった王雲五は、「五五憲草に対する修正の多くは枝葉末節のことであり、重要な各点はどれも維持されていた」と評した。[*48] また、副秘書長として協進会に参与した雷震も、回想において「「五五憲草」の一権憲法の主張を承認し、若干の重要でない些細なところを少しだけ粉飾したもの」と、同様に手厳しく批判している。[*49] ただし、こうした評価は協進会に批判的な立場から出されただけではなく、協進会自身もまた「この度の研討結果を総合して見れば、その大部分は憲草原案を維持するものである」と自認するところであった。[*50]

(2) 研討意見における国民大会と立法院

このように、協進会の研討意見は五五憲草を批判的に修正するのではなく、その基本的な枠組みを再確認し維持することに眼目があったといえよう。では、協進会による五五憲草検討作業は、その後の制憲工作に何ら影響を残さなかったのだろうか。実は従来の研究において全く注目されなかったことだが、上述の第一組委員会における出席会員の発言記録を注意深く観察すると、国民大会と立法院の関係をめぐって、国民党側の立論方法に微妙ではあるが重要な変化を認めることができるのである。しかも、それは「治権」機関であるべき立法院の性格変化、換言すれば五五憲草において基本的には否定されていた立法院の国会化に途を開くものであった。

協進会の二三項目に及ぶ研討意見で何よりも注目されるのは、第六項において「憲政実施後の立法院は、実は一般憲政国家の議会に近く、したがって国民大会代表の任期と召集回数などについては憲法草案の原案を維持すべきである。国民大会閉会期間に常設機関を設置すべきか否かという問題は、立法委員が国民大会によって生まれ、事実上、部分的に政府を監督する責任を負っている以上、設置の必要はないようだ」（傍点は筆者）と述べている点である。[*51] しかも、立法院を政府監督機能がある「一般憲政国家の議会」に近い存在と見なす研討意見を主導したのは、立法院の国会化を望んでいた民主党派等の知識人たちではなかった。それは、第一組委員会の発言記録から窺う限り、むしろ五五憲草を擁護すべきはずの国民党系の会員たちだったのである。

第一組委員会の討議は、上述のように一〇名からなる委員と重慶在住会員の自由参加によって行われたが、研討意見第六項に収斂するような国民党系会員の発言は、国民大会の召集間隔や常設機関の設置をめぐる討議のなかで登場した。例えば、かつて五五憲草下の立法院が行使する「立法権」は、「行政権を牽制するためにではなく行政権行使の利便を図るため」にあると主張した薩孟武（自由参加）は、ここでは「立法委員は国民大会が選挙するから名義上は治権機関だが、事実上は政権機関の代表でもある。当然、部分的に政府を監督できるし、そのために国民大会に直接責任を負っているのだ」と述べ、立法院が政府を監督する「政権」機能を有していると認めていた。

本来、国民大会が排他的に独占する「政権」を立法院が分掌し行使するという主張は、王寵恵（第一組委員会召集人）の「憲政実施後の立法院は現在の立法院ではない。立法委員は、国民大会によって選挙され、また国民大会の国民代表に限らないのであり、一面において人民を代表して政権を執行し、一面において立法権を行使する」という発言からも窺うことができる。また、王は次のようにも述べていた。

創制権については、国民大会召集会期内はもちろん国民大会が自由に行使するが、閉会して後は、国民大会の選出した立法委員によって組織される立法院が代表して行使すべきである。立法委員は国民大会が選挙する以上、人民が願わない法律を創制するようなことがあってはならないし、万一こうした不幸な事態が起きても、国民大会はまた複決権を行使して否決できる。官吏の違法失職は、平時は監察院が監察するが、必要に際して国民大会が改めて罷免権を行使できる。よって、立法・監察両院は国民大会閉会期間中の常設機関と異なるところはない。もし、上に述べた説明に同意するなら、国民大会を三年に一回の召集としても少なくはない。

こうした立法院を国民大会の常設機関と同一視する意見は、張道藩（自由参加）によっても「立法委員は国民大会が選挙する上、国民大会の代表に限定されないから、その人選は国民大会代表全体よりも優れており、立法院は国民大会の常設機関に等しいとするべきである」という形で表明されていた。[*52]

著名な法学者であった王寵恵の場合、前章で確認したように孫文の権能区分論と五権憲法構想を全く支持していなかったから、むしろそれが上述のような柔軟な立法院解釈を可能にしたとも考えられる。だが、王寵恵のみならず薩孟武や張道藩まで、立法院が国民大会の常設機関の役割を果たし「政権」機能を分掌・行使していると主張するからには、国民党系会員の側に何らかの共通した思惑があったと考えざるを得ない。

実は上に引いた薩孟武の意見は、国民大会の「政権」行使の機会を増やそうとする議論に釘を刺すため発せられていた。第一委員会の席上、国民党の李中襄（第一組委員）が、国民大会常設機関の必要性を否定するため、国民大会の召集間隔を毎年一回に短縮すればよいと口を滑らした。ところが、これに対して黄炎培（自由参加）が、常設機関を設置できないなら毎年一回の召集でも構わないと応じ、次いで李璜（自由参加、青年党）も黄の発言を支持して、国家予算審議等の権限を国民大会に与えるべきだと主張した。薩孟武の意見は、この応酬の直後に発せられたものであり、彼はさらに続けて「もし、国民大会が毎年一回集会すれば、政府とりわけ行政院は必ずや両方面――国民大会と立法院――から同時に掣肘を受けてしまう。これは万能政府の原則を提唱することと合致しない」と述べていた。つまり、前の発言と併せると、立法院も国民大会とともに「政権」機能を分掌しているから、常設機関の設置や召集間隔の短縮によって、国民大会の「政権」行使の機会をこれ以上増やす必要はない――換言すれば、「万能政府」の活動をこれ以上拘束する必要はない――、というのが彼の主張の狙いだったのである。[*53]

また、立法院が「立法権」とともに「政権」を行使するという王寵恵の主張は、宣戦・講和案の議決権を立法院から国民大会に移すべきだとする意見を否定するために発せられたものであり、やはり国民大会の権限拡大につながる議論を打ち消すことに目的があった。[*54] さらに、立法院を国民大会の常設機関と位置づける王寵恵と張道藩の見解からは、立法院が存在する以上、国民大会の「政権」機能を強化するため別の新たな常設機関を設置する必要はないし、国民大会の開催間隔を短縮する必要もないのだ、という理屈が透けて見えてくる。彼らの主張の狙いも薩孟武と同じなのである。

こうしてみると、国民党系の会員が、立法院を国民大会の常設機関と見なして「政権」の行使を認める議論を展開したとき、彼らの念頭には期成憲草を起草した知識人たちの主張があったと考えて間違いないだろう。なぜなら、知識人たちは国民大会の「政権」機能の不全を理由に、常設機関の議政会を新設すべきであると訴えていたからである。とすれば、国民党系の会員が、「憲政」実施後の立法院を「議会」に近い機関と見なすに至った思考のプロセスは、恐らく以下のようであったはずである。

まず、国民大会の「政権」機能の弱さを糊塗し、他方において議政会を設置する必要がないことを弁証するため、国民大会がその構成メンバーを選出する「治権」機関の立法院は国民大会常設機関の役割をすでに果たしているのだ、という理屈が捻出される。ところが、その説明は、必然的に国民大会の「政権」機能を立法院も分掌しているという解釈をともなうことになる。そして、立法院が「立法権」とともに「政権」(政府に対する管理・統制権)を行使することができるのならば、もはや同院を「一般憲政国家の議会」に近似していると認めざるを得なくなるのである。先に引用した協進会の研討意見第六項は、こうした判断に基づいていたと考えられる。だが、国民党のこの判断は、期成憲草において議政会に委ねられていた「国会」的機能を、立法院も担うことができるのだと認めたようなものであった。期成憲草に集約された知識人の五五憲草批判は、国民党の権能区分論に立脚した立法院理解に転換を迫るほどインパクトを持っていたのである。

4 小結

本章の冒頭で触れたように、従来の研究では、日中戦争中に国民参政会が実施した五五憲草検討作業は、戦後の中華民国憲法の起草・制定過程にほとんど影響を及ぼすことがなかったと評価されてきた。本章では、この評価を再検討するため、前章の考察結果を踏まえつつ、国民大会と立法院の制度的位相を中心に、憲政期成会の期成憲草と憲政実施協進会の研討意見に分析を加えた。

期成会の起草になる期成憲草は、常設機関の議政会を設置することによって国民大会の「政権」を強化し、他方において立法院を「立法技術上の専門機関」と位置づけたため、孫文の五権憲法構想と権能区分論に忠実であるかのように見えた。しかしながら、本章の考察から明らかなように、それは昆明憲草と期成憲草の作成に携わった知識人たちが、孫文の「憲政」構想に屈服したことを意味するものではなかった。彼らは、表向きは孫文の構想に立脚しているように見せつつ、その実、議政会と総統・行政院との間に、行政院院長等の不信任決議権と総統による議政会解散請求権という権力的相互牽制の発想を滑り込ませていた。すなわち、議政会に西欧的な国会と等しい権限を与えて、立法権と行政権との制度的均衡の枠組みを造り出し、孫文の〈国民大会―五権政府〉構想を三権分立の見地から巧みに換骨奪胎していたのである。[*55]

しかも、期成憲草の構想は、立法権と行政権の相互均衡という発想を取り入れた点において、民国初年以来の「議会専制」の系譜から明らかに抜け出していた。議会の自由主義的要素（権力の均衡と抑制）を重視する構想は、一九一〇年代末における安福国会の憲法草案が単発として存在したが（第Ⅱ章参照）、それに較べ期成憲草の構想は、戦後の制憲論議に継承されていくだけに極めて現実的な意義を有していた。第Ⅲ章で述べたように、孫文の構想は国民大会を統治機構の頂点に据える点で、臨時約法以来の「議会専制」的志向をより徹底した形で継承していた。自由主義的議会観に立つ知識人たちは、その構想を換骨奪胎する作業を通じて、「議会専制」をめざす立憲的志向から訣別することができたのである。孫文の「憲政」構想に対する西欧的議会制からの反撃が、「議会専制」とは異なる内実をともなって始まろうとしていた。

一方、期成憲草における立法院は、議政会が西欧的な国会の諸機能を有することになったため、五権政府の「立法技術上の専門機関」と位置づけられていた。ところが、協進会の研討意見を取りまとめる討議のなかで、国民党は議政会を新設する必要性を否定するため、立法院が国民大会の常設機関として「政権」を行使し得るという論理を展開し、その結果、同院が「一般憲政国家の議会」に近似していると認めざるを得なくなった。これは、「政権」と「治権」を峻別する孫文の権能区分論を、国民党自身が放棄したことを意味した。前章で見たように、五五憲草の起草過程においては、「立法院に政権行使の特権を授けること」は孫文の権能区分論に抵触するとして峻拒されていたし、五五憲草における立法院の性格は、議会的要素を混入させながら基本的に「治権」機関の枠内に押し込められていた。[*56] しかし、この解釈転換によって、国民党は立法院を「国会」の地位に据えようとする主張に正面から反対することが難しくなったのである。

戦後、政治協商会議が打ち出した「憲草修改原則」は、立法院を「各民主国家の議会」に相当するものとし、立法院と総統・行政院とが相互に均衡し牽制しあう議院内閣制的な関係を戦後新国家の中心に据えようとした。この点は次章で詳しく検討することになるが、ここでは政治協商会議による立法院の国会化構想が、戦後になって突如として提起されたのではないことを確認しておきたい。中華民国憲法に大きな影響を及ぼすことになる政治協商会議の構想は、日中戦争中の国民参政会による五五憲草検討作業、より正確には知識人による五五憲草批判のなかで形成されつつあったのである。

註

＊1 「関於実施憲政工作進程之総報告」（中国国民党中央委員会党史編纂委員会編輯『革命文献』第八〇輯―中国国民党歴届歴次中全会重要決議案彙編（二）、一九七九年、三三四〜三三五頁）。

＊2 「抗戦建国綱領決議案」（『革命文献』第七六輯―中国国民党歴次全国代表大会重要決議案彙編（上）、一九八八年、三四一〜三四四頁）。

＊3 「国民参政会組織条例案」（『革命文献』第七九輯―中国国民党歴届歴次中全会重要決議案彙編（一）、一九七九年、四五五〜四五七頁）。

＊4 その経緯については、聞黎明『第三種力量与抗戦時期的中国政治』（上海書店出版社、二〇〇四年）六八〜六九頁に詳しい。

＊5 前掲、聞黎明『第三種力量与抗戦時期的中国政治』二六頁。

＊6 西村成雄「民国政治における正統性問題―政治的委任＝代表関係の新経路」（渡辺信一郎・西村成雄編『中国の国家体制をどうみるか―伝統と近代』汲古書院、二〇一七年）二四五〜二四六頁。

＊7 西村成雄『中国ナショナリズムと民主主義』（研文出版、一九九一年）一一八〜一一九頁。

＊8 前掲、聞黎明『第三種力量与抗戦時期的中国政治』二一頁。

＊9 前掲、西村「民国政治における正統性問題―政治的委任＝代表関係の新経路」二四八頁。

＊10　前掲、西村『中国ナショナリズムと民主主義』一一〇頁。
＊11　「憲政実施協進会報告―（附）国民参政会憲政実施協進会対五五憲法草案之意見」（国民参政会史料編纂委員会編『国民参政会史料』国民参政会在台歴届参政員聯議会、一九六二年、五一八～五二〇頁）。
＊12　荊知仁『中国立憲史』（聯経出版事業公司、一九八四年）四三七頁。
＊13　憲政期成会の憲法草案に関する先駆的業績として、聞黎明「〝国民大会議政会〟芻議―抗戦時期改革中央政治体制的重大設計」（『抗日戦争史研究』一九九六年第三期）があり、本章と同じく三権分立と権力の均衡・牽制の視点から同憲法草案を検討した研究として、石畢凡『近代中国自由主義憲政思潮研究』（山東人民出版社、二〇〇四年）がある。また、本章とは異なる課題設定の下に日中戦争中の五五憲草検討作業を分析したものに、人権規定に着目した中村元哉「戦時中国の憲法制定史」（久保亨・波多野澄雄・西村成雄編『戦時期中国経済発展と社会変容』慶應義塾大学出版会、二〇一四年、所収）がある。
＊14　鄧麗蘭『域外観念与本土政制変遷―二〇世紀二三十年代中国知識界的政制設計与参政』（中国人民大学出版社、二〇〇三年）一〇三～一〇五頁。
＊15　左舜生等提「請結束党治立施憲政以安定人心発揚民力而利抗戦案」、張君勱等提「改革政治以応付非常局面案」（重慶市政協文史資料研究会・中共重慶市委党校編『国民参政会紀実』上巻、重慶出版社、一九八五年、五八四～五八八頁）。
＊16　前掲『国民参政会史料』一三九頁、雷震著／薛化元主編『中華民国制憲史―制憲的歴史軌跡（一九一二―一九四五）』（稲郷出版社、二〇〇九年）一一一～一一四頁。
＊17　鄭大華『張君勱伝』（中華書局、一九九七年）三五〇～三五三頁。
＊18　前掲、鄭大華『張君勱伝』三五三～三五四頁。
＊19　「国民参政会憲政期成会報告書」（前掲『国民参政会史料』一六六～一六七頁）。昆明憲草以外には、一般の参政員から鄒韜奮・沈鈞儒・張申府ら救国会派の意見が、期成会会員からは董必武（共産党）、胡兆祥、李中襄、李永新、杭立武、褚輔成（以上、国民党）らの意見が提出されている。なお、西南聯合大学と日中戦争中の憲政運動との関係については、謝慧『西南聯大与抗戦時期的憲政運動』（社会科学文献出版社、二〇一〇年）が詳しい。
＊20　前掲「国民参政会憲政期成会報告書」一六七頁。
＊21　羅隆基等「五五憲草之修正」（『再生』第四五期、一九四〇年四月一〇日）、前掲鄭大華『張君勱伝』三五九頁。
＊22　前掲、鄭大華『張君勱伝』三五五頁、三五八～三五九頁。

＊23 以下、「期成憲草」の内容については、「国民参政会憲政期成会提―中華民国憲法草案（五五憲草）修正草案」（前掲『国民参政会史料』一六九～一七一頁）による。

＊24 「国民参政会憲政期成会提出中華民国憲法草案修正草案説明書」（前掲『国民参政会史料』一七七頁、以下「修正草案説明書」と略）。

＊25 昆明憲草が規定する「国民議政会」の選挙方法は、その第三二条において張君勱ら三名が提出した付帯意見のとおりになっている（記者「執行系統与議論系統」『再生』第四五期、一九四〇年四月一〇日）。

＊26 期成憲草における議政会の職権は、監察院の五院院長・副院長弾劾案、行政院院長・副院長に対する不信任案の決議要件など若干の点を除いて、ほぼ昆明憲草における「国民議政会」の職権を踏襲している（前掲、記者「執行系統与議論系統」）。

＊27 前掲「修正草案説明書」一七八頁。

＊28 ただし、期成会の説明書は、行政院院長と各部・会長官の指揮・命令関係を否定し業務上の対等性を主張していたから、院長の統率力と権限の強化を認めたわけでもなかった（前掲「修正草案説明書」一七九頁）。

＊29 前掲「修正草案説明書」一七八頁。なお、国民参政会副秘書長を務めた雷震も、後に議政会を「民主国家の議会」と性格づけている（雷震『制憲述要』友聯出版社、一九五七年、九頁、同著／薛化元主編『中華民国制憲史―政治協商会議憲法草案』稲郷出版社、二〇〇九年、二一三頁）。

＊30 前掲「修正草案説明書」一七八頁。

＊31 前掲「修正草案説明書」一七七頁。

＊32 前掲「修正草案説明書」一七九頁。

＊33 前掲、羅隆基等「五五憲草之修正」。

＊34 記者「政権管理治権之憲法」（『再生』第四九期、一九四〇年五月三一日）。

＊35 以上、四月六日の期成憲草をめぐる激論については、前掲鄭大華『張君勱伝』三六二～三六七頁、謝慧『西南聯大与抗戦時期的憲政運動』八一頁を参照。

＊36 前掲『国民参政会史料』一九三頁。

＊37 前掲、鄭大華『張君勱伝』三六七頁、「休会式蔣議長中正致詞」（前掲『国民参政会史料』一六三頁）。

＊38 憲政実施協進会については、戦後に向かう内外政治情勢の推移のなかに同会の設置と活動を位置づけた西村成雄「憲政をめぐる公共空間と訓政体制―一九四四年重慶の政治過程」（久保亨・嵯峨隆編『中華民国の憲政と独裁 一九一二―一九四九』慶應義塾大

学出版会、二〇一一年、所収）がある。

＊39 谷正綱「憲政実施協進会成立及其対憲草之研議」（胡春恵編『民国憲政運動』正中書局、一九七八年、九八一～九八二頁）。

＊40 以上、「憲政実施協進会組織規則」（前掲『国民参政会史料』三五一頁）。

＊41 憲政実施協進会秘書処『憲政実施協進会工作報告』（一九四四年八月）一頁、「蔣主席憲政実施協進会第一次全体会致詞（三二年一一月一二日）」（『憲政月刊』創刊号、一九四四年一月一日、最近憲政文献）。

＊42 前掲、聞黎明『第三種力量与抗戦時期的中国政治』二一三頁。

＊43 前掲、雷震著／薛化元主編『中華民国制憲史─制憲的歴史軌跡（一九一二─一九四五）』一八六～一九一頁。

＊44 前掲『憲政実施協進会工作報告』二～三頁。なお、全体会は二ヶ月に一回、常務会員会は毎月一回開かれることになっていた（同会組織規則第八条）。

＊45 「憲政実施協進会為発動研討憲草告全国人民書」（『憲政月刊』第二号、一九四四年二月一日）。

＊46 前掲『憲政実施協進会工作報告』三頁。

＊47 憲政実施協進会『五五憲草意見整理及研討結果』（一九四五年五月）一～二頁、四〇頁。

＊48 前掲、荊知仁『中国立憲史』四三六～四三七頁。

＊49 前掲、雷震著／薛化元主編『中華民国制憲史─制憲的歴史軌跡（一九一二─一九四五）』一九四頁。

＊50 前掲『五五憲草意見整理及研討結果』二頁。

＊51 前掲『五五憲草意見整理及研討結果』三頁。

＊52 以上の薩孟武・王寵恵・張道藩の主張については、前掲『五五憲草意見整理及研討結果』一四～一五頁を参照されたい。

＊53 前掲『五五憲草意見整理及研討結果』一三～一四頁。

＊54 前掲『五五憲草意見整理及研討結果』一五頁。

＊55 前掲、石畢凡『近代中国自由主義憲政思潮研究』も、期成憲草が孫文の五権憲法に違背するとしたら、それは「議政会と五院の相互関係に西欧三権分立の相互牽制の要素が浸入したこと」にあると指摘している（同書、二四九頁）。

＊56 国民党の王世杰は、協進会常務員会において、四〇〇～五〇〇名の立法委員からなる「憲政」期の立法院が、政府機関として恒常的に会議を召集し法案を審議できるのかと疑問を呈していた（前掲『五五憲草意見整理及研討結果』一七頁）。王は、膨大な委員を抱える代議制機関の立法院を、政府「治権」機関の枠内に押し込めることの非現実性を認識していたといえよう。

Ⅶ　中華民国憲法と立法院の国会化

1　問題の所在

本章の課題は、まず戦後における政治協商会議の開催（一九四六年一月一〇日〜一月三一日）から憲草審議委員会による五五憲草修正草案（以下、政協憲草）の作成に至る過程、そして政協憲草が提出された制憲国民大会（憲法制定国民大会、一九四六年一一月一五日〜一二月二五日）の同草案審議の内容を明らかにすること、次いで同大会によって制定された「中華民国憲法」の特質について検討することにある。[*1] 分析の焦点は、この一連のプロセスを通して、日中戦争中に現れた立法院を西欧的議会に定位しようとする志向性の帰趨を見極めることに置かれる。分析に際しては、憲法制定に向けて構想される「憲政」期の統治機構、とりわけ執行権中枢（総統・行政院）と立法院との制度的関係に留意しつつ、中華民国憲法において立法院が国会化する歴史的意義を明確にしていきたい。

ここでまず、上記のプロセスを考察する上で必要な予備知識を簡単に整理しておこう。[*2] 日中戦争に勝利した後、日本軍の武装解除等をめぐって対立を深め各地で軍事衝突を引き起こしていた国民党と共産党は、アメリカの調停を受けて一九四五年八月二八日から一〇月一〇日にかけて重慶で交渉を行った（重慶交渉）。国内の平和と民主化を求める世論、内戦の回避を求めるアメリカとソ連の国際的な圧力の下で、両党は矛盾をはらみながら平和的な国家再建の

図表7　政治協商会議の各党派代表

党派	氏名
国民党	孫　科　張　群　呉鉄城　王世杰　陳立夫　張厲生　陳布雷　邵力子
共産党	周恩来　董必武　呉玉章　陸定一　葉剣英　鄧穎超　王若飛
民主同盟	張　瀾　沈鈞儒　張君勱　張東蓀　章伯鈞　黄炎培　張申府　羅隆基　梁漱溟
青年党	曽　琦　陳啓天　楊永浚　余家菊　常乃悳
無党無派	莫徳恵　邵従恩　王雲五　傅斯年　銭永銘　胡　霖　繆嘉銘　郭沫若　李燭塵

典拠：荊知仁『中国立憲史』（聯経出版事業公司，1984年）438〜439頁の表を参考に作成.

方向を模索し始めたのである。

その結果、一〇月一〇日に公表された「政府与中共代表会談紀要」（双十協定）において、双方は蔣介石の指導の下に長期合作して内戦を回避し、独立・自由・富強の新中国を建設して三民主義を徹底的に実行することで合意した。同時に、速やかに「訓政」を終結させ「憲政」を実施すべきこと、国民政府が各党派代表と学識経験者からなる政治協商会議を召集して平和的な国家再建の方法と国民大会の召集等について討議すべきこと、国民の政治的自由と党派の合法性を認めるべきこと、などについて同意を見た。*3

次いで、翌一九四六年一月に開催された政治協商会議（以下、政協会議）には、国民党八名、共産党七名、中国青年党五名、中国民主同盟九名、無党無派九名の計三八名からなる代表が参加し（図表7）、「政府組織案」「和平建国綱領」「軍事問題案」「国民大会案」「憲法草案」の各決議案が採択された。周知のように、中国民主同盟は日中戦争中の一九四一年三月に各民主党派が参加した民主政団同盟として成立し、一九四四年九月に個人加入の民主同盟に名称を改めていた。政協会議における民主同盟の代表は、所属する無党派・救国会・国家社会党（後に民主社会党）・第三党・中華職業教育派・郷村建設派の代表からなり、青年党は民主同盟から離脱して単独で代表を派遣していた。政協会議における民主党派・無党無派の比重の大きさは、その戦後中国政治における影響力の増大を物語っていたといえよう。

政協会議には、政府組織組、施政綱領組、軍事組、国民大会組、憲法草案組の各分組委員会と綜合委員会が設置された。上記諸決議のうち本章の課題と関わる「憲法草案」決議については、憲法草案組において五五憲草修正の基本原則となる一二項目の「憲草修改原則」（以下、修改原則）が決定された。また、政協会議に参加した各党派各五名に専門家一〇名を加えた憲草審議委員会が組織され、修改原則を根拠とし、前章で見た憲政期成会の期成憲草、憲政実施協進会の研討意見及び各方面が提出した意見を参酌しながら、五五憲草の修正草案を二ヶ月以内に作成し制憲国民大会に提出することになった。[*4]

本章と関係するもう一つの政協決議に「国民大会」決議がある。第Ⅵ章冒頭で述べたように、国民党は戦前の一九三七年一一月一二日に国民大会を開催し、五五憲草を正式な憲法として制定する予定であったが、日中戦争の勃発によって延期を余儀なくされていた。しかし、国民党は憲政運動の高まりを意識しつつ、日中戦争中から戦後を睨んで「憲政」移行の準備を開始していた。それはまた、戦後の国際社会において中国が存在感を高めることにもつながると考えられていた。国民大会については、一九四三年九月の国民党五期一一中全会において戦争終結後一年以内に召集すると決議し、さらに一九四五年三月に蔣介石が一一月一二日の孫文生誕八〇周年記念日に開催すると語ったのを受けて、五月に開かれた国民党六全大会では蔣の提案が正式に採択された。[*5] 戦争の終結を前にした国民大会開催の決定は、共産党が主張する聯合政府論に対抗しつつ、戦後における「憲政」実施の主導権を国民党が確保しようとするものだった。

だが、結局この一九四五年一一月一二日の開催も実現せず、政協会議の「国民大会」決議では、五五憲草の修正草案を二ヶ月内に起草することに対応させて、一九四六年五月五日の制憲国民大会召集が決定された。政協会議の討議で、むしろ問題となったのは国民大会の代表枠であった。結果として成立した妥協では、戦前に予定されていた国民大会の区域・職業代表一二〇〇名の有効が承認され、新たに台湾・東北等の区域及び職業代表一五〇名と党派・社会有識者代表七〇〇名の増員が決定された。この結果、憲法の制定を任務とするこの国民大会の代表定員は二〇五〇名となり、憲法の通過には出席代表四分の三以上の同意が必要であると決められた。なお、最後の七〇〇名の増員枠は、国民党二三〇名、共産党二〇〇名、民主同盟一〇〇名、青年党一〇〇名、有識者七〇名に配分され、さらに国民党と共産党から一〇名ずつが民主同盟に再配分されることになった。*6

ところが、政協会議閉幕後の国民党による修改原則の軽視、東北における軍事衝突等にともなう国共両党の関係悪化、さらに六月の全面的な国共内戦の開始へと政局が推移するなかで、五月五日の国民大会開催も頓挫してしまう。結局、制憲国民大会が開催されたのは、上述のように一九四六年一一月のことであったが、国共内戦の下で共産党と民主同盟は参加を拒絶し、国民党以外で国民大会の制憲審議に参与したのは民主同盟から離脱した青年党と民主社会党及び社会有識者だけであった。青年党一〇〇名、民社党四〇名、社会有識者七〇名の枠が与えられたとはいえ、欠席した共産党一九〇名、民主同盟八〇名（民社党四〇名を控除）の定員を除けば、制憲国民大会は圧倒的に国民党系の代表によって占められる代表構成となったのである。*7 政協会議の修改原則を根拠として起草された五五憲草修正草案、すなわち「政協憲草」が正式の中華民国憲法となるためには、この制憲国民大会の難関を潜り抜けなければならなかった。

2 憲草修改原則と政協憲草

(1) 憲草修改原則の憲法構想

さて、一九四六年一月三一日に政協会議を通過した修改原則は、欧米の民主政治に精通した張君勱（民主同盟）の意見に依るところが大きかったといわれる。一二項目よりなる同原則のなかで、本章の課題と関連して押えておくべきは以下の点である。

第一に、「全国の選挙民が四権を行使することを名づけて国民大会という」（第一項）と定義されたように、孫文の

「憲政」構想の核心だった国民大会は「無形」化され、実体を持った代議制機関ではなく、選挙・罷免・創制・複決の四権に関わる「国民投票」を意味するに過ぎなくなった。第二に、五五憲草では「中央政府の立法権を行使する最高機関」、つまり「治権」機関の一つであった立法院が、「各民主国家の議会」に相当する「国家の最高立法機関」とされた。それに対応して、立法院に総統の行政院院長任命に対する同意権と行政院全体に対する不信任決議権が与えられ、他方、立法院に責任を負う行政院には総統に立法院の解散を提議する権限が認められた（第二・六項）。ただし、行政院が総統に立法院の解散を提起できるのは、立法院の不信任案が議決されたときに限定されており、総統・行政院は能動的に解散権を行使できたわけではなかった。第三に、やはり「治権」機関の一つであった監察院も、立法委員が国民に直接選挙されるのに対応して、その委員は各省議会・民族自治区議会の選挙で選出されることとなり、また弾劾権・監察権に加えて、国家最高法院となる司法院の大法官と考試院の委員を総統が任命する際に同意権を行使することとなった（第三・四・五項）[*8]。

つまり、選挙方法から見る限り、国民が直接選挙する立法院は国会のうちの「下院」の役割を、地方議会が選挙する監察院は「上院」の役割を果たすことが期待されていたといえよう。もし、以上の原則どおりに統治機構が組織されれば、五権憲法の名残は孫文の案出した五院の名称のみとなり、総統の下で「内閣」の機能を果たす行政院、国会の「下院」と「上院」に該当する立法院と監察院、司法権を行使する司法院（最高法院）からなる三権分立体制が成立し、ほぼ完全な〈大統領—議院内閣制〉（半大統領制）が中国に出現するはずであった。「ほぼ完全な」というのは、監察院に立法権が与えられず完全な「上院」とは言い難いためである。ともあれ、国民大会は「無形」化され、国民が直接選挙する立法院の下で、一九二四年以来放棄されていた西欧的議会制が復活しようとしていた。しかも、それは議会の自由主義的要素（立法・行政両権の牽制と均衡）を重視する点で、議会権力を過度に強化する「議会専制」的志向とは異質なものとなるはずであった。

明らかなように、この修改原則の構想は孫文の五権憲法の枠組みを根底から覆すものだった。しかし、一九四六年一月一九日の政協会議において傅斯年（無党無派）が、「われわれは孫中山先生の精神を尊重するが、その形式にはこだわらない」と述べ、「立法院を下院として監察院を上院とし、各国の二院制国会の職権を運用させ、両院の名称はそのままにして職権は拡大させる。国会の名は必ずしも必要ないが、国会の実を持たせるのである」と主張していたように、それは修改原則が政協会議を通過する前から知識人たちによって公然と語られていた。[*9] こうした発想は、傅斯年だけに限られたものではなかった。曽琦（青年党）もまた、同じ会議で「五院制はただその精神を保持すべきであって、必ずしも形式に拘泥する必要はない」と述べ、行政における「内閣制」と立法における「二院制」の採用を主張して、考試権を行政院に、監察権を上下両院に移すべきであると提案していた。[*10] また、共産党政協代表の一人であった呉玉章は、「英米等先進民主国家が実施する国会制度の経験を採用すべきである」と述べていたが、五五憲草における五院の権限の弱さを指摘した上での発言であることから考えて、この場合も立法院を念頭において国会制度の採用が語られていたと見てよいだろう。[*11]

一方、国民党代表の一人であった孫科も、やはり一月一九日の会議において五五憲草について説明した際、「国民大会〔が設立された—筆者補足。以下、引用中の〔　〕内は同じ〕以後の五院は現在〔「訓政」時期〕の状況と大いに異なってくる。……将来の立法院は最高立法機関であり、国民大会が創制する法律以外は、どのような法案であろうと立法院が創制することができる。このような立法院は全く英米の議会と異なるところはない」と述べ、国民大会との併存を前提としつつ立法院を「議会」と見なすことに同意していた。[*12] 孫科の場合、五五憲草の起草過程を主宰した日中戦争前にも、三権分立下の「国会」は実質的に五権憲法下の立法院に「相当する」と述べているから、戦後になってこのような発言が突如として出てきたわけではなかった。[*13]

しかし、同じ説明のなかで「国民大会の閉会期間内には立法院がその職権を代替施行する」と述べているところから、彼が日中戦争中に憲政実施協進会が提出した五五憲草に対する研討意見――とりわけ、国民党側が進んで立法院を国民大会の常設機関と位置づけ、その「議会」的機能を容認した点――を踏まえていたことが分かる。前章で述べたように、国民党は、立法院に国会の地位を与えようとする知識人や共産党の主張を真っ向から拒否することが難しくなっていたのである。

ところで、張君勱によると、修改原則で国民大会を「無形」化したのは、そもそも彼が「直接民権」を代議制機関である国民大会に「間接行使」させるという孫文の構想に反対であり、また五五憲草で同じく代議制機関とされた立法院との間に紛糾が生じやすいと考えたからだった。加えて、国民大会の政府に対する管理・統制権が罷免権に限定され、外国議会のように法律・予算の議定権を通じて政府の活動を制御できないことに批判の矛先が向けられたように、張君勱は三権分立下の立法権と行政権との相互牽制を意識しつつ、国民大会に対する批判を展開していた。[*14] 三権分立体制の擁護という基本的な立場が不変である限り、国民大会を「無形」化し立法院に政府執行権力を管理・統制する議会の地位を与えた修改原則は、国民大会議政会を「議会」と位置づけた抗戦中の期成憲草の延長線上にあったといってよい。

(2) 張君勱と立法・行政両権の均衡

政協会議閉会後の一九四六年二月一四日、政協会議で設置が決定された憲草審議委員会が開かれ、修改原則に基づく五五憲草の修正作業が始まった。同委員会は、政協会議に参加した国民党・共産党・民主同盟・青年党・無党無派の代表二五名と法律専門家一〇名の計三五名から構成され、張君勱もそのメンバーの一人だった（図表8）。

ところが、三月一日から開かれた国民党六期二中全会は、①憲法制定は孫文の建国大綱に依拠しなければならない、②国民大会は「有形」の組織とし、建国大綱が規定する職権を行使しなければならない、③立法院は行政院に対し

図表 8　政治協商会議憲草審議委員会のメンバー

党　派	氏　名								
国民党	孫　科	王寵恵	王世杰	邵力子	陳布雷				
共産党	周恩来	董必武	呉玉章	秦邦憲	何敬恩				
民主同盟	張君勱	黄炎培	沈鈞儒	章伯鈞	羅隆基				
青年党	曽　琦	陳啓天	余家菊	楊永浚	常乃悳				
無党無派	傅斯年	王雲五	胡　霖	莫徳恵	繆嘉銘				
法律専門家	呉尚鷹	呉経熊	林　彬	史尚寛	戴修駿	脣　覧	楼桐蓀	黄右昌	等10名

典拠：荊知仁『中国立憲史』（聯経出版事業公司，1984 年）442 ～ 443 頁の表，雷震著／薛化元主編『中華民国制憲史―政治協商会議憲法草案』（稻郷出版社，2009 年）101 頁より作成．

註：下線のある人名は憲政期成会，憲政実施協進会のメンバー．
法律専門家のうち，林彬・呉経熊は立法院の委員，史尚寛は同院委員経験者で，何れも五五憲草の起草に参与していた．また，楼桐蓀と黄右昌も立法院委員であった．

て同意権及び不信任決議権を、行政院は立法院解散の提議権を持ってはならない、④監察院は同意権を有すべきではない、等々の来るべき統治形態の根幹に関わる修正意見を決定した。この決定は、政協決議が五五憲草修正草案作成のため、戦時中の憲政期成会の期成憲草、憲政実施協進会の研討意見のほか「各方面が提出した意見」を参酌すると規定した点を根拠に提出された。だが、修正草案の根拠となる修改原則の内容と真っ向から対立する点で、これは明らかに政協会議の合意を無視するものであった。三月一五日の憲草審議委員会と政協綜合委員会の聯席会議では、上に掲げた国民党二中全会の修正意見四項目のうち、②と③を受け入れることで妥協が成立した。[*15] 張君勱は、当初、五五憲草の実質的復活を目論んだ国民党二中全会の決定に反発したが、周恩来の説得に応じて受け入れることを了承したという。[*16] その後、張君勱は国民党との妥協結果を踏まえ、四月七日より憲草審議委員会の検討に供するため、単独で五五憲草修正案の起草に着手した。

四月一三日には、憲草審議委員会内に王寵恵・王世杰・呉経熊（以上、国民党）、陳啓天（青年党）、張君勱（民主同盟）、王雲五（無党無派）に、共産党の秦邦憲（後、李維漢に交替）を加えた憲法条文小組が設置された。同小組は、一六日より張が起草した修正草案の審議を開始し、四月末までに全条文に関する討論をとりあえず終了した。しかし、立法院と行政院の関係をはじめ多くの規定について意見が一致せず、共産党代表の李維漢が態度を保留し、国民党の呉鉄城が「この草案は単なる記録に過ぎない」と主張したため、審議が停頓せざるを得ず条文を確定するには至らなかった。[*17]

では、張君勱の起草案を元に討議・作成されたこの未確定草案のなかで、立法院と行政院の関係はどのように構想されていたのであろうか。未確定草案のテキストは、一九四六年四月末の審議停頓段階における「政治協商会議対五五憲草修正案草案」と、それ以前の審議段階における「五五憲草修正案初稿」の二種類を確認することができるが、[*18]双方とも立法権と行政権の相互牽制ついて次のような制度的枠組みを提示していた。すなわち、立法院が行政院の重要政策に反対し変更を求めた場合、あるいは行政院が立法院を通過した法律・予算・条約各案に異議がある場合、行政院は立法院に対して再議を求めることができ、立法院は前者の場合については出席委員三分の二以上の多数で、後者の場合については通常の議案と同様に出席委員の過半数で、行政院院長を原案の執行か、あるいは辞職に追いやることができる、という規定によってである。

だが、当時、政協会議秘書長として憲草審議委員会の制憲工作を間近に観察した雷震によると、張君勱が最初に単独起草した原案では、不信任決議権と解散権により立法院と行政院の権力均衡を図る修改原則の枠組みが依然として維持されていたという。[*19]張は、国民党の批判を受けた後も、議院内閣制の制度的枠組みにこだわっていたのである。ただし、さすがにこれは国民党側の強い反対を受けたため審議が保留され、その間に国民党代表の王世杰と張君勱、羅隆基（民主同盟）が非公式の協議を持った。その結果案出されたのが上述した再議権の行使と否決によって担保される行政・立法両院の相互牽制の関係だったのである。[*20]この制度的枠組みが考案される経緯について、雷震は「これは国民党方面が提出した折衷案ではあったものの、張君勱と羅隆基は受け入れると表明した。私はこの案について繰り返し奔走・議論し、張と羅も推敲に推敲を重ねて各方面が受け入れることのできる、民主主義体制下の責任政府を設立しようとした」と回想している。[*21]彼の指摘から判断できるように、停止的拒否権（再議権）を通じた立法権と行政権の均衡と牽制は、国民党の王世杰が提出した「折衷案」であった。[*22]

なお、当初、王世杰・張君勱・羅隆基らの案では、行政院が立法院の法律・予算・条約各議決案に反対する際も、立法院による再議否決の要件を出席立法委員三分の二以上の多数としていたが、国民党以外の憲草審議委員の要請で通常議案と同じ過半数以上の多数に修正されたという。[*23] その点が、上述した二つの未確定草案のテキストに反映されていたわけである。これは、立法院が行政院の重要政策に対して変更要求を突き付けた場合は行政院に有利に、逆に行政院が立法院の議決案に異議を唱えた場合は立法院に有利にし、それによって両者の権力的な均衡を図るためであった。[*24]

また、国民党以外の委員によって、やはり王・張・羅の案になかった国政調査権が立法院の権限に加えられた。国政調査権は、行政院の職務怠慢や政策上の誤りについて立法院に調査委員会の設置を認めるもので、立法院が議決・承認した調査報告に対して行政院は再議を求めることができたが、立法院は出席委員三分の二以上の多数で再議を否決し、行政院院長を受諾か辞職に追いやることが可能だった。この規定も、不信任決議権に代替する立法院の権限として導入されたのである。[*25]

このほか、立法院には財政民主主義の一環として決算審査権が認められた。行政院は会計年度終了後四ヶ月以内に立法院に決算を提出しなければならず、これに対して立法院は決算を審査するため審計長を選挙し（総統が任命）、審計長は審査終了後三ヶ月以内に立法院に報告して承認を得る必要があった。だが、国民党代表は、五五憲草では「審計」（会計検査）は監察院の職権であったこと、立法院の権限が強くなり過ぎることを理由として、この規定に反発した。総じて、以上に述べた立法院と行政院との権力均衡をめぐる諸規定は、未確定草案では何れも保留扱いとなってしまった。[*26]

さて、張君勱は自身が起草した五五憲草修正草案において、既述のように修改原則が提起した議院内閣制的な関係

（不信任決議権と解散権）を立法院と行政院との間に持ち込もうとしたが、王世杰の提案を受けて停止的拒否権（再議権）の行使を軸に立法院と行政院の均衡を図る方針へ転換した。結局、その方針を組み込んだ修正草案も国民党と共産党の支持を得ることができず、条文を確定できないまま憲草審議委員会の審議は停頓した。だが、この停頓に至る議論の過程で注目されるのは、立法院の掣肘により政府が不安定化することを恐れた国民党委員の批判を受けるなかで、張君勱が執行権中枢（総統・行政院）の強化と安定を重視する姿勢を強め、その上で行政権と立法権との相互牽制を図ろうとし始めたことである。それは、国民党への屈服ではなく、後述するように彼なりの中国政治に対する展望を踏まえた変化であったが、一九四六年一一月に確定する政協憲草の内容（後述）に影響を及ぼすことになる点で重要な意味を持っていた。そこで以下では、この点について今少し掘下げて検討してみよう。

台湾の研究者薛化元は、国民党六期二中全会の決議が提出された時点で、すでに張君勱は総統の権限を拡大する腹案を抱いていたと捉えている。[*27] 確かに、張君勱の影響下に作成された修改原則は、総統に立法院解散の裁可権を与えるような表現をとっていた。また彼は、国民党二中全会後の一九四六年三月の時点において、閣僚を国会議員に限定する必要はなく、総統が国会外からも選任できるようにすべきだと語り、総統の人事裁量権拡大の可能性を匂わせていた。[*28] ただし、張君勱が四月に単独で起草した修正原案は、総統の地位を強化しようとする規定を積極的に打ち出していたわけでもない。[*29] また、憲草審議委員会で審議未了となった未確定草案も、上述のとおり行政院が立法院に再議する場合、総統が裁可権を通じてそこに介入することは認めていない。

薛化元はまた、四月の未確定草案の再議に関する規定は「転写中に欠漏があったのでなければ初歩的な草稿に過ぎない」と述べ、張君勱の本意は、総統に再議の裁可権を認め、行政院が立法院の議決案に不満であった場合も含め、立法院が再議を否決する要件を出席立法委員三分の二以上の賛成に統一することにあったとする。[*30] しかし、この未確定草案は単なる「初歩的な草稿」ではなく、張君勱が単独起草した原案を踏まえ、憲草審議委員会の正規の審議をへて作成されたものである。したがって、未確定草案の審議段階において、張君勱がなお行政権の強化と安定性を強調する立場には完全に転じていなかったと判断するのが妥当であろう。

一九四六年四月中旬以降における憲草審議委員会の審議のなかで、そうした張君勱の構想に変化を生じさせる決定的な契機となったのは、やはり国民党代表王世杰の再議権についての提案であったと思われる。事実、その後の張は、四月以前に比べてより明示的に総統の権限強化と行政権の安定を主張するようになっていた。たとえば、彼は一九四六年八月の『大公報』紙上において、①イギリスの議院内閣制と異なり、総統は行政院院長の同意の下に立法委員以外から閣僚を選定できる、②行政院はイギリスやフランスの内閣のように一閣僚の失策によって連帯責任（総辞職）を負うべきではない、③内閣を動揺させる点で国会の不信任決議権は有害無益である、等々と明言していた。さらに、王世杰の提案について言及しつつ、④立法院が再議を否決しても行政院院長がそれに従うか辞職するだけであり、「倒閣風潮」を惹起することはないと強調している。

張によれば、こうした内閣政治は「完全なイギリス・フランス式の内閣制」でなく「修正式の内閣制」であるが、「アメリカ大統領制下の行政府安定の長所を採用し、しかも民主国家の責任政府制の精神を忘れ去っていない」点で評価すべきものだった。[*31] 彼は、王世杰の提案を、内閣制の欠点を補い大統領制の長所を採用したものと見なしていたから、[*32] 以上の主張が王の提案を受け止めたものであったことはほぼ間違いない。

張君勱が、王世杰の提議に刺激されて、行政権力の安定・強化を前面に打ち出すようになった背景には、中国政治の現状と将来に対する彼なりの見通しもあったと思われる。張は、すでに一九四六年三月の時点において、今後一〇年は建国工作を順調に進めるために「多党合作」の状態が続き、「一党が政権の座につけば一党が下野するという政局は絶対にあり得ない」と観察していた。[*33]「多党合作」の長期化を展望する限り、強い議会による「倒閣風潮」は、「多党合作」とその基礎の上に成り立つ政権自体の存立を危うくする。そのため、一九四六年八月の『大公報』紙上において彼は、民国初年の臨時参議院の下で閣僚人事が難航した事例や、財政が逼迫する中国の現状において議会に歳出入決定権を与えるのは財政の健全化に不利であるといった理由を上げて、議会の権限が強いアメリカの政治制度は中国に不適であると結論づけていたのである。[*34]

一方、議会の信任に基づく「責任内閣」は、張君勱にとって「民主政治の基本精神」を体現するものにほかならなかった。国民党六期二中全会の批判を受けたにもかかわらず、一九四六年四月に張が自ら起草した五五憲草修正原案には、依然として不信任決議権と解散権に基づく立法・行政両権の均衡が規定されていた。彼が、そこに注入しようとしたのは、まさしく「責任内閣」の「基本精神」だったのである。ところが、同年の八月になると、イギリス議院内閣制のような議会による不信任決議権の行使は容易に「閣潮」（倒閣の策動）を引き起こすため、「信任投票の尖鋭性」（不信任決議権の攻撃性）を緩和すべきであると彼は主張するようになっていた。[*35]

こうして、張君勱は上述のような「修正式の内閣制」を提起するわけだが、そこで立法・行政両権の均衡と相互牽制を担保するものこそ、再議権の行使を軸とする立法院と行政院との関係であった。そのため、彼は再議をめぐる相互牽制を「不信任の名はなくとも不信任の実がある」と評価していたのである。[*36] 張君勱は、三権分立下の権力の均衡と牽制に強い信頼を寄せていたから、[*37] 行政権の安定・強化も立法権との均衡・牽制の維持を前提として初めて容認されるべきものだった。

(3) 政協憲草の確定

ところで、一九四六年四月末の憲草審議委員会の審議停頓により棚上げとなっていた五五憲草修正草案（未確定草案）は、その後、国共内戦によって共産党と民主同盟の代表が審議から離脱したまま、制憲国民大会を目前に控えた一一月に入り急転直下その内容が確定された。まず、同月初めに国民政府が王寵恵・呉経熊・雷震の三名に未確定草案の修訂を命じ、さらに孫科・王寵恵・呉鉄城・邵力子・陳布雷・雷震ら六名の国民党メンバーによって、作成された修訂稿に検討が加えられた。そして、国民大会第一次予備会議が開かれた一一月一八日、憲草審議委員会召集人の名義で孫科が召集した会議――出席者は、同委員会委員の孫科・王寵恵（国民党）、陳啓天・左舜生（青年党）、張君勱（民社党）、王雲五・繆嘉銘（無党無派）に専門家の呉経熊・林彬、秘書長の雷震からなる一〇名であったという――によって、修訂稿に最終的な修正が施され内容の確定を見た。この最終草案は、国民党中央常務委員会を通過し、国民政府より立法院に回付された後、一一月二八日に制憲国民大会に提出された。[*38] これが、全一四章一五一条からなる政協憲草であった。

ただし、以上のプロセスに一貫して関わった雷震の回想によると、孫科が召集した一八日の会議に先立ち、未確定草案の修訂に当たったのは彼と王寵恵の二名であったとされ、呉経熊の名は上がっていない。また、修訂稿を検討した国民党メンバーのなかには、上記六名のほか王世杰の名前が見える（ただし、王は所用で欠席したという）。[*39] だが、雷震の回想で何よりも注目されるのは、王寵恵と彼が未確定草案の条文を修訂した段階で、政協憲草の内容がほぼ固まったと見られる点である。雷震の回想が三六項目にわたる修正点を逐一列挙しているところから見て、その主張は信頼するに足ると考えてよいだろう。そこで、以下彼の回想に基づいて、王と雷の二人が修訂に至った経緯と、とくに立法院に関わる条文修訂の内容を整理しておきたい。[*40]

王寵恵と雷震に未確定草案を整理するよう命じたのは蔣介石であり、それは一九四六年一一月二日のことだったという。本書で幾度か指摘したように、王寵恵は国際的に著名な法学者であり、雷震は国民参政会の憲政期成会・憲政実施協進会、政協会議の憲法草案組・憲草審議委員会に参与したことが、今回の蔣介石による二人の指名となったようである。上述のように、王と雷が修訂した条文は三六項目にも上ったが、そこには単なる字句の整理・改削に止まらない内容上の変更が含まれていた。立法院についても、懸案であった総統・行政院との関係に無視できない変更が施されていたのである。

まず、未確定草案では行政院が独自の判断で立法院に再議を要求できたが、二人によって総統に行政院の再議請求を裁可する権限が与えられた。ここで、立法院に対する停止的拒否権は、事実上、総統が掌握することになったのである。第二に、未確定草案では行政院が立法院議決の法律・予算・条約案に対して再議を求めた場合、立法院が原案を維持する条件は出席立法委員の過半数以上の多数であったが、王と雷はこれを三分の二以上に引き上げた。立法院が行政院の重要政策に反対であった場合、行政院が立法院の議決案に不満であった場合の何れも、立法院が原案を維持し再議を否決するためには出席委員三分の二以上の賛成が必要となったわけである。

第三に、未確定草案が立法院に認めていた国政調査権（行政院の職務怠慢・失政を調査する調査委員会の設置）に関する規定が削除された。この決定は、王寵恵の考えに基づいていた。未確定草案によれば、調査委員会の調査報告を立法院が承認・可決し、行政院がそれを不服として再議しても立法院が出席委員三分の二以上の多数で拒否すれば、行政院院長は調査結果の受諾か辞職に追いやられる、その結果は「不信任制度」と異なるところがない、というのが王の考えであった。彼にとって、国政調査権に関する規定は「たやすく政客の利用するところとなって政潮（政治的紛争）を引き起こす」から、「政潮」を抑止するためにぜひとも削除すべきものだった。[*41]

上述した未確定草案の変更内容から分かるように、王寵恵は今回の修訂にあたって、立法院と行政院の再議権行使を軸とする相互牽制の枠組み自体については反対していなかった。とすれば、なぜ国政調査権についてのみ「不信任制度」に等しいという理由から批判し削除を求めたのかが問われてこよう。確証できる史料がなく推測の域を出ないが、恐らく彼は国政調査権の行使により行政院院長を辞職に追いやるのは行き過ぎであり、立法院に過剰な権限を与えることになると考えたのではないかと思われる。

何れにせよ、王寵恵と雷震の修訂により、立法院の権限は削減され、総統・行政院の地位が相対的に高められたといえるだろう。ただし、この修訂が、行政権の強化と安定性を重視するようになった張君勱の構想に対応するものであった点は、ぜひとも留意しておく必要がある。共産党と民主同盟が制憲作業から完全に離脱した条件の下、非国民党勢力のなかで憲法制定の正統性を担保する存在は、誰よりも草案起草の中心にいた張君勱だった。また、制定されるべき中華民国憲法が、他党派の支持を受けていることを示すためにも、国民党は張が率いる民社党を制憲国民大会に参加させる必要があった。恐らく、王と雷はそうした条件を考慮しながら未確定草案の修訂作業を行ったのである。そこで、行政権の強化・安定を図りつつ、立法・行政両権の相互均衡をめざす張の意向が斟酌されたであろうことは十分にうなずける。

不信任決議権による「倒閣風潮」を危惧した張君勱と、国政調査権の発動を「不信任制度」になぞらえ「政潮の醸成」を抑制しようとする王寵恵に、行政権の安定・強化を重視する共通の政治姿勢を見出すことは容易であろう。さらに、後に雷震は、①総統は行政院院長の任命にのみ立法院の同意を必要とし、他の閣僚の任命について立法院に拘束されないこと、②行政院の再議は出席立法委員の三分の一の支持さえ得れば可能になること、③行政院は連帯責任制をとっていないこと、などを理由に、「閣潮」(内閣危機)が生じにくく行政権の安定性が強いことを、中華民国憲法のメリットとして指摘している。これも、以上の推測を補強するものとなるだろう。[*42] 先に、張君勱の構想の変化が政協憲草の内容に影響を及ぼすことになると述べたのは、こうした意味においてであった。雷震は、孫科が召集した一一月一八日の会議に張君勱は欠席したと回想しているが、たとえ出席したとしても、張は王と雷の修訂内容を拒まなかったに違いない。

なお、執行権中枢の権限強化については、一一月一八日の会議後に行われた立法院の審議において、五院間の争議事案を調停するため総統に関連各院長を召集し会商する権限が条文に追加された。[*43] これは、五五憲草を擁護しようとする立法委員の主張に基づくものだったが、五権分立の枠組みを否定し三権分立に立脚した政協憲草には全くそぐわない規定であった。

3　制憲国民大会と中華民国憲法

(1)　政協憲草改変をめぐる攻防

一九四六年一一月一五日、南京において正式に開会した制憲国民大会は、民主同盟から離脱した青年党・民社党の参加を取り付けたものの、代表の圧倒的多数は五権憲法構想を支持する国民党系代表たちによって占められていた。そうした「国民代表」が手ぐすね引いて待ちかまえるなか、政協憲草が制憲国民大会に提出されたのは、前述のとおり一一月二八日のことであった。しかし、国民政府主席として挨拶に立った蔣介石は、居並ぶ代表を前にして「今日、政府はなぜ五五憲草を修正しなければならなかったのか、政府が今日提出した憲法草案はなぜ国父の五権憲法と完全に合致しないところがあるのか」と問いかけ、以下のように述べなければならなかった。[*44]

五権憲法の中央制度は一種の総統制と言えるが、政権を行使する人民に政権を掌握する能力がなかったら、治権に対して適切なコントロールができず、総統権力は過度に集中され、必ずや極権政治〔強権政治〕がもたらされる。……

代表の皆さんは国父の遺教を信奉し五権憲法を心に刻み込んでいるなら、国父の五権憲法が極権政治に流れて国家・民族に害を残すことを望まないだろう。そこで私は、皆さんにわれわれ一般同胞の政権を行使する能力と習慣を考慮し、国際環境と時代の趨勢を観察してもらいたいのだ。今日、われわれが五権憲法を実施したとして、人民はよく政権を掌握して治権の侵犯を受けずに済むだろうか。私は、現在の大多数の人民はまだこうした能力と習慣がないと言い得るし、このように保障が全くないところで五権憲法を実行すれば非常に危険だと考えている。

「国際環境と時代の趨勢」――民主的な多党政府の実現を求めるアメリカを中心とした国際的圧力と国内における民主憲政運動の高まり――の下で[*45]、政協憲草を受け入れる決意を固めることになった苦衷を、蔣介石は五権憲法を運用する人民の政治的能力の欠如から正当化したのである。だが、シニカルに見れば、彼の以上の説明は、五権憲法と五五憲草を支持する国民党系代表を説得し、政協憲草を何としても通過させなければならないという決意の表明であったともいい得るだろう。

さて、政協憲草を接受した制憲国民大会は、一一月二九日から六日間をかけて代表一二九名が相次いで意見を発表し、さらに代表三〇九名が書面により提出した意見も併せて政協憲草に対する修正提案を四二七件に整理・集約した。また、「中華民国憲法草案審査辦法」に基づいて、政協憲草各章に対応した①前言・総綱・人民の権利義務及び選挙、②国民大会及び憲法の施行・修正と解釈、③総統・行政及び立法、④司法・考試及び監察、⑤中央と地方の権限、⑥省県制度、⑦基本国策、⑧蒙蔵地方制度の八組からなる審査委員会と、各組が相互に関連する事項と草案全体の章節・字句の整理を審査する綜合審査委員会が組織された。国民大会代表は、八組の審査委員会のなかから一組ないし二組を自由に選択して審査に加わり、綜合審査委員会は主席団が選出する九名、各組審査委員会から推挙された委員各一名、召集人各二名、各省市・各党派等が推挙する各三名によって組織された。ちなみに、主席団より綜合審査委員に推選されたのは、孫科・孔庚・胡適・王寵恵・王世杰・呉経熊・徐傅霖・張厲生・陳啓天であった[*46]。

各審査委員会の政協憲草修正審議のなかで注目したいのは、国民党の要求によって「有形」の組織として復活した国民大会、そして政協憲草審議委員会で紛糾した立法院と執行権中枢（総統・行政院）との関係である。制憲国民大会では、国民大会については第二審査委員会、総統・行政及び立法については第三審査委員会が修正審議を担当した。だが、この二つの委員会に属さない代表も含めて、上述した修正提案四二七件のなかには、政協憲草が規定する立法院は権限が強すぎて「議会専制」「立法独裁制」の危険が生じること、他方において国民大会の権力が著しく弱体化されていること、に対する批判が数多く含まれていた。[*47] これらの批判の多くが、五五憲草の復活を狙う国民党系代表によるものであったことは言を俟たないであろう。

たとえば、宋述樵は「議院内閣制の国家では、内閣が議会を解散することによって議会と対抗できる。大統領制の国家も、行政首長は一定の任期内に議会の牽制によって進退問題が生じることはない。しかし、憲法草案中の行政院は立法院の再議案件に対して、ただ「従えば留まり」「従わざれば去る」の一途しかなく抵抗する武器がない」と批判する。また、陳茹玄は「立法院は一院制であって二院制ではない。そして、その決議する法律を人民は複決できず、国民大会も複決する権限がない。その上、三分の二の多数で総統に執行を強制することができ上院がその緩衝となることもない」と指摘していた。[*48] さらに、批判意見のなかには、この問題を解決するため、修改原則に依拠して総統に立法院の解散権を与えるべきだとする主張もあれば、総統から国民大会に複決を要請して、国民大会に行政院改組あるいは立法院解散の最終的判断を委ねるべきであるとする主張もあった。[*49] これらの主張から窺えるように、立法院と総統・行政院の権力関係は、国民大会の権限強化の如何と密接に関連していた。

そこで、以下では第二・第三審査委員会の修正提案と綜合審査委員会の最終調整に焦点をあてて、これらの問題を具体的に検討することにしよう。[*50]

政協憲草第三章の国民大会について審議した第二審査委員会は、一九四六年一二月六日から一四日にかけて七回の審査会を実施した。同委員会が決定した修正意見は、①政協憲草が規定しなかった国民大会の性格を明示するため、「国民大会は中華民国国民が政権を行使する最高機関である」という条文を加えること、②各省区・蒙蔵地区が選挙した立法委員、各省省議会・蒙蔵地方議会の選出した監察委員が国民大会代表を兼務するという政協憲草の規定を削除すること、そして③国民大会の職権を増補することの三点であった。国民大会の職権は、政協憲草では総統・副総統の選挙・罷免、憲法改正の提議、立法院が提議した憲法修正案の複決等に限られていた。だが、第二審査委員会は、さらに行政院を除く立法・司法・監察・考試各院院長・副院長及び立法委員・監察委員の選挙権、行政院を含めた五院院長・副院長及び立法委員・監察委員の罷免権、法律の創制・複決権、憲法改正権等々を追加するよう修正を求めたのである。[*51]

これらの修正意見が、五権憲法論を擁護する国民党系代表の意向を反映していたことはいうまでもないが、とりわけ五五憲草を彷彿させる国民大会の職権は、三権分立制に立脚した政協憲草の制度設計に明らかに反するものであった。そのため、青年党と民社党の代表は上記三点の修正意見に反対し、全体会議における発言権を留保した。ところが、第二審査委員会の審査報告を審議した綜合審査委員会は、上記②の修正は認めたものの、①については条文を「国民大会は本憲法の規定により全国国民を代表して政権を行使する」と改め、国民大会を統治機構の「最高機関」と見なすような修正意見の表現を退けた。また、③の国民大会の職権については、政協憲草にあった「憲法改正提議」権を「憲法改正」権に改めることは認めたが、そのほかは同憲草の原案を維持して第二審査委員会が求めた職権の増補を拒否した。[*52]

他方、政協憲草の第四章（総統）、第五章（行政）及び第六章（立法）について審議した第三審査委員会は、一二月六日から一三日にかけて六回の審査会を開催した。同委員会の修正意見でもっとも注目されるのは、再議権の行使をめぐる立法・行政両院の関係についてである。既述のように、王寵恵と雷震が修訂した政協憲草第五八条の規定では、立法院が行政院の重要政策に反対した場合と、行政院が立法院の議決案に不服であった場合の何れも、立法院が原案を維持し再議を否決できる条件は出席委員三分の二以上の多数であった。これに対して第三審査委員会は、再議否決の要件を「全体立法委員三分の二」（傍点筆者、以下同じ）へと改めたのである。この修正が、立法院のチェック機能の低下と総統・行政院のさらなる権力強化を招き、それによって張君勱らが腐心した立法・行政両権の均衡が損なわれてしまうことは明らかであった。

また、政協憲草第七四・七五・七六条が立法院に与えていた政府決算案審査権が、「多数の委員」の主張によって監察院に移されることになった。既述のように政協憲草審議委員会においても、国民党委員が五権憲法論の立場から審計権（会計検査権）の監察院への帰属を主張していたが、制憲国民大会でもその点が蒸し返されたのである。このほか第三審査委員会は、総統が緊急命令権を発動する事由に「緊急事変」を加えるという修正意見を決定した。政協憲草第四四条が規定する緊急命令発布の事由は、自然災害、疫病の発生、財政経済上の非常事態に限られていたが、そこに極めて曖昧な「緊急事変」という事由が挿入されたのである（その替わり「疫病の発生」という事由は削除された）。総じて、第三審査委員会の修正意見には、総統・行政院の権力強化、立法院の権力削減を図ろうとする意図が露骨に表れていた。[*53]

ところが、以上のような第三審査委員会の審査意見に一定の歯止めをかけたのは、ここでも綜合審査委員会であった。同委員会は、審計権の監察院の帰属については第三審査委員会の修正意見を認めた。この結果、政協憲草において、立法院が選挙し総統が任命することになっていた審計長は、監察院に設置され総統の指名と立法院の同意によって任命されることになった。だが、他方において、総統の緊急命令の事由に「緊急事変」を追加する点については、「別に法律をもって規定すべきであり憲法中に加える必要はない」という判断から、第三審査委員会の修正意見は一蹴され政協憲草の原文が維持された（ただし、この判断には、後に行憲国民大会（憲法実施国民大会）において制定される「動員戡乱時期臨時条款」の構想がすでに織り込まれていた可能性がある）。

一方、立法院の再議否決の要件について、当初、綜合審査委員会は第三審査委員会の「全体立法委員三分の二」という修正意見を、さらに「全体委員四分の三の出席、その三分の二による通過」と改めようとした。これは、国民党の潘公展らの主張が通ったもので、第三審査委員会の要件に比べ再議を否決する最低必要人数を少なくしたとはいえ、出席者数については条件をむしろ高くする修正であった。このため、青年・民社両党の代表はここでも発言権を留保した。[*54]しかし、この修正には後日の審査会で再審議の要求が出され、その結果、第三審査委員会が求めた「全体立法委員三分の二」を「出席立法委員三分の二」に修正することで決着を見た。つまり、政協憲草第五八条の規定に戻されたわけである。[*55]綜合審査委員会では、「出席委員が若干の問題について激しく言い争い、会場の空気は極度に緊張した」というから、この問題をめぐっても最後まで政協憲草の支持勢力と反対勢力との間で熾烈な攻防が続いたものと推測される。[*56]

ここまでの分析から気づくように、五五憲草への回帰を求める各審査委員会の修正意見を抑え込み、政協憲草の規定を維持しようと苦心したのは綜合審査委員会であった。同委員会が政協憲草を擁護した理由は、どこにあったのだろうか。それは、同憲草を支持する青年党と民社党の代表が、制憲国民大会から離脱することを阻止する必要があったからである。そもそも、前述した制憲国民大会の代表構成から察せられるように、各審査委員会で絶対多数を占めたのは国民党系の代表であり、本来なら政協憲草の改変は彼らの意のままになるはずであった。綜合審査委員会が設けられたのは、そうした国民党系代表の暴走を防止し、「各組間の衝突を調和させ、また各組間の不当な決定を矯正し、政協憲草の主要な原則を否決させない」ためであったという。[*57]

ここでいう「政協憲草の主要な原則」のなかでも、とりわけ第三委員会が審査した立法院による再議否決の要件は、既述のように張君勱が重視した立法・行政両権の均衡に関わっていた。それだけに、主席団から綜合審査委員会に加わった孫科・王寵恵・王世杰・呉経熊など、政協憲草の確定に関わった国民党の面々は、この点をめぐる張の動きには敏感とならざるを得なかったと思われる。周知のように、張君勱が率いる民社党は制憲国民大会に参加したものの、張自身は出席を拒絶した。しかし、彼は絶えず政協憲草の審査過程を注視し、立法院権限の保持に執念を燃やしていた。たとえば張は、国民大会の権限が政協憲草よりも強化され立法院の権力が制約されるなら、民社党は制憲国民大会を退出すると国民党に警告している。[*58] また、綜合審査委員会が立法院の再議案否決要件について、「出席立法委員三分の二以上」の多数に加えて「全体委員四分の三以上の出席」という制約を課した際には、「総統と行政院の権力をもって立法院の権力を剥奪する」に等しいと批判し、政協憲草の原案を維持してこそ「立法・行政両院の権力均衡」を保ち得ると主張した。[*59] 張君勱にとって、政協憲草に帰結した制度的枠組みが、行政権の安定と立法・行政両権の均衡を両立させ得るデッドラインだったのである。

以上のような政協憲草堅持という方針は、綜合審査委員会中の孫科ら国民党メンバーの独自の判断から出たわけではなく、蔣介石の指示に基づいていた。制憲国民大会における蔣介石の挨拶が示唆するように、当面する国際環境と国内形勢のなかで、彼は五権憲法に背馳する政協憲草を通過させる決意を抱いてこの大会に臨んでいた。そのため、国民大会開催中も、彼は国民党の代表に対して「政協憲草が通過しなければ、国家は分裂・紛擾に陥ってしまう」と警告を発し、また党組織部に指示を命じ、あるいは党内各指導者に勧告を要請して、「憲草を修改して政協決議に違反する」ことがないよう国民大会代表たちの統制に躍起となっていたのである。[*60]

こうした蔣介石ら国民党中枢の「努力」の甲斐もあり、制憲国民大会は各組審査委員会の修正審議と綜合審査委員会の意見調整からなる第一読会を何とか乗り切った。そして、最終局面まで国民大会の権限強化を求める動きはあったものの、その後は順調に全体会議による第二読会（一二月二一～二四日）と第三読会（一二月二五日）を終えることができた。[*61] かくして成立したのが、全一四章一七五条からなる中華民国憲法であった。

(2) 中華民国憲法と動員戡乱時期臨時条款

さて、制憲国民大会を通過した中華民国憲法は、翌一九四七年元旦の公布を経て同年一二月二五日から施行された。そして、国共内戦のさなかに開かれた行憲国民大会（一九四八年三月二九日～五月一日）で蔣介石が中華民国総統に

図表9　中華民国憲法下の統治機構

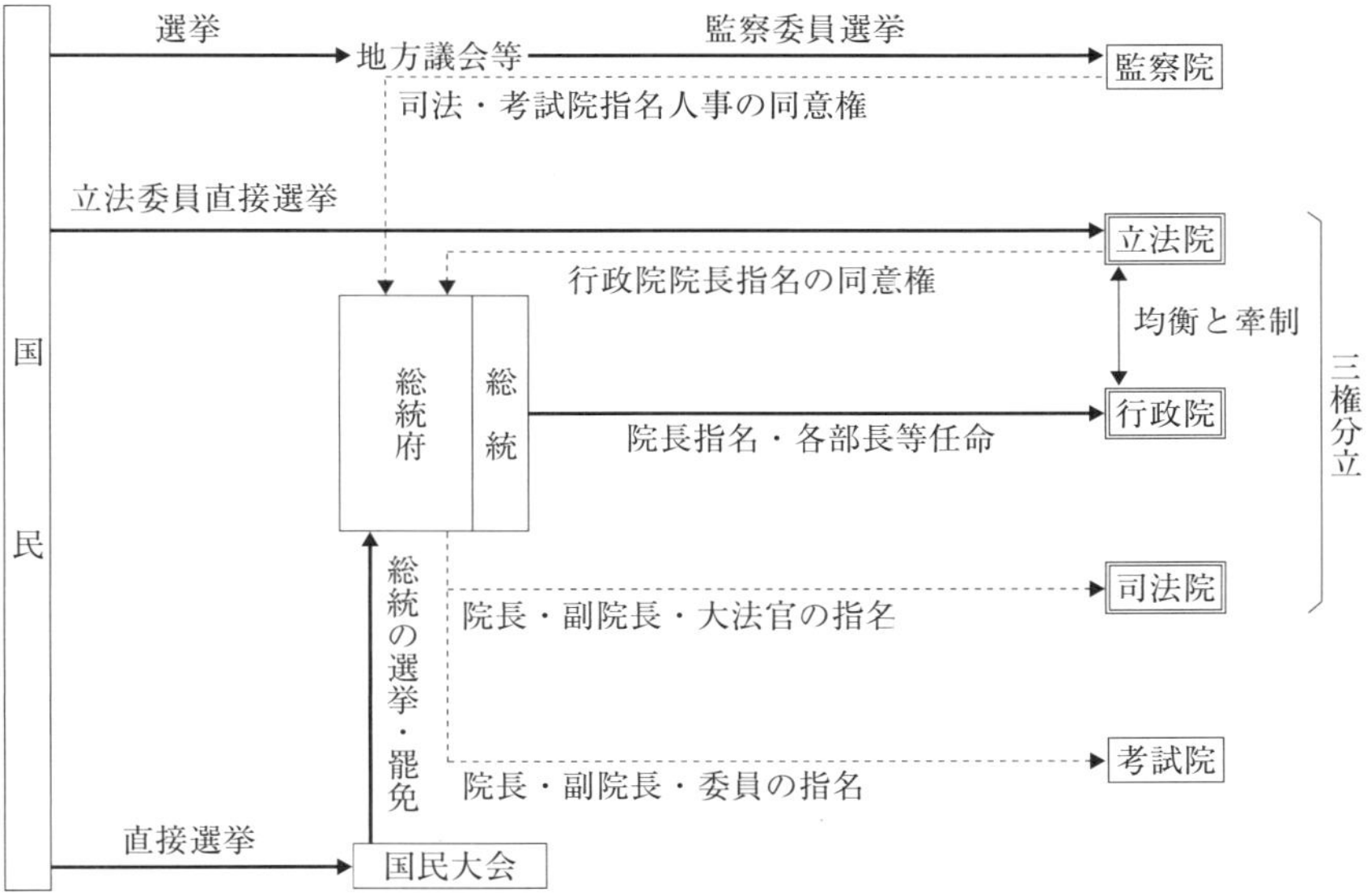

選出され、五月二〇日からついに「憲政」がスタートした。だが、この憲法体制が存続したのは、共産党の軍事的勝利が既定の事実となった一九四九年七月一六日、蔣介石が広州に国民党中央常務委員会・中央政治委員会の聯席会議を召集し、「中央非常委員会」を成立させて同体制を事実上放棄するまでのわずか一年余りに過ぎなかった。[*62] この間の憲法体制の実情については次章の分析に譲り、以下ではこれまでの説明と繰り返しになる部分もあるが、図表9によりながら中華民国憲法下の統治形態について簡単に整理しておくことにしよう。[*63]

まず「有形」の組織として復活した国民大会は、五五憲草と同じく県・市等の区域代表を中心に、蒙古・西蔵・辺境少数民族、職業団体、婦女団体の代表を加味して国民代表が選出されることになった。ただし、「政権」を行使する範囲と機会は五五憲草以上に制約され、事実上、その権限は総統・副総統の選挙・罷免と憲法修正とに限定されていた。また、憲法の修正を除く創制・複決権の行使は、全国半数の県・市が両権を行使できるようになるまでの留保つきで停止された（第二七条）。さらに、五五憲草では三年に一度であった召集間隔も、総統の任期に合わせた六年に一度となり（第二八条）、国民大会自身が臨時会の召集権を持っていた五五憲草に対して、中華民国憲法では臨時会も含めた召集権は総統と立法院院長にあって国民大会にはなかった（第二九・第三〇条）。

以上のような国民大会の徹底的な無力化は、五五憲草のように総統権の強化をめざした結果ではなく、立法院と行政院との間に議院内閣制的な枠組みを残そうとして生じた必然的な結果であった。しかし、その権限が徹底的に無力化された根本的な理由は、三権分立制に基づく中華民国憲法に、五権憲法構想の産物である「有形」の国民大会などそもそも不要であったことに求められるだろう。

中華民国憲法下の三権分立は、行政権を総統・行政院が（第四章・第五章）、立法権を一院制の議会である立法院がそれぞれ行使し（第六章）、また司法権は民事・刑事・行政訴訟の審判や公務員の懲戒を処理し、憲法・法律・命令の統一的解釈権を与えられた司法院が行使することになった（第七章）。なお、監察院は、各省市議会、蒙古・西蔵地方議会、華僑団体が選挙する監察委員によって組織される点で「上院」に相当したが、権限としては弾劾権、司法院・考試院人事に対する同意権及び審計権（決算審査権）があるのみで立法権は与えられなかった（第九章）。監察院に立法権を認めないのは、政協会議の修改原則から政協憲草に至るまで一貫している。既述のように、知識人のなかには監察院を「上院」とする意見もあったが、憲法の起草・制定過程においては、基本的に立法院による一院制国会が構想されていたと見てよいだろう。以下では、この三権分立制の構成のうち、総統・行政院と立法院の権限に注目して紹介していく。

総統は、陸海空三軍を統率し（第三六条）、行政院が立法院に対して再議を請求する際の裁可権と五院間に争議が生じた際の調停権を有する点で（第四四・五七条）、国家元首としての実質的な権力を保持しており、けっして名目的な存在ではなかった。だが、法律の公布、条約の締結、宣戦・講和等については立法院の議決が必須であったたし

（第六七条）、法律の公布と命令の発布は、行政院院長ないし同院長及び関係各部部長（閣僚）等の副署がなければ国務上の効力が発生せず（第三七条）、その点で行政院（内閣）もまた総統の行為を制約していた。さらに、行政院各閣僚の任命は同院院長の申請に基づいて総統が行うが、行政院院長の任命には立法院の同意が必要であり、そのほか司法院の院長・副院長及び大法官、考試院の院長・副院長及び委員の任命については監察院の同意が必要であった（第五五・七九・八四条）。なお、戒厳令の宣布は、立法院での通過、または追認を要する点で同院の実質的な掣肘下に置かれ（第三九条）、緊急命令権についても、その発動は立法院の休会中に限定され、しかも行政院会議の決議を得た上で、一ヶ月以内に立法院の追認を求めなければならなかった（第四三条）。

一方、立憲的議会となった立法院は、すでに政協憲草審議委員会の不確定草案のときから立法委員の官吏兼任が禁止されていたが、それは中華民国憲法にも踏襲された（第七五条）。しかし、①行政院の施政方針・施政報告を聴取し質問できるだけでなく、②総統が指名する行政院院長に対して同意権（事実上の首相決定権）を行使し、さらに③行政院が発議し総統が裁可する再議案件の否決を通じて行政院院長を辞職に追いやることもできた（第五七条）。確かに、不信任決議権は放棄され、行政院の連帯責任（総辞職）も否定されてはいたが、以上の点で立法院は行政院に対して責任を追及する手段を確保し、行政院は立法院の信任の下に置かれていた。張君勱の唱えた「修正式の内閣制」は、この限りで擬似的ではあるが議院内閣制の枠内に止まり得たといえるだろう。

ところで、これまで度々言及してきたように、新たな憲法体制における立法・行政両権相互の均衡と牽制は、総統・行政院が立法院に対して停止的拒否権（再議権）を発動し、立法院は出席委員三分の二以上の多数で再議を否決して行政院院長を原案の受諾か辞職に追いやることができる、という規定に依存していた（第五七条第二・三項）。ここで問題となってくるのは、中華民国憲法の起草・審議過程で大いに揉めた「出席立法委員の三分の二」以上という再議否決の要件をいかに考えるかという点である。中国の研究では、国民党が多数を占めるはずの立法院が三分の二以上の多数で再議を否決することはあり得ないから、総統の停止的拒否権は事実上の絶対的拒否権となって立法院の権力を剥奪することになる、したがって上記の規定は蔣介石の「総統独裁」を保証する制度的根拠の一つになっているという見方がある。[*64]

議会における一般的な与野党の勢力配置——与党が過半数を割って安定した政権運営が困難な状況も含めて——のバリエーションをいくらか想定してみただけでも、確かに連立・提携も含めて一定の政党・会派が三分の二以上の賛成という要件を満たすのは厳しく、再議権の発動は総統・行政院にとって立法院を牽制する強力な武器となり得たであろう。また、総統に行政院が提議する再議の裁可権を与えたことが、執行権中枢における総統の実質的権力を強化するものであったことは前述したとおりである。

だが、次章で紹介するように、大陸において稼働した憲法体制の下で、蔣介石の権威や彼を含めた国民党の党内調整能力は必ずしも強固ではなかったことが明らかにされており、中国の研究が指摘するように国民党が立法院において多数を占めるからといって、憲法第五七条の規定が事実上死文化し、立法院が総統・行政院に対して無力になるとは必ずしもいえない側面がある。ただし、ここでは以上の点を指摘するに止め、現実の政治局面における立法院と総統・行政院の関係については、立法院の議会活動を通じて憲法の運用実態を検討する次章において改めて取り上げることにしよう。

さて、そこで中華民国憲法体制に残された重要な問題となるのは、蔣介石の意向を汲んで行憲国民大会が制定した「動員戡乱時期臨時条款」（一九四八年五月一〇日公布、以下、臨時条款）の内容である。周知のように、同条款は憲法第一七四条第一項が定める憲法修正程序にしたがい、「内乱」を鎮定するまでの間、総統に選出された蔣介石に緊急処分権を与えるものだった。この緊急処分は、「国家または人民が遭遇する緊急の危難を回避し、あるいは財政経済上の重大な変事に対処するため」に発動され、憲法第三九条と第四三条が規定する戒厳令と緊急命令に関する立法院の拘束を受けなかった。ただし、行政院会議の決議が必要であり、また憲法第五七条第二項の規定に基づいて立法院が行政院に変更と廃止を要求することができた点で、全く総統のフリーハンドに委ねられていたわけでもなかった。[*65]だが、立法院の要求に対し行政院が総統の裁可を得て再議した場合、緊急処分を変更・廃止するには出席立法委員三分の二以上の多数が必要となるため、立法院の実質的な掣肘力は戒厳令と緊急命令に対するそれに比して確かに弱いものとなっていた。これまで中国の研究のほとんどが、この臨時条款を蔣介石の「専制独裁」権力の決定的証拠と見なしてきたのも、それなりに根拠があったといえよう。

ただし、臨時条款には、一九五〇年一二月二五日までに総統が国民大会臨時会を召集して、その延長あるいは廃止を決定しなければならないという規定が付されていたように、総統に対する緊急処分権の授与は明らかに時限性の措置であった。また、「動員戡乱時期」自体の終止についても、総統が単独で宣告できるだけでなく、立法院の要請に基づき総統が宣告するという規定が組み込まれていた。臨時条款には、緊急処分の変更と廃止を要求する立法院の上記の権限とともに、緊急処分の不当に長期な適用期間を総統以外の権力によって抑制しうる枠組みが用意されていたのである。

したがって、臨時条款が一九九二年に台湾総統であった李登輝により廃止されるまで、長期にわたって——しかも、一九六〇年以降四回にわたり修正が施されながら——効力をもち続けたのは、国民党が共産党との内戦に完敗して台湾に逃走し、党・国家体制の再編・強化を図らなければならなかった結果であり、一九四八年の制定当時から長期の適用が予定されていたわけではない。かりに国民党が内戦に勝利していたなら、国民大会が台湾で行ったように臨時条款の延長や総統権のさらなる補強を認めたかどうかは、むしろ疑わしいと考えるべきだろう。[*66]

また、諸外国の大統領権力——とりわけ、「共和制的君主」とまで称されたフランス第五共和制下の強大な大統領権力と比較しても、臨時条款の緊急処分権を含めた総統権力を、「専制独裁」の根拠とする捉え方には再考の余地がある。フランス第五共和制＝ドゴール憲法（一九五八年）が認める大統領は、軍の統率者として国防会議・国防最高委員会を主裁し、議会の同意なく首相を任命して自ら閣議を統裁するとともに、議会に対しては停止的拒否権と解散権を掌握する。その点において、フランス大統領の平時の権力は、すでに中華民国憲法が規定する総統権力に比べてはるかに強大である。また、非常時についても、戒厳令の宣布は自身が統裁する閣議によって決定できるばかりか、戒厳期間が一二日を超えない限り議会の承認を必要としない。さらに、緊急措置権の発動については、首相、国民議会と元老院の議長、憲法評議会に諮問するだけで可能であり、しかもそれらの答申に大統領は何ら拘束されない。それに加えて、緊急措置に対する議会の掣肘は極めて形式的なものに止まり、議会は大統領の決定と措置を廃止することも終止することもできなかった。つまり、臨時条款と異なって、フランスの第五共和制憲法は、緊急措置権の適用期間を「大統領以外の国家機関が抑制しうる構造」をとっていないのである。[*67]

したがって、先に述べたような臨時条款が規定する緊急処分適用期間に関する抑制機能や、処分の変更・廃止に関する立法院の拘束力を空文と見なし、その弱さを共和制の許容範囲を逸脱した異常なものとする考え方は、正確な解釈とはいえない。臨時条款によって強化された総統権力といえども、なお共和制の枠内にあり、「専制独裁」権力とは質的に区別されるべきもの、ということが十分に可能なのである。

では、中華民国憲法体制に対する「蔣介石専制独裁」という歴史的イメージは、いったい何に由来していたのだろうか。上述のように、憲法・臨時条款の規定上から「専制独裁」を導き出すことができない以上、それは憲法の制定から放棄に至る国民党の政治手法——制憲国民大会の開催強行、行憲国民大会選挙の恣意的な操作、臨時条款による憲法秩序の倉卒の改変等々から、言論統制や民衆運動の弾圧にまで及ぶ——に由来していたと考えなければならない。[*68]国共内戦をめぐる特異な政治状況の下で、憲法が規定する統治形態と現実政治との間には深刻なギャップが生じていたのである。

一方、共産党の政治的宣伝によるイメージの拡散にも留意する必要がある。共産党は、立法院と行政院との議院内閣制的な関係を否定した国民党六期二中全会の決定を、「総統の独裁」「個人独裁のファシズム統治」をめざす策動と非難した。[*69] また、憲草審議委員会では、再議権の行使を軸とする立法院と行政院の相互牽制についても、行政権を強化しようとする意図を嗅ぎ取って強く反発した。この共産党の一連の反発と主張から読み取るべき特徴は、議院内閣制的な関係の否定ないし修正が、行政権の強化と「総統の個人独裁」に直結すると捉えている点である。この性急な捉え方から、共産党が政協会議において民主党派の主張する議院内閣制に同調したのは、その制度的価値に賛同したからではなく、総統となる蒋介石個人に権力を集中させないためであったことが分かる。したがって、国民党が蒋介石に緊急処分権を与えたことは、共産党にとって憲法体制の反民主的な性格を主張する格好の宣伝材料となった。中華民国憲法体制＝「蒋介石専制独裁」の歴史的イメージは、恐らく共産党によっても増幅されていたのである。

4 小結

詳細に論じてきたように、戦後における中華民国憲法の制定過程は紆余曲折に富むものだった。しかし、そのプロセスにおいて揺らぐことがなかったのは、孫文の五権分立構想を西欧的な三権分立体制に換骨奪胎し、その下で立法院を立憲的議会に定位しようとする志向であった。この結果、孫文の「憲政」構想の核心であった「政権」機関の国民大会は、「有形」の組織として残ったものの権限を徹底的に削減され、政府「治権」機関に過ぎなかった立法院の国会化がついに現実のものとなった。そもそも、存命中の孫文は立法院を「国会」と同一視する言説を繰り返していたし、戦前の五五憲草もまた「治権」機関として位置づけた立法院に議会的な要素を混入させていた。立法院を「国会」と見なそうとする志向は、前章で確認したように日中戦争中の知識人・民主党派による五五憲草批判のなかで明瞭な形をとって現れたが、戦後における立法院の「国会」化は、戦前から戦中に至る以上のような立法院構想の帰結にほかならなかった。

中華民国憲法について特筆すべきことは、三権分立の下で立憲的議会に変貌した立法院と執行権中枢を構成する総統・行政院との間に、自由主義的な相互均衡・相互牽制の関係が組み込まれたことである。両者の関係は、不信任決議権と解散権の行使が否定され行政院の連帯責任（総辞職）も認められなかった点で、確かに疑似的な議院内閣制（張君勱の言う「修正式の内閣制」）の域に止まった。しかし、曲折をへながらも、停止的拒否権（再議権）の行使とその否決に基づく立法・行政両権の関係が憲法制定の最後まで維持されたことで、この憲法体制は、制度の上で民国初年以来の「議会専制」の志向から初めて離脱した体制となることができた。その意味で、立法院の国会化は、中国の西欧的議会制の歴史において画期的な意義を有していたのである。[*70]

立法院の国会化が実現した要因としては、国民党外勢力の民主党派・無党派知識人が政協会議以降の憲法起草・制定過程に参与したことが何よりも大きかった。政協会議の修改原則において〈大統領―議院内閣制〉（半大統領制）の制度設計を主導したのは彼らであった。また、政協憲草の起草過程において、五権憲法構想に拘泥する国民党に抗して、不信任権と解散権の導入を断念しながら、「内閣制の基本精神」を守り抜こうとしたのは張君勱や羅隆基たちであった。前章で整理したように、三権分立の西欧的立憲体制を擁護する彼らの構想は、日中戦争中の国民参政会の下で形成されていた。戦時中からの民主党派・無党派知識人の努力が、立法・行政両権の均衡――「議会専制」からの訣別――を中華民国憲法に規定させる要因の一つとなったことは間違いない。

また、国民党内で自由主義的傾向を代表する勢力が、制憲工作において積極的な役割を果たしたことも、立法院の国会化が実現する上で大きな意味を持った。「憲政」期の立法院を「議会」と見なした孫科、政協憲草の起草過程において再議権を軸に立法・行政両権の制度的均衡を提起した王世杰、そして政協憲草の最終的な修訂作業を担当した王寵恵と雷震……。彼らは、総じて孫文の五権憲法構想に頓着することなく、制憲過程において立法院の国会化を積極的に容認し、それを踏まえた制度設計を追求した。また、制憲国民大会の綜合審査委員会には孫科・王寵恵・王世杰・呉経熊らが主席団として参与したが、同委員会が五五憲草の復活を狙う国民党系代表の動きを首尾よく制御したことも、政協憲草の枠組みが憲法に保持される上で大きな力となった。

かくして、中華民国憲法に基づく「憲政」が始動し、一九二四年以来放棄されてきた西欧的議会制が中国に復活しようとしていた。しかも、その「憲政」は民国初年の臨時約法以来続いた「議会専制」の伝統を脱し、中国憲政史上初めて立法権と行政権との均衡の上に成り立つ立憲体制となるはずであった。また、それは議会の民主主義的要素が自由主義的要素を圧倒してきた歴史から、両要素が調和した議会制・議会政治への転換を意味するはずであった。だが、この画期的な立憲体制は、不幸なことに国共内戦という特殊な政治状況のなかで始動していかざるを得なかった。では、立憲的議会となった立法院の下で、憲法上の議会権限はどのように運用され、内戦下の議会制・議会政治はどのように展開したのだろうか。この点を、章を改めて検討することにしよう。

註

＊1　中華民国憲法の再評価については、すでに横山宏章の先駆的な業績がある（同『中華民国史―専制と民主の相剋』三一書房、一九九六年、第五章）。横山は、同憲法が「国民党の支配イデオロギーのみで貫かれたわけではなく、激しい対立と妥協の産物であった」ことを明らかにし、またその内容を「単純に蒋介石独裁への布石と断定することはできない」し、全面的に否定し去ることは「そこに至る歴史的経緯を無視した暴論に等しい」と喝破している（同上、一九五～一九六頁）。

＊2　当該時期の政治的プロセスについて、詳しくは西村成雄『中国ナショナリズムと民主主義』（研文出版、一九九一年）第四章、第五章第一節、同「民国政治における正統性問題―政治的委任＝代表関係の新経路」（渡辺信一郎・西村成雄編『中国の国家体制をどうみるか―伝統と近代』汲古書院、二〇一七年）を参照されたい。

＊3　「政府与中共代表会談紀要」（秦孝儀主編『中華民国重要史料初編―対日抗戦時期』第七編／戦後中国（二）、中国国民党中央委員

会党史委員会、一九八一年、九七～一〇二頁）。
＊4　前掲、秦孝儀主編『中華民国重要史料初編―対日抗戦時期』第七編／戦後中国（二）二一二～二一三頁、二三九～二四二頁。
＊5　「関於実施憲政総報告之決議案」「国民政府籌備憲政経過報告」（前掲、秦孝儀主編『中華民国重要史料初編―対日抗戦時期』第七編／戦後中国（二）五〇七～五一四頁）、「関於国民大会召集日期案」（中国国民党中央委員会党史編纂委員会編輯『革命文献』第七六輯―中国国民党歴次全国代表大会重要決議案彙編（上）、一九八八年、四〇七頁）。
＊6　前掲、秦孝儀主編『中華民国重要史料初編―対日抗戦時期』第七編／戦後中国（二）二三九頁、二四二～二四三頁。
＊7　前掲、西村『中国ナショナリズムと民主主義』二五四頁。
＊8　「政治協商会議憲草修改原則」（繆全吉編著『中国制憲史資料彙編―憲法篇』国史館、一九八九年、五九一～五九四頁）。
＊9　『文匯報』一九四六年一月二〇日「協商会議辯憲草」。
＊10　前掲「協商会議辯憲草」及び「曽琦代表中国青年党提出関於憲法問題的四項主張」（重慶市政協文史資料研究委員会・中共重慶市委党校編『政治協商会議紀実』上巻、重慶出版社、一九八九年、四二三～四二五頁）。
＊11　前掲「協商会議辯憲草」及び「呉玉章関於憲法原則問題的意見」（前掲『政治協商会議紀実』上巻四二一～四二二頁）。
＊12　「孫科対《五五憲草》的説明」（前掲『政治協商会議紀実』上巻四一六～四二〇頁）。
＊13　孫科「中国憲法的幾個問題」（立法院中華民国憲法草案宣伝委員会編『中華民国憲法草案説明書』正中書局、一九四〇年、一五六頁）。
＊14　張君勱「政治協商会議修改五五憲草的原則」（『再生』第一〇五期、一九四六年三月二五日）、同「間接方式之直接民権」（同上、第一〇六期、一九四六年四月一日）、及び同「国民大会問題」（同上、第一二六期、一九四六年八月一七日）を参照。
＊15　「中華民国憲法草案修正経過」（前掲、秦孝儀主編『中華民国重要史料初編―対日抗戦時期』第七編／戦後中国（二）五一八頁）。
＊16　鄭大華『張君勱伝』（中華書局、一九九七年）四一五頁。
＊17　前掲、鄭大華『張君勱伝』四一四～四二〇頁、薛化元『民主憲政与民族主義的弁証発展―張君勱思想研究』（稲禾出版社、一九九三年）一八三～一八六頁。
＊18　さしあたり、前者の条文については、国民大会秘書処『国民大会実録』（一九四六年）第三章（二八二～二九八頁）、または前掲秦孝儀主編『中華民国重要史料初編―対日抗戦時期』第七編／戦後中国（二）五一九～五三六頁を、後者の条文については『再生』第一三五期（一九四六年一〇月一九日）を参照されたい。

＊19　雷震著／薛化元主編『中華民国制憲史―政治協商会議憲法草案』（稲郷出版社、二〇〇九年）二一九頁。なお、同書巻末には張君勱が単独で起草した原案が収録されている（「張君勱所擬五五憲草修正草案」三八七～四〇一頁）。
＊20　前掲、雷震著／薛化元主編『中華民国制憲史―政治協商会議憲法草案』二二〇頁。
＊21　雷震著／薛化元主編『中華民国制憲史―制憲国民大会』（稲郷出版社、二〇一一年）三四頁。
＊22　ただし、前掲鄭大華『張君勱伝』四一八～四一九頁によれば、王世杰の提案は行政院が独自に再議を決定するのでなく、総統に再議の認可権を与えようとするものであったとされ、この点で共産党の激しい反発を受けることになったとする。
＊23　雷震によれば、国民党の憲草審議委員は、立法院による再議否決の要件を全体立法委員の三分の二とするよう主張したが、同党以外の委員の厳しい反対にあったという（雷震『制憲述要』友聯出版社、一九五七年、二九頁）。
＊24　前掲、雷震著／薛化元主編『中華民国制憲史―政治協商会議憲法草案』二二七頁。
＊25　前掲、雷震著／薛化元主編『中華民国制憲史―政治協商会議憲法草案』二二七～二二八頁。
＊26　前掲、雷震著／薛化元主編『中華民国制憲史―政治協商会議憲法草案』二六一～二六二頁。
＊27　前掲、薛化元『民主憲政与民族主義的弁証発展―張君勱思想研究』一八三～一八四頁。
＊28　張君勱「対五五憲草修改原則疑難之解答」（『大公報』一九四六年三月二五日）。
＊29　前掲「張君勱所擬五五憲草修正草案」を参照。
＊30　前掲、薛化元『民主憲政与民族主義的弁証発展―張君勱思想研究』一九三頁。
＊31　張君勱「憲草中一個未解決的問題（続）」（『大公報』一九四六年八月七日）。
＊32　張君勱「美国総統制与政協修正憲草」（『再生』第一一四期、一九四六年五月二五日）。
＊33　前掲、張君勱「対五五憲草修改原則疑難之解答」。
＊34　張君勱「憲草中一個未解決的問題（続）」（『大公報』一九四六年八月六日）。
＊35　同上。
＊36　張君勱「政協憲草小組中之発言」（『再生』第一七六期、一九四七年八月九日）。
＊37　張君勱「中国憲政何以至今没有確立?」（『再生』第一二四期、一九四六年八月三日）。
＊38　前掲『国民大会実録』二九八頁。
＊39　ただし、当時の新聞報道も『国民大会実録』と同じく、王・雷とともに呉経熊が修訂にあたったとする（『文匯報』一九四六年一

一月一四日「立院審議憲草発生程序争執」)。
＊40 前掲、雷震著／薛化元主編『中華民国制憲史―制憲国民大会』八八～九五頁。
＊41 前掲、雷震著／薛化元主編『中華民国制憲史―制憲国民大会』九〇～九一頁。
＊42 前掲、雷震『制憲述要』三〇～三二頁。
＊43 前掲、雷震著／薛化元主編『中華民国制憲史―制憲国民大会』九六頁。
＊44 前掲『国民大会実録』三八九～三九〇頁。
＊45 前掲、西村「民国政治における正統性問題―政治的委任＝代表関係の新経路」二六五～二六六頁。
＊46 前掲『国民大会実録』四〇〇～四〇一頁、四一六頁。なお、各組審査委員会から推挙された召集人は、実際には二名でなく三名であった(同上四一六～四一七頁の各組推挙の綜合審査委員と四一九頁の各組召集人の氏名を対照して確認)。
＊47 国民大会秘書処『国民大会代表対於中華民国憲法草案意見彙編』上・下冊(発行年不詳、以下、『意見彙編』)を参照。なお、国民大会における全般的な制憲審議過程の状況については、前掲横山『中華民国史―専制と民主の相剋』一八六～一九六頁を参照のこと。
＊48 「宋代表述樵対於憲法草案第五十八条之意見」「陳代表茹玄対於憲草所規定関於行政与立法両院之関係之意見」(前掲『意見彙編』下冊)。
＊49 たとえば、「張代表辛南対於中華民国憲法草案之意見」「羅代表心冰対五五憲草修正草案訂正稿意見」(前掲『意見彙編』上冊)、「崔代表唯吾対於憲法草案之修正之意見」(同上、下冊)、前掲「宋代表述樵対於憲法草案第五十八条之意見」など。
＊50 以下、政協憲草の条文については、前掲『国民大会実録』二九九～三一五頁所載の「中華民国憲法草案修正案」を参照されたい。
＊51 「中華民国憲法草案第二審査委員会会議簡表」(前掲『国民大会実録』四二〇～四二一頁)、「第二審査委員会審査報告」(同上、四三五～四三六頁)。
＊52 前掲「第二審査委員会審査報告」四三六～四三七頁、「綜合審査委員会審査報告」(前掲『国民大会実録』四五四頁)。
＊53 「中華民国憲法草案第三審査委員会会議簡表」(前掲『国民大会実録』四二一頁)、「第三審査委員会審査報告」(同上、四三八～四四二頁)。
＊54 『文匯報』一九四六年一二月一八日「国大已到収束階段 憲草還原不成問題」。
＊55 次章で述べるように、一九四八年一月の立法院選挙によって選出された立法委員は七五九名であった。これに基づき、第三審査

委員会（①）、綜合審査委員会（②）、政協憲草（③）の再議否決のための最低必要人数を比較すると、①は五〇六名、②は立法委員五七〇名以上の出席で三八〇名以上の賛成、③は、一九四七年三月に公布された「立法院組織法」の定足数規定（全体立法委員の三分の一以上）に基づき、立法委員二五三名以上が出席して一六九名以上の賛成となる。ただし、「立法院組織法」は四七年一二月に修正公布され、定足数が五分の一に引き下げられたから（次章を参照）、政協憲草が規定する再議否決のための人数要件は実際にはさらに緩和される。

＊56 以上、「綜合審査委員会審査報告」（前掲『国民大会実録』四五三～四五七頁）を参照。
＊57 前掲、雷震著／薛化元主編『中華民国制憲史―制憲国民大会』一四二～一四三頁。
＊58 「張君勱談憲草」（『再生』第一四四期、一九四六年一二月一二日）。
＊59 張君勱「立法院覆議人数問題」（『再生』第一四五期、一九四六年一二月二八日）。
＊60 『文匯報』一九四六年一二月三日「国大已到収束階段 憲草還原不成問題」、同一二月一四日「憲草審査尚未完畢 国大会期再度延長」、同一二月一八日「国大継続討論憲草」、同一二月二〇日「憲草修正案悉遭否決〝反対派〟心機全白費」など参照。
＊61 「第二読会」（前掲『国民大会実録』五二二～五二七頁）、「第三読会」（同上、五四九～五五二頁）。
＊62 韓信夫等編『中華民国大事記』第五冊（中国文史出版社、一九九七年）九二六頁、西村成雄『二〇世紀中国の政治空間―「中華民族的国民国家」の凝集力』（青木書店、二〇〇四年）二八〇頁。
＊63 以下、中華民国憲法については、前掲『国民大会実録』五五二～五七四頁所載の条文を参照されたい。以下、カッコ内は同憲法の章・条数を示す。
＊64 たとえば、李進修『中国近代政治制度史綱』（求実出版社、一九八八年）三一四頁。なお、同書のような理解に立つためか、中国では中華民国憲法における立法院を総統の指揮・命令下にある政府機関と同一視する場合がある（たとえば、郭卿友主編『中華民国時期軍政職官誌』上、甘粛人民出版社、一九九〇年、七一〇頁以下の「中華民国政府（総統府）組織機構表」）。それだけに、同憲法下の立法院が三権分立下の「議会」であることは銘記されなければならない。この点を正確に把握した中国の研究としては、管見の限りで徐矛『中華民国政治制度史』（上海人民出版社、一九九二年）三七二～三七四頁がある。
＊65 「動員戡乱時期臨時条款」（繆全吉編著『中国制憲史資料彙編―憲法篇』国史館、一九八九年、六四二頁）。
＊66 行憲国民大会で臨時条款が承認されたときでさえ、二〇四五名の代表中四〇〇名余りは反対票を投じていた（陳謙平「一党独裁制から多党「襯託」制へ―憲法施行国民大会とその戦後政治への影響」久保亨編著『一九四九年前後の中国』汲古書院、二〇〇六年、

所収)。なお、次章で言及するように、大陸において臨時条款が適用されたのは、一九四八年八月の財政経済緊急処分、同年一二月の全国各省市戒厳(以上、蔣介石による)、一九四九年二月の財政金融改革案(以上、代理総統李宗仁による)の三回である。一方、総統権力の文字通りの独裁化が進んだ台湾では、一九五九年八月の台湾中南部大水害の発生、一九七八年一二月のアメリカによる共産党政権の承認と国交断絶、及び一九八八年一月の蔣経国総統の死去に際した三回に過ぎず、恣意的に発動されることはなかった(曾済羣『中華民国憲政法制与党政関係』五南図書出版公司、一九九五年、四三~四四頁)。

*67 「共和制的君主」と称された第五共和制下の大統領権限については、佐藤功『比較政治制度』(東京大学出版会、一九六七年)第三章第二節を、またその非常権限については上村貞美「フランス第五共和制における緊急権」(『法学雑誌』第二〇巻四号、一九七四年)を参照されたい。ただし、フランス大統領の強大な権限は、「第五共和制の唯一絶対な解釈ではなく、むしろ大統領を支持する勢力が議会多数派を占めているという特殊な政治状況に依存したもの」であった。一九八六年以降のように、「議会多数派と大統領が対立する場合には、議会多数派に支えられた首相に政治の実権は移行」し、また「政府を支える安定した多数派が議会に存在しない」場合には、「議会の審議機能が活性化し、議会の復権が進行していく」という「大統領中心主義の対局に位置する状況すら出現した」(今関源成「第五共和制の基本的枠組み」奥島孝康・中村紘一編『フランスの政治』早稲田大学出版部、一九九三年)。

*68 行憲国民大会選挙をめぐる混乱ぶりは、前掲の陳謙平「一党独裁制から多党「襯託」制へ—憲法施行国民大会とその戦後政治への影響」、横山『中華民国史—専制と民主の相剋』第五章を参照されたい。なお、中村元哉『戦後中国の憲政実施と言論の自由一九四五—四九』(東京大学出版会、二〇〇四年)が、戦後の国民党政権が一定の言論自由化政策を推進しつつあったことを明らかにしているように、戦後に国民党が推進した諸政策については、各方面からのさらなる実証研究の深化が望まれる。

*69 胡縄「在憲法問題上争得是什麼」(『民主』第二四期、一九四六年三月三〇日)、張友漁「憲草修改原則不容変動」(『新華日報』一九四六年三月二〇日社論)。

*70 荊月新『一九四七年憲法体制下的中央立法権研究』(法律出版社、二〇一二年)一八七頁も、立法院の「民意機関」への転変は、中国の政治体制が西欧的議会政治に回帰する上で「重大な制度変革の意義を有した」と評価している。

Ⅷ　国共内戦下の立法院と憲法運用——総統・行政院への規制——

1　問題の所在

まず、次の一文を引用することから本章の考察を始めたい。

臨時条款の成立後、行憲〔憲法実施〕と戡乱〔反乱鎮定〕とは、ついに各々の長所をもって互いに補い合う関係となった。民選政府が、戡乱のための緊急の必要から憲法違反の処分を行うはずはないであろうし、憲法の条文を尊重して戡乱の施策を遅延させてしまうこともないであろう。しかし、われわれはここで重ねて懇切なる希望を述べておきたい。われわれが希望するところの民選政府は、非常に切迫した事態の要請がないならば臨時条款を援用せず、一貫して憲法の常軌に基づき政治を行うのが何よりも望ましい。立法院と行政院が戡乱を重視して密接に協力し、よしんば政策上の対立が生じたとしても、一切は総統による調整を解決の手段とするべきであり、臨時条款を援用する必要はないと信じている（〔　〕内は筆者の補足。以下、引用中の〔　〕内は同じ)。

ここに掲げたのは、一九四八年四月一九日付の国民党機関紙『中央日報（南京版）』に掲載された社説の一節である。*1 冒頭でこの社説を引いたのは、ここに「中華民国憲法」実施下における政治体制の特徴が簡潔な形で述べられていると考えたからにほかならない。前章で述べたように、一九四六年一二月に制憲国民大会によって制定された中華民国憲法は、翌一九四七年の元旦に公布され同年一二月二五日から施行された。そして、一九四八年三月末より開催された行憲国民大会をへて、五月二〇日より蔣介石を総統とする「民選政府」の体制が、孫文の唱えた「憲政」を具現する形で正式にスタートした。以下、この体制を、さしあたり「四七年憲法体制」と呼ぶことにしよう。

しかし、この四七年憲法体制は極めて特異な性格を帯びていた。すなわち、国民党と共産党との内戦という政治環境の下、一方で「戦時体制」の構築と強化を迫られながら、同時に「憲政」という名の「民主体制」を遂行していかなければならなかったからである。この点を、制度的な側面から今少し敷衍するならば、戦時体制の要請に機動的に対処するため、「立法権」の制約から独立し専制化の方向に傾斜しがちとなる「行政権」と、民主体制の下で「行政権」を牽制しその独走を監視しようとする「立法権」との、対立・矛盾として捉え返すことができる。

先の『中央日報（南京版）』の社説は、行憲国民大会において「動員戡乱時期臨時条款」（以下、臨時条款）が通過したことを受けて書かれたものだが、そこには以上のような四七年憲法体制の特異性、すなわち「戡乱」（反乱鎮定＝戦時体制）と「行憲」（憲法実施＝民主体制）という二つの課題を同時に追求していかなければならない苦衷が、国民党自身によって図らずも吐露されていたと見るべきだろう。そして、制度の上でその苦衷の根源を探るなら、以上に述べたところから明らかなように、それは憲法が規定する立法院（立法権）と総統・行政院（執行権中枢）との関係にこそあったのである。

四七年憲法体制において「憲政」（民主体制）の内実を実質的に担保するのは、国民の直接選挙に基づく立憲的議会としての立法院であった。前章で見たように、戦後の制憲過程において辛うじて「有形」の組織として生き残った国民大会は、孫文の構想でこそ体制の民主性を保障する「政権」機関として想定されていたが、中華民国憲法の規定上は総統と副総統の選挙・罷免に参与するだけの機関に過ぎなくなっていた。また、『大公報』の社説が、行憲国民大会において国民代表が企てた憲法改訂の策動に対して、憲法を修正するならばまず「国民大会」の一章こそ削除すべきだと皮肉ったように、当時の世論は国民大会が「憲政」を担保する機関であるとは考えていなかった。[*2] そこで本章では、四七年憲法体制下における立法院の議会活動を、総統・行政院に対する制度的な規制力に注目して検討する。それによって、立法院をめぐる中華民国憲法の運用実態、立法院の「議会」としての機能、ひいては四七年憲法体制が現実の政治に対して有した可能性の一端に迫ることもできるであろう。

ここで、先行研究に言及しておこう。第Ⅶ章で整理したように、臨時条款により総統の権力が強化されたことも手伝い、中国では四七年憲法体制を「蔣介石の専制独裁」を保証するものとして捉える傾向が強かった。また、立法院も三権分立下の国会として正当に評価されず、しかも国民党が圧倒的多数を占める立法院が蔣介石に抵抗するはずはない、という先入観に災いされて、ほとんどの研究は立法院の執行権中枢への従属という評価を導き出してきたように思われる。近年の研究では、中華民国憲法の持つ一定の民主的性格が認められつつあるが、臨時条款をともなう四七年憲法体制については、なお「総統独裁制」と捉える傾向にある。[*3] また、立法院についても実証的な制度分析が行われるようになったものの、立法院・国民大会等の「中央立法機関」に対する評価は、依然として国民党に従属した非民主的な性格を強調する枠組みに止まっている。[*4]

一方、台湾では中華民国憲法の民主的性格がむしろ研究の前提となっている。また、立法院については、王良卿や羅俊強によって院内会派と複雑な派閥構成が明らかにされ、同時に国民党・蔣介石の立法院に対する統制が極めて脆弱であったことも実証されているが、この点は四七年憲法体制の現実を考える上で極めて重要である。[*5] とくに、羅俊強の修士論文は、立法院に関する本格的研究であり、本章で取り上げる同院の議会活動の幾つかについても、事実関係を掘り起こしている点で先駆的な業績と評価できる。本章では、羅俊強らの研究成果を踏まえ、「行政権に対する制度的規制」という点に着目して立法院の議会活動を考察してみたい。

2 憲政実施下の立法院

ここで、中華民国憲法の規定[*6]を中心に据えながら、まずは「憲政」実施下の立法院について基本的な情報を整理しておくことにしよう。

同憲法第六四条・第六五条によれば、立法委員の任期は三年（再選可能）で、①各省・直轄市（人口三〇〇万以下の定員が五名、三〇〇万を超過する場合は一〇〇万増加するごとに一名増）、②蒙古各盟旗、③西蔵、④辺境地区各民族、⑤国外華僑、⑥職業団体、より選出されることになっていた。一九四八年一月二一日から二三日にかけて実施された立法院選挙は、三五省・一二直轄市から六二一名、蒙古各盟旗から二二名、辺境地区各民族から六名、西蔵から一三名、華僑から八名、各職業団体から八九名の、総計七五九名からなる立法委員を選出した。[*7]ただし、一九四八年五月の開院時において、実際に南京で到着の届け出をした立法委員は六四八名であったという。[*8]

この選挙に当選した立法委員七五九名の内訳を見ると、国民党籍の委員が七〇七名（九三・一％）と圧倒的多数を誇り、そのほかは民社党籍が一八名（二・四％）、青年党籍が五名（〇・七％）、無党籍二九名（三・八％）という配分（比率）になっていた。国民党以外の勢力は併せても五二名（六・九％）に過ぎず、しかも無党籍立法委員の多くは国民党のシンパであったとされる。[*9]この立法委員選挙と行憲国民大会の代表選挙における国民党の大勝が、地方党組織と地方実力者の結託や杜撰な選挙管理、違法行為をともなう投票操作等々の結果であったことは周知の事実となっている。[*10]ここで、こうした選挙の不正を非難することは容易だが、むしろ強調しておかなければならないのは、たとえ違反行為の横行があったにせよ、国民の直接選挙によって組織された立法院の議決事項は、否応なく「国民の意思」となって押し出され、そのため政府の活動に無視できぬ規制力を発揮するという点であろう。立憲的議会としての立法院の機能が問われる所以である。

しかし、常識的に考えると、上のような議席構成にあった立法院が、国民党の掌握する「民選政府」と対立する状況はおよそ想定しにくい。ところが、ここで問題となるのが国民党内における派閥（派系）の存在であり、とりわけ党組織部を基盤とするCC系と旧三民主義青年団（三青団）系との熾烈な派閥抗争であった。そうした党内派閥の対立構造は、立法院において副議長の選出が紛糾したように、国民党籍立法委員のなかにもそっくり持ち込まれていたのである。[*11]

当時、立法院内にはCC系、旧三青団系をはじめ、黄埔系、復興社系、政学系、朱家驊派、孫科派、桂系（広西派）等々の国民党派閥が存在した。旧三青団系は、黄埔系・復興社系の立法委員とともに院内会派として「新政倶楽部」を、他方においてCC系は最大会派となる「革新倶楽部」を立ち上げ、新政倶楽部は他の国民党諸会派（派閥）と連携しながら重要議案が提出される度に革新倶楽部と激しく対立した。新政倶楽部は二〇〇名前後の勢力を擁し、対する革新倶楽部は二〇〇名から三〇〇名余りの威勢を誇ったという。[*12] こうしたなかで、蒋介石・国民党中央は派閥抗争を制御することができず、立法院内部の国民党籍立法委員をコントロールすることも極めて困難となっていた。四七年憲法体制の下、立憲的議会としてスタートした立法院は、国民党が圧倒的に優位であるとはいえ、総統・行政院に従属してしまうとは必ずしも言い切れない状況にあったのである。

中華民国憲法が立法院に認めた主要な権限は、法律・予算・戒厳・大赦・宣戦・講和・条約各案、及びその他国家重要事項の議決権（第六三条）[*13]、行政院院長任命に対する同意権（第五五条）、行政院による施政方針・施政報告の聴取・質詢権、総統・行政院の再議案件に対する決議権（第五七条）、総統が宣布する戒厳令と緊急命令の追認権（第三九・第四三条）等々であった。議席の構成において以上のように特異な状況下に置かれた立法院が、これらの権限を首尾よく運用して総統・行政院と対峙することができたのか否か、本章における考察の焦点は何よりもそこに置かれるであろう。

以下では、上に述べた具体的な課題に迫る前提として、立法院の会期や議事運営について整理しておこう。立法院の会期は一年に二回（二月～五月末と九月～一二月末）であり、必要があれば会期の延長が認められた（憲法第六八条）。また、総統の要請あるいは立法委員四分の一以上の請求によって、臨時会議を召集することもできた（同第六九条）。立法院は、一九四八年五月の開院から翌一九四九年六月までの間に三会期計九二回の「立法院会議」（本会議に該当する。以下「院会」と略）を開いている。第一会期は一九四八年五月一八日から七月二四日までで、その間に一般会議二二回、秘密会議六回、臨時会議一回（計二九回）が、第二会期は一九四八年九月七日から一二月三一日までで一般会議三四回、秘密会議三回（計三七回）が、そして第三会期は一九四九年二月二八日から六月三日までで一般会議二五回、臨時会議一回（計二六回）が、それぞれ開かれた。このうち、第三会期の四九年四月二二日には国共和平交渉の決裂にともなって立法院が停会し、それ以降は広州に移動して開会せざるを得なくなっている。[*14] 本章が分析の対象とするのは、国共両党の和平交渉が決裂するまで立法院が南京で活動した時期（一九四八年五月一八日～四九年四月二二日）である。

院会の定足数は、一九四七年三月三一日に公布された「立法院組織法」の規定によれば立法委員総数の三分の一以上であった（第八条）。ただし、同年一二月二三日には立法委員総数の五分の一以上へと修正されて議事開始の条件がより緩やかとなり、それは翌四八年五月八日に「立法院組織法」が施行されたときも維持されていた。[*15] この定足数については、革新倶楽部所属の立法委員で法学者でもあった陳茹玄が、以下のような危惧を表明している。彼は、法律・予算案等の議決や行政院院長任命に対する同意権の行使、行政院の重要政策に対する反対決議など出席立法委員の過半数で成立する案件は、三分の一の定足数に照らすと全体委員の六分の一が連携すれば可決することが可能になる、さらに総統が認可する行政院再議案件についても、否決に必要な出席委員三分の二以上の多数という条件に照らすと、全体委員の四分の一の同意で行政院を随意に改組し、いかなる法律や決議も行政院に強制することが可能になると批判したのである。[*16]

定足数が立法委員総数の五分の一以上に修正された理由は不明であるが、それはこうした陳茹玄の不安をより掻き立てるのに十分であったろう。確かに彼の危惧は極端な場合を想定したものではあったが、その背後には「我が国の現在の政党組織はいまだ健全ではない。往々にして一党の内に派閥が非常に多くなり、意見が錯雑して党の党員に対する統制も困難を感じる」という現状認識があった。この現状認識は、明らかに上述した立法院における国民党の派閥対立を念頭に置いたものであったといえよう。「立法院組織法」は、三〇名以上の連署を法律案提出の条件としていたから（第一三条、同法修正後は第一五条）、個々の立法委員の離合集散や院内各会派（派閥）の動き次第によっては、相対的少数の利害が立法院の議決する法律となって総統・行政院の行為を制約しかねない、という不安が陳茹玄の批判の根底にあったのである。

なお、「立法院組織法」第八条によれば、立法院には各種の委員会が設置され、政府機関が提出する議案はまず関連委員会が審査し、その審査結果が院会に報告され審議に付される（必要な場合、院会で直接審議することもできた）。これに対して、立法委員が提出する議案は委員会を経由せず院会に提出され審議されることになっていた。各委員会は立法委員三九～六九名で組織され、開院当初は内政及び地方自治、外交、国防、経済及び資源、財政金融、予算、教育文化、農林及び水利、交通、社会、労工、地政、衛生、辺政、僑務、民法、刑法、商事法、法制など一九の委員会が置かれた（同組織法第三条・第五条）。[*17]また、これらの常設委員会のほか、行政院院長等の任命に同意を与える際の全院委員会、予算審議に当たる全院各委員会聯席会議、あるいは議事日程や議案の整理を担当する程序委員会など幾つかの特種委員会が置かれていた。[*18]

3　行政院に対する規制

立法院の執行権中枢を掣肘する議会活動のうち、まず行政院に対する規制について分析することにしよう。以下では、前章の説明と重複するところもあるが、立法院が行政院の活動を掣肘する権限について改めて振り返り、それを踏まえて立法院の具体的な議会活動の展開を論じていきたい。

(1)　同意権問題

最初に指摘すべきは、「行政院院長は総統がこれを指名し立法院の同意をへて任命する」という憲法第五五条に規定された行政院院長任命に対する同意権であろう。この同意権によって、行政院は立法院に責任を負うことになるが、それを具体的に規定したのが第五七条である。同条では、行政院は立法院に対して施政方針と施政報告を提出することが義務づけられ（第一項）、他方、行政院の立法院に対する再議請求の規定によって両院の権力上の相互牽制が図られている（第二・第三項）。前章で明らかにしたように、中華民国憲法は通常の議院内閣制下における国会の不信任決議権と内閣の解散権を認めなかったが、その代わりに立法権と行政権との相互牽制は、以下に述べるような行政院の立法院に対する再議請求の規定によって担保されていた。

すなわち、立法院が行政院の重要政策に反対した場合、あるいは行政院が立法院の可決した法律・予算・条約案に不服の場合、行政院は総統の裁可を得て立法院に停止的拒否権（再議権）を発動することができ、他方、立法院は出席委員三分の二以上の多数によって再議を否決し、行政院長を原案の受諾か辞職に追いやることができた。ただし、「出席委員三分の二以上」という立法院の再議否決の要件は確かに厳しいものがあり、制度上において総統・行政院が有利であることは否めなかった。問題は、戦時体制の強化に傾斜する総統・行政院が、立法院に対して再議権を実際に発動しなければならない状況が生じたか否かという点であろう。

さて、行政院院長任命の同意権をめぐる問題は、立法院の正式開院に先立つ一九四八年五月の予備会議において、「立法院議事規則」が審議されるなかで早くも表面化した。上述のように、憲法上の同意権に関する規定はごく簡単なものに過ぎなかった。ところが、立法院予備会議が組織した議事規則起草委員会の審議の過程で、行政院院長の任命に同意を与える条件を具体的に規定し、しかも同意条件のハードルを高く設定して、行政院に対する規制力を強化しようとする案が浮上したのである。

起草委員会の審議に加わった立法委員のなかには、行政院院長任命に対する同意権は全院委員会の審査と院会の投票によって行使し[*19]、同意の条件として、①院長候補者の施政方針と閣僚の人選に関する意見を聴取する（甲案）、②院長候補者の施政方針に関する意見の聴取は必要だが、閣僚の人選は行政院院長の責任であるから意見を提出させるに及ばない（乙案）、③憲法第五五条に同意権に関する具体的な規定がない以上、院長候補者の施政方針と閣僚の人選に関する意見を同意の条件にする必要はない（丙案）、という三つの考え方が存在した。さらに、この三案に加えて④丙案と同じく同意の条件をつける必要なく、また同意権の行使は院会の投票だけで十分である（丁案）、と主張する委員もいた。五月一五日の起草委員会では、この四案をめぐり激論が交わされたが決着がつかず、その結果、これらの主張を院会に提出して最終決定することとなった[*20]。

「甲案」のように、行政院院長同意の条件を極めて厳しく設定する案が立法院のなかで一定の支持を得たのは、起草委員の一人朱恵清（派閥は桂系[*21]）が「臨時条款の成立によって立法院の権力はほぼ剥奪されてしまった。現在残っているこの同意権を皆が適切に運用するよう希望する」と発言していたように、臨時条款の制定によって立法院の地位が低下してしまったという危機感があった[*22]。また、『大公報』の社説が「中国幾千年来の政府は拘束を受けないことに全く慣れ切っている」とした上で、同意権が行政権の専断を防止する「最も有効な民主的方法」であると評価していたように、[*23]世論の動向も総じて同意権行使の条件を厳しくすることには同情的だったように思われる。

同意権行使の条件として、総統が指名した行政院院長候補の施政方針意見を聴取できるようになると、立法院が総統の指名に不服の場合は政策内容の不備を理由に同意を与えなければよく、仮に同意を与えたとしても、それは施政方針の内容に同意を与えたことになるため、立法院はその後の行政院の活動を強い規制下に置くことが可能となる。したがって、上記の「乙案」が選択されても立法院の行政院に対する制約は強力なものになるが、さらに加えて「甲案」のように閣僚の人選に関する意見まで聴取できるようになれば、民国初年における臨時参議院の「議会専制」さながらに、立法院は政府の首班・閣僚人事まで実質的に支配することが可能となってくる。

この点について『中央日報（南京版）』の社説は、民国初年の「臨時約法」が議会に閣僚に対する同意権と罷免権を与えたのは議会政治上の重大な欠陥であったと指摘し、「今日の憲法が臨時約法の轍を踏んでいない以上、われわれは何ゆえわざわざ立法院に民初国会の轍を歩ませる必要があるのだろうか」と、繰り返し警告を発していた。[*24]

五月一八日の第一次院会でも、先に述べた四種類の主張をめぐって議論が紛糾したが、行政院院長の指名と任命に支障を来すことを恐れた蔣介石は、第二次院会が開催される二〇日の午前に宴席を設け、国民党籍立法委員に対して、条件を付さずもっとも簡略に総統指名候補に同意を与えることができる「丁案」を選ぶよう要請した。蔣介石は「もし〔行政院に対する立法院の〕制約があまりに厳しかったら誰も行政院長になろうとしないだろう。憲法を実施している今、憲法違反を犯すべきではない」とも語ったという。ところが、同日の午後に開かれた院会では、同意権の行使に当たり「全院委員会議が必要と認めれば、本院は指名された者に対して施政意見の提出を通知するよう総統に要請できる」という、「乙案」をベースとしながら「丙案」・「丁案」にも配慮した折衷案が出席委員五〇五名中三〇六名の多数で可決されたのである。ある立法委員は、この最終結果について、「これは〔総統に対する〕われわれの譲歩だ」とうそぶいたといわれる。[25] 立法院の本当の意思は、もっとも厳しい同意条件を付けた「甲案」にあったと言わんばかりの言葉である。

ちなみに、この票決における「甲案」の賛成者は九四名であったから、[26] 第一次院会出席委員のほぼ八割（四〇〇名）が、同意権の行使によって立法院の行政院に対する規制力を強化する案に賛成していたことになる。この後、蔣介石は国民党籍立法委員に対して行政院院長候補として意中の張群を打診するがCC系立法委員の反発によって一蹴され、その後も人選に難渋した挙げ句、資源委員会主任委員であった翁文灝を指名して、ようやく立法院の同意を得ることに成功する。[27]

(2) 施政報告の聴取と質詢

ところで、総統の行政院院長の指名に同意した後、立法院が行政院の政策執行を監視する手段としては、憲法第五七条が定める行政院の施政方針・施政報告の聴取があった。先に触れた「立法院議事規則」の第九章も、行政院の院長・各部会長等による報告の聴取と質詢について、①行政院は「随時、本院会議に対して施政方針及び施政報告を提出しなければならない」こと、②立法委員の質詢は書面による提出のほか、行政院の報告の際に即席で提出することも可能なこと、③行政院は国防外交上の秘密に関わる以外の質詢に対して回答を拒否することができないこと、等々の詳細な規定を設けていた。[28]

ここで注目されるのは、金紹先（革新俱楽部）ら一一五名の立法委員が、行政院の判断や立法院の要請により臨時・個別に提出される施政方針・報告を、各会期の当初に「定期報告」として定例化する議案を提出していたことである。[29] 第二会期第八次院会（一九四八年一〇月五日）に提出された同議案は、第一会期における行政院の報告が、同意権行使後の翁文灝行政院院長による施政方針演説や財政・国防部長による物価・軍事等の専門報告に限られていたことを踏まえ、行政院の定期報告が提出されなかったら、立法院は「人民を代表して政府を監督する」責任を果たせなくなると主張していた。その上で、①毎会期開始後一ヶ月以内に「行政院及びその各部会」は、各々書面ないし口頭で施政報告を提出しなければならない（口頭報告は書面報告の補充説明に限る）、②書面報告は上半年度の施政上の成果と下半年度の重要施政計画を包括しなければならない、③「各部会の報告」は立法院の方針決定と予算審査の参考とする、等々の具体的方法を提起していた。

同議案は、院内委員会の一つである程序委員会によって「立法院定期聴取行政院施政報告及質詢辦法」に整理されたが、第一一次院会において継続審議となった後、最後は第一二次院会で程序委員会の上記「辦法」が取り消され、金紹先らが提出した原案をそのまま採択する形で決着を見た。[*30] だが、一〇月二〇日付けで送付されたこの可決案に対して、行政院の対応は極めて冷淡であった。行政院は、「施政成果」については年度終了時に提出するとしたものの、第二会期に提出すべき「下半年度施政計画」は六月二九日に提出した「下半年度総予算案」とともに送付済みであり、「下半年度施政方針」も行政院長翁文灝が就任時に口頭で報告してある、とすげなく回答したに過ぎなかった。[*31] 明らかに行政院は、各部会まで含めた施政報告の提出を定期的に義務づけられることによって、政策執行が立法院に強く拘束されることを嫌ったのである。

(3) 行政院の再議をめぐる攻防

次に、行政院の停止的拒否権（再議権）をめぐる攻防について紹介してみよう。

すでに指摘しておいたように、行政院と立法院との相互牽制を担保するのは憲法第五七条の再議権をめぐる規定であったが、行政院が総統の裁可を得て立法院に突きつけた再議請求は、南京時代の立法院において四件ほど検出することができる。すなわち、①「省政府組織法修正案」に対する再議（一九四八年一二月三日、第二会期第二五次院会）、

②「臨時財産税条例」に対する再議（同年一二月一〇日、第二七次院会）、③「審計部組織法」「審計処室組織条例」をめぐる再議（一九四九年三月二五日、第三会期第八次院会）、及び④「修正郷鎮民代表選挙条例」をめぐる再議（同上）の四件である。[*32]それらのうち、ここでは〈戦時体制と民主体制との二重性〉という本章の視点に関わる「省政府組織法修正案」と「臨時財産税条例」に対する行政院の再議を取り上げてみよう。

行政院が立法院に提出した「省政府組織法修正案」は、「戡乱建国工作を強化し実際の需要に適応する」ため、日中戦争中の一九四四年に公布された「修正省政府組織法」に部分的な修正を試みたものだった。[*33]ところが、同案を合同審査した法制、内政及び地方自治の両委員会は、その修正案に対して二点にわたり重大な変更を加えたのである。一つは、四四年公布の旧組織法が七名～一一名としていた省政府委員の定員を行政院が七名～一五名に増員したことに対してであり、合同審査案はこれを旧組織法が定める定員に再修正した。今一つは、省政府及び省政府主管官庁が管轄する「専管機関」をめぐってであり、行政院の修正案が「省政府は必要な時に専管機関を設置できる」としたことに対し、合同審査案はここでも旧組織法の条文を復活させ、「省政府は必要なときに行政院より提案し立法院の議決をへて専管機関を設置できる」と再修正したのである。[*34]

この合同審査案は、一九四八年一一月九日の第一八次院会に提出され、出席委員全体の賛成によって可決された。[*35]戦時中に公布された旧組織法の条文を復活させたといっても、立法院の性格は当時の政府「治権」機関から「国会」へと根本的に変化している。そのため、とりわけ後者の条文の再修正がもつ意味――省政府の「専管機関」設置にいちいち国会の同意が必須となる政治的重み――は、共産党との内戦下において機動的な行政対応が求められる行政院にとっては全く異なってくる。

当然のことながら、行政院は立法院による再修正に納得しなかった。一二月三日の第二五次院会に上程された再議案では、①すでに安徽・湖北・四川等の各省で省政府委員の人数は一一名を超過しているが、現今の状況下では削減が困難なこと、②「専管機関」の設置に立法院の決議が必要となると、事実上、現行省政府の機構改編は全て立法院に審議を要請しなければならなくなるが、そうした手続きは「省県自治通則が制定されようとする過渡期で、しかも戡乱軍事が非常に緊張している」現在の情勢下において適当ではないことを指摘して、行政院が提出した原修正案の妥当性を訴えていた。[*36]

行政院の再議案は、同院会で改めて法制、内政及び地方自治両委員会の合同審査に付すことが決まったが、立法院の会議録からは合同審査の結果報告を確認できず、その後の詳しい経緯は明らかにすることができない。ただし、一九四九年四月五日の第三会期第一一次院会で審議された「簡化省級行政機構案」の審査報告を見ると、立法院の合同審査が行政院の再議を拒否する方向で進められたであろうことが推測できる。なぜなら、「簡化省級行政機構案」審査報告のなかでは、一九四八年一一月の第二会期第一八次院会を通過した行政院修正案に対する再修正内容、すなわち省政府が「専管機関」を設置する際に立法院の議決を必要とする方針が依然として堅持されていたからである。[*37]

一方、「臨時財産税条例」に対する再議は、立法院が議員立法により可決した同条例に対し、財政部が行政院を通じて実施上・技術上の不備を訴えたものである。同条例案は、劉不同（新政倶楽部）ら四九名の提議になり、第一会期第八次院会（一九四八年六月八日）に上程されていた。[*38] 彼らの提案目的は、抗戦開始以降における貧富の格差の増大に鑑み、「富を蓄えながら国家に対して少しも負担していない」者に応分の負担を強いることにあった。その背後には、「豪門資本」――「統制集団の成員で統制力を利用して財を蓄積している者」や「軍閥官僚あるいは党官僚ではないものの統制集団と結託して富を蓄積している者」――に対する強い反感があったことが窺える。[*39] この臨時財産税の徴収に対しては、当然のことながら上海をはじめとする全国商工業界の反発が強く、また立法委員の間でも徴収の是非をめぐって議論が紛糾した。[*40] そのため、委員会・院会の審議も長びき、最終的に財政金融委員会の起草した条例案が通過したのは、第二会期第一八次院会（一一月九日）でのことだった。[*41]

一一月二四日に行政院へ送付された「臨時財産税条例」の決議案に対して、行政院は翌一二月の四日に再議案を提出した。同条例の内容を検討した財政部は、財産税の徴収は収支の平衡・戡乱経費の充実・財富の平均等にとって良策であると認めつつも、①課税対象となる動産・不動産（土地・家屋・金銀・外貨・貯蓄・証券・貨物・交通手段など）は、すでに重税が課されているか、あるいは実態の調査・把握が困難なこと、②財産登記が統一的に処理されていないため納税申告の評価が容易でないこと、③国外の財産に課税することは外交上の十分な準備がなければ実効性がないこと、など実施上・技術上の問題点を逐一指摘し、その上で再議の理由を「現今の軍事が緊張し社会が動揺している際」に性急に財産税を徴収することは妥当でないと説明していた。[*42]

「臨時財産税条例」は立法委員が提議した議員立法であっただけに、恐らく以上のような財政部の指摘は専門的な見地からの真っ当な批判であっただろう。第二七次院会（一二月一〇日）に上程された同再議案は、再び財政金融委員会の審査に回され、翌一九四九年四月には行政院に対し改めて再議案について説明を求めることが同委員会から報告されている。しかしながら、南京から立法院が退避するまでに、その審査報告が院会で審議された形跡は確認できない。[*43]

結局、内戦の戦局悪化、共産党との和平交渉の決裂へと情勢が推移するなかで、以上に紹介した「省政府組織法修正案」と「臨時財産税条例」に関する行政院の再議案は、委員会の審査に回付されたものの院会で審議されるには至らなかった（残り二件の再議案も同様）。そのため、再議権の行使が総統・行政院と立法院の相互牽制に対してもった現実的な機能は、完結した形で確認することができない。ただし、ここで注意しておくべきは、どちらの再議案においても、戦時の状況に機動的に対処できない、あるいは軍事的緊張下に即時実施は困難であるというように、行政院が戦時体制を踏まえた執行の是非という観点から再議の理由を説明していたことであろう。再議をめぐる立法院と行政院の攻防は、「行憲」と「戡乱」との緊張関係を如実に映し出していたのである。

(4) 行政院提出議案の差し戻し

次に紹介するのは、立法院が行政院の提出議案を差し戻した事例である。この問題については、①「編列戡乱建国動員委員会予算案」(一九四八年七月二一日、第一会期第四次秘密会議)、②「改編三七年下半年度中央政府総予算案」(同年一〇月八日、第二会期第九次院会)、及び③「各級文武公教人員待遇改善辦法案」(同年一一月三〇日、第二会期第二四次院会)に対する差し戻しが、本章の視点に関わる事例として確認できる。

①は、すでに一九四八年下半年度総予算案が立法院で審議中であるにもかかわらず、蔣介石の指示に基づいて行政院が戡乱建国動員委員会の予算案を総予算案に繰り込むよう要請したのに対し、立法院が同委員会には法律上の根拠がないとして繰り入れを拒否して差し戻したもの、[*44]②は一度立法院を通過し「法律案」となった同総予算案を行政院が変更して再度提出するのは憲法違反であるという理由から、[*45]そして③は立法院が可決した公務員・教職員待遇改善の方策に行政院が不満であったにもかかわらず、それを勝手に改変し別の改善方策として新たに議案提出してきたことが憲法違反であるという理由から、[*46]それぞれ審議を拒否して差し戻したものである。

以上の三つの案件のうち、とくに③は、行政院が立法院の議決案を執行困難と判断した際、本来とるべき再議権の行使を嫌ったという点で興味深い。立法院が憲法違反を理由に同案件を差し戻したのも、この再議請求の回避という点を突いていたのである。文武公務員の待遇改善は、戦時体制下における行政・軍事効率の水準維持、ひいては「戡乱」という目標の達成に深刻な影響を及ぼす問題であった。[*47]恐らく、極度のインフレが急激に進むなかで公務員・教職員の待遇改善を迫られていた行政院としては、憲法の規定に沿った再議権の発動を回避することにより、政策執行の遅滞を少しでも避け事態の変動に即応していこうと考えたに違いない。それが、「行憲」(憲法規定)を楯にとった立法院によって門前払いを食わされたわけである。

このような対立が高じた結果として、第三会期になると、鉄道運賃、郵便・電信費の引き上げを求めた行政院の提出議案を立法院が審議中であるにもかかわらず、交通部が勝手に運賃・費用の引き上げを実施し、そのため立法院と行政院・交通部が厳しく対立するという事態さえ起きるようになった。[*48]

以上のような立法院の活動は、戦時下の情勢変化に対応するため機動的に政策を決定し執行に移したい行政院にとって、一定の桎梏になっていたというべきだろう。しかも、ここまで紹介してきた案件は、何れも戦局が国民党にとって悪化していく肝心な時期に審議されていたのである。一九四九年一月二一日に蔣介石総統が「引退」を表明した後、共産党との和平交渉の気運が高まるなか、立法院は広州に避難して政局への対応に及び腰だった行政院院長の孫科を辞職に追いやり、三月一二日には李宗仁代理総統が指名した何応欽の行政院院長任命に同意した。だが、国民党にとって挙国一致の体制が望まれるこの局面においても、立法院が追求しようとしたのは「立法権の優越」、すなわち行政院の政策執行を立法院の完全な統制下に置くことであった。

たとえば、何応欽の行政院院長任命に同意する以前から立法院で検討されていた「政治改革綱要」案には、「行政院は名実相ともなった責任内閣として立法院に対し適切に責任を負うべきであり、全ての政策と重要措置は必ず立法院の議決をまって執行しなければならない」という文言が真っ先に掲げられていた。[*49]この「政治改革綱要」案は、何応欽の施政方針の審査と併せて討議することになっていた。三月三〇日に行われた何の施政方針演説に際して質疑に立った張慶楨（新政倶楽部）は、行政院が立法院の決議や立法手続きを無視しがちであった点を難詰し、「とりわけ国計民生に関わる重大な事業については必ず立法院で十分に協議すべきであり、決して「臨時条款」を用いて倉卒に公布してはならない」と釘を刺していたのである。[*50]

4 総統権に対する規制

次に、総統権に対する立法院の掣肘に眼を転じてみよう。総統は、法律の公布と命令の発布に立法院の議決と行政院院長の副署等が必要であったことからも窺えるように（憲法第三七条）、職権の多くを単独で行使することができなかったが、ここではとくに国共内戦という状況下で重要な意味を持つであろう戒厳権（同第三九条）と緊急命令権（第四三条）について述べておきたい。まず戒厳権について見ると、総統は戒厳令の宣布に際して立法院の承認または追認を必要とする点、また立法院が決議により戒厳令の解除を請求できる点で、憲法上は立法院の実質的な掣肘下に置かれていた。他方、緊急命令権についても、その発動は立法院の休会中に限定され、しかも行政院会議の決議を得た上で一ヶ月以内に立法院に追認を求めなければならなかった。もし、立法院が追認を拒否した場合、この緊急命令は直ちに失効するのである。

一方、臨時条款に基づいて総統が発動する緊急処分権は、以上のような戒厳令と緊急命令権に関する立法院の拘束を全く受けなかった。だが、立法院は憲法第五七条が規定する行政院の重要政策に反対した場合の手続きによって、緊急処分を変更・廃止することが可能であり（ただし再議権について述べたように、この掣肘力は弱体であった）、また「動員戡乱時期」の終止については、臨時条款において「総統により宣告するか、あるいは立法院が総統に請求してこれを宣告する」と規定されていた。問題は、「戡乱」（戦時体制）と「行憲」（民主体制）がせめぎ合うなかで、総統が行使する戒厳令・緊急命令・緊急処分に対して、立法院の規制力が現実の政治の場でどれほど機能したのかという点にあった。このうち、以下において取り上げるのは、戒厳令に対する追認と臨時条款及びその適用による緊急処分への対応である。

図表 10　立法院による戒厳令の追認（全て 1948 年）

戒厳地域	宣布日時	総統咨日時	追認日時	備考
①河南省全域	2 月 29 日	12 月 28 日	12 月 30 日・31 日	
②甘粛天水・西峯鎮等	4 月 28 日，4 月 30 日	?	6 月 29 日	
③四川広元	4 月 29 日	7 月 1 日	7 月 24 日	
④青島周辺	6 月 20 日	11 月 22 日	11 月 26 日	
⑤北平	7 月 5 日	7 月 26 日	9 月 14 日	追認拒否
⑥済南・第二綏靖区	8 月 5 日	9 月 13 日	?	
⑦江蘇鎮江	10 月 15 日	12 月 28 日	12 月 30 日・31 日	
⑧首都衛戍区	11 月 10 日	12 月 3 日	12 月 10 日	
⑨衢州綏靖区	同上	12 月 4 日	同上	
⑩上海	11 月 11 日	12 月 6 日	同上	
⑪蕪湖指揮所轄区・江寧東流間江面	11 月 12 日	12 月 10 日	12 月 17 日	
⑫湖北大冶県	同上	12 月 28 日	12 月 30 日・31 日	
⑬天津・塘沽・唐山等	同上	同上	同上	
⑭武漢三鎮・水上地区	12 月 8 日	同上	同上	
⑮全国各省市	12 月 10 日	—	—	臨時条款適用

典拠：『国民政府立法院会議録』第 28 ～ 35 冊の各会議議事録，議事日程より検出．
註：「総統咨日時」とは，総統より立法院に追認要請がなされた日時．

(1) 戒厳令の追認

まず、戒厳令について見よう。立法院の正式開院以前に宣布されたものを含め、立法院で審議された戒厳令は図表10に掲げた一四件である。最後に掲げた⑮全国各省市（新疆・西康・青海・台湾・チベットを除く）に対する戒厳令は、[*51]臨時条款の適用によって宣布されたものであるため、立法院は総統よりの報告を聴取するだけで追認の対象とはなっていない。

通常、戒厳令は現地の最高軍事責任者によって宣布され、行政院会議に報告して裁可を得た後、やっと総統に状況が報告される。総統は、この行政院会議の決議を受けて立法院に追認を要請するのであって、現地における戒厳令の宣布とともに直ちに立法院に追認を要請するわけではない。立法院が開院する前の一九四八年五月一九日に公布された「戒厳法」でも、総統は現地の戒厳令宣布から一ヵ月以内に追認案を提出すればよく、立法院が休会中の場合は審議の再開をまって提出すればよいことになっていた。[*52]つまり、立法院で戒厳令の追認が審議されるまでにはかなりの時日を要することになり、図表10からも読み取れるように、戒厳が宣布されてから追認までに一ヶ月以上（長くなると数ヶ月以上）の間隔が空いてしまう場合も出てくる。したがって、立法院は戒厳令が不当な理由に基づいていたと判断しても直ちに停止することは困難であり、総統権に対する実際の掣肘力には一定の限界があったといわなければならない。

だが、以上の点を踏まえた上で指摘すべきことは、一九四八年七月五日に発動された北平の戒厳令（図表10の⑤）に対して立法院が追認を拒否したという事実である。華北剿匪総司令傅作義が宣布したこの戒厳令は、東北流亡学生の北平市参議会に対する請願を、同市の治安当局が弾圧した「七五事件」に端を発している。この戒厳令を行政院会議が裁可したのは宣布から二週間を経過した七月一九日、蔣介石が立法院に追認案を送付したのは同院が第一会期を終えてすでに休会期間に入っていた同月二六日のことであった[*53]。したがって、立法院による追認の審議は第二会期が始まった九月七日以降にずれ込まざるを得ず、戒厳令宣布から実に二ヶ月以上が過ぎていた。だが、同月一四日に開かれた第二次院会では、追認の拒否に慎重な姿勢を示す立法委員がいたものの、最終的には出席委員三〇六名中、追認賛成がわずか三名という圧倒的多数で追認案は否決された[*54]。

国共内戦の最中であるため、立法院は他の戒厳案を尽く追認しているが、この度の追認拒否は立法院が無条件に戒厳令の頻繁な発動を許していたわけではないことを示していた。ただし、総統・行政院は、立法院によって北平の戒厳令が無効であると宣告されたにもかかわらず、同地の戒厳を解こうとはしなかった[*55]。

(2) 動員戡乱時期臨時条款をめぐって

次に臨時条款に眼を向けてみよう。すでに確認したように、臨時条款によって発動される緊急処分は憲法第三九条（戒厳令）と第四三条（緊急命令）が規定する立法院の拘束を受けなかったが、立法院は行政院の再議請求に関わる憲法第五七条（出席立法委員三分の二以上の賛成）の規定を適用して緊急処分の変更を行政院に対して求めることができた。ちなみに、四七年憲法体制下において臨時条款を適用した緊急処分は、蔣介石が二回（一九四八年八月の財政経済緊急処分と同年一二月の全国各省市戒厳）、代理総統となった李宗仁が一回（一九四九年二月の財政金融改革案）ほど発動している。[*56]

立法院は、このうち李宗仁の財政金融改革案について、一九四九年三月二五日の第三会期第八次院会で憲法第五七条を適用して内容の変更を求める決議を採択しているが、[*57]その後の事実経過は明らかではない。恐らく、共産党との和平交渉が決裂へと向かう政局のなかで有耶無耶になったのではないかと思われる。だが、臨時条款に関してむしろ注目しておきたいのは、第三会期の立法院において同条款自体の停止を求める議案が提出され、院内で激論を呼び起こしていたことである。

金紹先（革新俱楽部）ら四六名の立法委員によって提出されたその提議案は、臨時条款の規定に照らして、即刻「動員戡乱時期」の終止と臨時条款の適用停止を決議するよう求め、以下のように提案理由を説明していた。

動員戡乱時期臨時条款は、わずか数語の特別規定で憲法の全精神を動揺させるものであり、本来、正常な民主憲政国家が採用するところのものではない。また、同条款は動員戡乱のために設けられたものであり、国を挙げて人民が和平を希求し、政府もまた最高の誠意と最大の決心をもって和平をめざし努力しているときに、なお同条款を適用し続けたら、「動員戡乱」が依然として当面の国策なのだと誤解を与え、和平の障害となってしまう。[*58]

金紹先らの提案をめぐっては、一九四九年三月一八日の第六次院会と二三日の審査小組会において、賛成・反対両派の間で激しい応酬のあったことが『大公報』の報道から確認できる。この提案は、審査小組会で原案を維持し院会に提出することが可決されたものの、[*59]四月一日の第一〇次院会では、情勢の変動に対応することを理由に「動員戡乱時期」の終止に反対する立法委員と、原案通りの通過を主張する委員との間で決着がつかず、結局、改めて審査をやり直すことが決定された。[*60]しかし、李宗仁の緊急処分令に変更を求めた決議と同様、この提案についても、史料の上でその後の経緯を明らかにすることはできない。恐らく、四月二〇日の国共和平交渉の決裂、二二日の立法院の停会と広州退避へと政局が推移するなかで、やはりこの提案も審議が棚上げされたと思われる。

金紹先らの提案には、確かに国共和平交渉を少しでも有利に運ぼうとする思惑が作用していたであろう。しかし、提案に賛成した立法委員の以下のような発言――「臨時条款は憲政理論上において非民主的である」(金紹先)、「臨時条款は憲法の宮刑に等しい」(宋述樵、革新倶楽部)、「我々が今明確にすべきことは、結局は民主か独裁かであり、民主の看板を掲げながら実際には独裁を行うことであってはならない」(劉錫五、中社)[*61]等々が示すように[*62]、「憲政」擁護の原則的な立場から臨時条款を批判する観点が、立法委員の間で共有されていたことは見過ごすべきではないだろう。そうであるからこそ、激論の末、一度は審査小組会で金紹先等の提案が原案のまま可決されたのである。

5 小結

以上の分析から明らかなように、四七年憲法体制下の立法院は、中国の多くの研究が主張するように総統・行政院に従属した無力な国会ではなかった。むしろ、行政権に対する制度的な規制がそれなりに機能していたがゆえに、行政院との間に恒常的ともいえる厳しい緊張関係を生み出していたのである。そして、同意権の行使、施政報告の聴取と質詢、行政院提出議案の差し戻し、李宗仁代理総統下における何応欽行政院長への要求等々の事実が示すように、立法院には憲法を楯に総統・行政院の政策執行を立法権の下に従属させようとする志向が常に働いていたことが確認できたであろう。

しかし、国共内戦による戦時体制下において「憲政」の制度的手続きを堅持しようとする立法院の活動が、結果として国民党支配体制の凝集力を弱体化させる方向に作用したことは否めない。すなわち、行政院再議案件、立法院の差し戻し案件について紹介したように、立法院の議会活動は戦時体制ゆえに要請される執行権力の機動的な政策運営を明らかに阻害するものであった。それゆえ、総統・行政院は、北平七五戒厳令の追認や公務員・教職員待遇改善案の決議について確認したように、立法院の議決案と憲法上の立法手続きを無視ないし軽視する方向に傾きがちとなっていた。政局が共産党との和平交渉に向かおうとする最中、行政院の活動を立法院の完全な統制下に置くことを何応欽に迫ったのも、こうした状況に対する立法院の反発の現われであったといえよう。「戡乱」と「行憲」とが「各々の長所をもって互いに補い合う」という本章冒頭に掲げた『中央日報（南京版）』社説の期待は、はかない願望に過ぎなかったのである。

なお、「動員戡乱時期」の終止と臨時条款の適用停止を求めた金紹先等の議案が、一度は審査小組会を通過したという事実は、そこにたとえ和平実現に向けた政治的打算が働いていたにせよ、立法院が「憲政」の内実を担保する機能を果たしていた証左として評価しておきたい。

それでは、本章の冒頭で提示した「四七年憲法体制が現実の政治に対して有した可能性」という問いについて、私たちはいかに答えるべきなのだろうか。第Ⅶ章で明らかにしたように、中華民国憲法が規定する統治形態は、紛れもなく三権分立に基づく民主的形態であり、たとえ臨時条款の規定を加えても、依然として共和制の枠組みを踏み出るものではなかった。そして、本章で見た総統・行政院による立法院の法律案や立法手続きの無視・軽視という事実を、戦時体制の同時遂行という特異な政治状況がもたらした逸脱と考えるならば、平時において四七年憲法体制が稼働した場合、現実の政治は憲法及び付随する諸制度に対してより忠実な形で、立法・行政両権の相互牽制と緊張の下に展開された公算が大きいのではないだろうか。

ただし、以上の想定には二つの留保条件を付さなければならない。第一に、総統の行政院院長任命に同意する条件として、院長候補者の施政方針と閣僚人事意見が持ち出されてきたように、立法委員のなかには民国初年の臨時参議院さながらに、政府の首班・閣僚人事までコントロールしようとする「議会専制」的な志向が存在した。戦時体制の下で執拗に総統・行政院の政策運営を立法院に従属させせようとしたのも、あるいはそうした志向性が部分的に作用していたのかもしれない。

今回の「議会専制」の志向は、民国初年のように憲法規定に直接由来するのではなく、その運用レベルにおいて浮上してきたものであった。立法院は、中国の憲政史上において「議会専制」の系譜を離れ、初めて立法権と行政権の均衡の下に成立した国会であった。だが、自由主義的な制度的枠組みのなかで組織された立法院といえども、憲法運用のレベルでは「議会専制」の志向から完全に自由ではあり得なかったのである。前章で指摘したように、中華民国憲法における立法権と行政権の関係は、執行権中枢の安定・強化を前提として相互の牽制と均衡を図ろうとする制度設計に基づいていた。したがって、憲法草案を起草した張君勱にとってみれば、以上のような憲法の運用実態は、恐らく自身の想定と予測をはるかに超えたものだったに違いない。

第二に、上の想定は、あくまで一九四八年から四九年における立法院の院内会派と立法委員の状況を前提にしたものだという点である。通常、執権与党が議席をほぼ独占する国会が、政府の提出する法案や政策運営に頻繁に反発する理由はないであろうし、政党政治の見地からすれば、自党の首相候補に対し同意権を行使する条件として施政方針意見や閣僚人事案の提出まで求める必要もないだろう。ところが、戦後中国における立法院と国民党はそうではなかった。本章冒頭で確認したように、四七年の選挙で選ばれた立法委員のうち、国民党籍の委員はその九〇%を優に越える絶対多数を占めたものの、その内部では旧三青団系を中心とした新政倶楽部とCC系の革新倶楽部とが熾烈な派閥抗争を繰り返し、蔣介石もその対立を制御できないほど「党」としての政治的一体感が失われていた。その上、そうした院内諸会派（派閥）もまた、内戦の趨勢が悪化し共産党との和平交渉が行き詰まりを見せるなかで、派閥構成員の票決行動に対して必ずしも強い拘束力を発揮できたわけではなかったといわれる。*63

以上のような院内会派と立法委員の状況について、国民党の機関紙『中央日報（南京版）』の社説は次のように述べていた。

今日の立法院の動向は予測する術がない。一部の人は立法院のなかに「反対党」が存在すると思っているが、実際は立法委員の誰が政府派で誰が反対派かの明確な区別はできない。……今日の立法院には個人活動があるだけで、全くどんな集団活動もないのだが、それが社会に「政府党」と「反対党」の印象を与えている。

また、立法院に対して比較的好意的であった『大公報』の社説でさえ、同院の欠点として「立法委員は各々に主張があって勝手に提案するので、〔国会としての〕力量を集中して政府を監督することができない」という点を上げ、皮肉たっぷりに以下のような立法委員の言葉を紹介している。

〔委員のなかの〕ある人は「われわれの〔行政院に対する〕質詢方法は、思い起こせば滑稽である。委員各々が登壇して行うのは〔質問ではなく〕演説であり、一人がああ言えば別の一人はこう言い、時には両者の意見が全く逆になったりする。行政院院長はいったいどちらに対して返答すべきなのだろうか」と話している。[*64]

要するに当時の立法院は、国民党が議席をほぼ独占していながら立法委員の「党」に対する帰属意識は甚だ薄く、あたかも複数の政党が与野党として分立し離合集散を繰り返しているかのような様相を呈していたのである。しかも、「個人活動」に奔り「各々の主張」に拘泥する立法委員の行動パターンが、そうした状況を一層助長していた。これを「政党政治の未成熟」と捉えることも可能だが、むしろそうした院内の状況が、行政権を規制する「国会」としての機能を活性化させていたと評価することもできるだろう。先に述べた想定は、このような立法院の状態を前提として初めて語りうる。[*65]

註

＊1 「社論／国民大会的一大成就—論動員戡乱時期臨時条款」。

＊2 『大公報』一九四八年四月一〇日「社評／假若修改憲法首先応該刪去「国民大会」一章」。

＊3 汪朝光『中華民国史』第三編第五巻（李新総編、中華書局、二〇〇〇年）六〇七〜六二一頁、鄭大華『民国思想史論』（社会科学文献出版社、二〇〇六年）四四三〜四五五頁の叙述を参照。

＊4 荆月新『一九四七年憲法体制下的中央立法権研究』（法律出版社、二〇一二年）一五三頁。

＊5 王良卿『三民主義青年団与中国国民党関係研究（一九三八—一九四九）』（近代中国出版社、一九九八年）、羅俊強「行憲第一届立法委員之研究（一九四八—一九四九）」（国立政治大学歴史系修士論文、二〇〇〇年）。

＊6 以下、同憲法については、国民大会秘書処『国民大会実録』（一九四六年）第六章所載（五五二〜五七四頁）の条文を参照した。

＊7 前掲、羅俊強「行憲第一届立法委員之研究（一九四八—一九四九）」八二〜八三頁。

＊8 彭樹勛編『中華民国行憲以来之立法院』（成文出版社、一九八六年）九七頁。なお、同書は選出された立法委員の総計を七六〇名としており、羅俊強の集計よりも一名多い。

＊9 前掲、羅俊強「行憲第一届立法委員之研究（一九四八—一九四九）」八五〜八六頁。

＊10 横山宏章『中華民国史—専制と民主の相剋』（三一書房、一九九六年）一九六〜二〇二頁、張朋園『中国民主政治的困境、一九〇九—一九四九—晩清以来歴届議会選挙述論』（聯経出版、二〇〇七年）一七八〜一八九頁、雷震著／薛化元主編『中華民国制憲史—制憲国民大会』（稲郷出版社、二〇一一年）一九一〜一九三頁などを参照。

＊11 前掲、王良卿『三民主義青年団与中国国民党関係研究（一九三八—一九四九）』三七〇〜三八三頁。立法院院長・副院長は立法委員が選挙する（憲法第六六条）。立法院開院時の一九四八年五月一七日の選挙では、院長に孫科、副院長に陳立夫が選出された。派閥間の対立で紛糾したのは副院長選挙であり、陳立夫を推すCC系と三青団系等の反CC系陣営が激しく競合した。なお、同年一二月二四日に孫科と陳立夫は行政院院長と同院政務委員に転出し、同日に童冠賢が院長に、劉健羣が副院長に選出された（童の在任は一九四九年一〇月七日まで、劉の在任は一九五〇年一二月一日まで。ただし、劉は四九年一〇月九日より代理院長）。ちなみに、立法院が台湾に移転するまでに選出された正・副院長は以上の四名であった（前掲、彭樹勛編『中華民国行憲以来之立法院』一九七〜一九八頁、二〇七頁）。

＊12 前掲、羅俊強「行憲第一届立法委員之研究（一九四八—一九四九）」九九〜一〇一頁、一〇八〜一〇九頁。

＊13 ただし、立法院は行政院が提出した予算案を議決する際、支出を増加させることは憲法によって禁じられていた（第七〇条）。

＊14 立法院の会期と開会数については、中国第二歴史檔案館編『国民政府立法院会議録』（広西師範大学出版社、二〇〇四年）第二八～第三六冊により確認した。同史料は、以下『会議録』と略す。

＊15 「国民政府令／立法院組織法」（『国民政府公報』第二七八七号、一九四七年四月一日、同第三〇一四号、一九四七年一二月二五日）、「専載／立法院組織法」（『総統府公報』第一号、一九四八年五月二〇日）。

＊16 陳茹玄「行憲後之立法院」（『東方雑誌』第四三巻一七号、一九四七年一一月）。

＊17 前掲「専載／立法院組織法」。

＊18 これらの立法院各委員会については、前掲彭樹勛『中華民国行憲以来之立法院』二三八～二五三頁が詳しい。ただし、同書の説明は台湾移転後の立法院も含めたもので、本章が対象とする南京時代の立法院に該当しない場合もある。

＊19 全院委員会は立法委員全体によって構成され、その審査結果を踏まえ院会で投票が行われる（前掲、彭樹勛『中華民国行憲以来之立法院』二四一～二四二頁）。

＊20 「立法院議事規則起草報告」（『会議録』第二八冊、一一八～一二二頁）、「立法院議事規則草案」（同上、とくに一二九～一三一頁）、『大公報』一九四八年五月一六日「議事規則起草委員会昨修正完成」。

＊21 所属する院内会派（派閥）は、前掲羅俊強「行憲第一届立法委員之研究（一九四八―一九四九）」三〇六～三三一頁に掲載された「附表五 立委所属党籍、派系概況表」による。以下、立法委員の氏名には初出の際に所属会派（派閥）を付す。

＊22 『大公報』一九四八年五月一四日「起草議事規則」。

＊23 『大公報』一九四八年五月二六日「社評／談同意権」。

＊24 『中央日報（南京版）』一九四八年五月一五日「社論／民初国会可為殷鑑」、五月二〇日「社論（二）／再論立法院的同意権」、及び五月二二日「社論／在総統大政方針之下―参論立法院的同意権」。

＊25 『大公報』一九四八年五月一九日「同意権行使問題立院昨熱烈討論」、五月二一日「立法院議事規則前文通過同意権問題折衷解決」。

＊26 前掲、羅俊強「行憲第一届立法委員之研究（一九四八―一九四九）」一一一頁。

＊27 翁文灝は、一九四八年五月二四日の投票において出席立法委員六二四名中四八九名の賛成を得た（得票率七八・三六％）。南京時代の立法院が、蒋介石総統の指名に基づく行政院院長に同意を与えたのは、このほか孫科（前立法院院長、出席委員二七五名、得票二二八票〔八二・九〇％〕、四八年一一月二六日）、何応欽（前国防部長、出席委員二四〇名、得票二〇九票〔八七・〇八％〕、四九

年三月一一日）の二名である（前掲、彭樹勛『中華民国行憲以来之立法院』三二三頁）。
＊28 『大公報』一九四八年五月二一日「議事規則第八章以下条文」。
＊29 「本院委員金紹先等一百二十五人提議為明瞭行政院及其各部会施政情形、以為本院決策之根拠、擬咨請行政院並転飭各部会向本院本会期提出施政情形之定期報告、以符憲法精神案」（『会議録』第三一冊、四二二～四二四頁）。
＊30 「第一届立法院第二会期第八次会議議事録」（『会議録』第三一冊、四三四頁）、「第十次会議議事日程」（『会議録』第三二冊、七一頁）、「第十一次会議議事録」（同上、一一一頁）、「第十二次会議議事録」（同上、一四八～一四九頁）。
＊31 「行政院函関於本会期中向本院提出施政情形之定期報告案」（『会議録』第三三冊、一五二頁）。
＊32 前掲、彭樹勛『中華民国行憲以来之立法院』四五六頁は、大陸で行政院が再議を求めたのは一九四八年の二回であると述べ、前掲荆月新『一九四七年憲法体制下的中央立法権研究』六三頁もそれを踏襲している。筆者も、かつて彭樹勛の見解に従ったことがあるが（拙稿「国民党による憲法施行体制の統治形態―孫文の統治構想、人民共和国の統治形態との対比から」久保亨編著『一九四九年前後の中国』汲古書院、二〇〇六年、所収）、ここで訂正しておきたい。
＊33 「行政院函送省政府組織法修正案請査照迅予完成立法程序案」（『会議録』第三一冊、二一～二七頁）、「行政院函送省政府組織法修正案第七条及第十四条条文請併案審議案」（同上、三一四～三一五頁）。
＊34 「本院内政及地方自治委員会法制委員会報告併案聯席審査修正省政府組織法第四条及第十四条条文案案」（『会議録』第三三冊、三九～四一頁）。
＊35 「第二会期第十八次会議（秘密会）議事録」（『会議録』第三三冊、八〇頁）。
＊36 「行政院函為省政府組織法修正案窒礙難行爰経報奉総統核可移請復議請査照復議案」（『会議録』第三三冊、三九五頁）、『大公報』一九四八年一二月四日「一件移請覆議案」。
＊37 「本院内政及地方自治委員会委員羅貢華鄭震宇黄統張明経楊雲法制委員会委員王開化宋述樵毛翼虎朱如松等報告会同審査孟委員雲橋等提議簡化省級行政機構案」（『会議録』第三五冊、二四三～二四九頁）。
＊38 「劉委員不同等提案咨請政府立即開徴臨時財産税以均平社会財富而救危亡案」（『会議録』第二八冊、二七六～二八二頁）。
＊39 『大公報』一九四八年六月一八日「財産税案初歩審査」。
＊40 前掲、羅俊強「行憲第一届立法委員之研究（一九四八―一九四九）」一二九～一三三頁、『大公報』一九四八年六月九日「徴収臨時財産税案」等の関連記事。

＊41　前掲「第二会期第十八次会議（秘密会）議事録」。
＊42　「行政院咨為臨時財産税条例案呈経総統核可移請立法院覆議請査照案」（『会議録』第三四冊、九九～一〇〇頁）。
＊43　「第二会期第二十七次会議議事録」（『会議録』第三四冊、八〇頁）、「本院財政金融委員会報告関於行政院咨請覆議臨時財産税条例一案是否仍須覆議応由院咨請行政院答復如須酌予修改或補充之処自可一併咨復本院審議案」（同上、第三五冊、三一三頁）、『大公報』一九四九年四月八日「覆議臨時財産税決先請当局説明」。
＊44　「行政院咨請編列戡乱建国動員委員会預算案」（『会議録』第三〇冊、二四四頁）、「第一会期第四次秘密会議議事録」（同上、三七〇～三七一頁）。
＊45　「第二会期第九次会議議事録」（『会議録』第三二冊、八頁）、『大公報』一九四八年一〇月九日「総預算案不応改編立法院決予退還」。
＊46　「第二会期第二十四次会議議事録」（『会議録』第三三冊、三四三頁）、『大公報』一九四八年一二月一日「立法院公教待遇案決議退還行政院」。
＊47　前掲、羅俊強「行憲第一届立法委員之研究（一九四八―一九四九）」一四一頁。
＊48　前掲、羅俊強「行憲第一届立法委員之研究（一九四八―一九四九）」一九五～一九八頁。
＊49　「本院委員鄒樹文等廿一人報告起草政治改革綱要草案案」（『会議録』第三五冊、一四八～一四九頁）。
＊50　「第三会期第十次会議議事録」（『会議録』第三五冊、一七七頁）、『大公報』一九四九年三月三一日「何応欽出席立法院報告新閣施政方針」。
＊51　「総統咨為全国各省市宣告戒厳請査照案」（『会議録』第三四冊、二三五頁）。
＊52　「国民政府令／戒厳法」（『国民政府公報』第三一三七号、一九四八年五月一九日）。
＊53　「総統咨為北平地区自徴日（七月五日）午後七時起宣告臨時戒厳請査照追認案」（『会議録』第三一冊、一七～一八頁）。
＊54　「第二会期第二次会議議事録」（『会議録』第三一冊、六頁）、『大公報』一九四八年九月一五日「北平七五戒厳案立法院不予追認」。
＊55　『大公報』一九四八年一二月二九日「社評／立法院第二会期的回顧」。また、以上の点については、前掲羅俊強「行憲第一届立法委員之研究（一九四八―一九四九）」一三六～一四一頁も参照。
＊56　『会議録』第二八～第三六冊より確認。
＊57　「第三会期第八次会議議事録」（『会議録』第三五冊、一三二～一三三頁）。
＊58　「本院委員金紹先等提議擬請院会決議咨請総統依法宣告動員戡乱時期之終止、即日停止動員戡乱時期臨時条款之適用案」（『会議

録』第三五冊、七七頁)。
＊59 『大公報』一九四九年三月一九日「臨時条款是否停止立院争弁後付審査」、三月二四日「立院小組会通過請停用臨時条款」。
＊60 『中央日報(南京版)』一九四九年四月二日「停用戡乱動員条款立院通過重付審査」。
＊61 「中社」は、CC系から分離した立法委員の会派。
＊62 註58に同じ。
＊63 前掲、羅俊強「行憲第一届立法委員之研究(一九四八―一九四九)」一四七〜一五九頁、一七一〜一八四頁。
＊64 『中央日報(南京版)』一九四八年六月一二日「社論/施政方針在立法院」、及び前掲「社評/立法院第一会期的回顧」。
＊65 念のために付言しておけば、この前提を欠くと四七年憲法体制は「総統独裁」に転落してしまう、というわけではない。共和制という同一の統治形態の下でも、議会の状況によって政治の現実的運用は変化する。前章で言及したように、フランス第五共和制下の大統領は臨時条款によって強化された中華民国の総統よりも強大な権限を有していた。だが、その権力でさえ支持勢力が議会で安定多数を占める状況に依存したものであり、議会の多数派が大統領と対立した場合や、大統領の支持勢力が議会で安定した多数派を形成できない場合は、大統領の権力は相対的に低下し、むしろ議会の機能が活性化していった。当然のことだが、支持勢力が議会で圧倒的多数を獲得し、大統領が絶大な権力を振るうようになっても、フランスが共和制の下にあることに変わりはない。事態は中国においても同様であり、立法院の状況如何によって四七年憲法体制が共和制を逸脱すると考えるのはナンセンスである。

Ⅸ　みせかけの議会専制——人民代表大会制の歴史的位相——

1　問題の所在

解放戦争は軍政時期であり、ここ数年の社会改革は訓政時期のようであったが、今や時期が成熟して憲政を実行できるようになった。

過去の国民党は長期にわたり訓政を実施したが、今や三年の準備が基本的に完成して立憲〔政治〕が始まろうとしている。〔われわれが〕本当に主人公となるのだ。

〔（〔　〕内は筆者の補足。以下、引用中の〔　〕内は同じ）〕

中華人民共和国の成立から三年余りたった一九五三年一月一三日、中央人民政府委員会は同年内の全国人民代表大会の開催と憲法制定を決議した。[*1] 上に引いた発言は、この決議を受けて、中南軍政委員会文化部副部長の許凌青（共産党）と中南人民監察委員会副主任の唐星（無党派・旧国民党将領）が交わしたやりとりである。[*2]

それにしても、共産党政権下にありながら、全国人民代表大会の召集と憲法制定を、国民党の「憲政」始動（制憲国民大会の召集と「中華民国憲法」の制定）になぞらえていることは、やや驚きではなかろうか。こうしたアナロジーは、人民共和国成立から三年余りが過ぎた当時においても、「国民党の憲政」がまだ生々しい実感をもって彼らの脳裏に焼き付いていたことを示すのかもしれない。何れにせよ、全国人民代表大会の召集と憲法の制定が、人民共和国の新たな政治段階、すなわち「共産党の憲政」開始を告げる画期として、上の二人に意識されていたことは確かであろう。

それでは、共産党の「憲政」はいかなる制度的内実をともない、孫文・国民党の「憲政」といかなる違いがあったのか。最終章となる本章では、この問題を明らかにするため、民国初年以来の憲法（草案）と議会制（構想）の展開を追跡してきた前章までの分析を踏まえ、「中華人民共和国憲法」（一九五四年九月二〇日、第一期全国人民代表大会において採択。以下、一九五四年憲法）が規定する統治形態と、全国人民代表大会（以下、全人代）を頂点とする人民代表大会制の性格を検討する。

今となっては隔世の感を禁じ得ないが、かつて人民共和国の政治体制は「民主」的なイメージをもって語られることが多かった。こうしたイメージの背景には、共産党の政権獲得を正当化する「革命史観」の影響と、「社会主義的民主」――「議行合一」の全人代を頂点とする「民主集中制」――が西欧的三権分立制よりも優越しているという考え方があった。しかし、毛沢東の「革命史観」の問題点と「社会主義的民主」の実態が様々な形で明らかとなった今日[*3]、このような捉え方はもはや完全に効力を失っている。本章で留意するのは、そうした人民共和国の統治形態と人民代表大会制の性格を、改めて三権分立の視点に立ち返って捉え直し、そこで明らかとなった制度的性格を、民国初年以来の立憲構想・議会制の展開という歴史的文脈――とりわけ、前章まで繰り返し注目してきた「議会専制」の系譜――のなかに位置づけていくことである。とくに後者の視点は、これまで歴史学の見地から一九五四年憲法と人民代表大会制を考察することが少なかっただけに重要であろう。

ここで、本論に入る前に、分析の対象となる一九五四年憲法の制定過程を概観しておこう。[*4] 既述のように、年内の全人代召集と憲法制定を決議した一九五三年一月一三日の中央人民政府委員会は、同時に毛沢東を主席とする「憲法起草委員会」と周恩来が主宰する「選挙法起草委員会」の成立を決定した。憲法起草委員会は、毛のほか共産党と民主党派の有力者を網羅する三二名からなっていた。一九五三年九月に予定された全人代の開催は、「過渡期の総路線」の方針策定に当たった毛沢東が繁忙であったこと、また自然災害や高崗・饒漱石事件が起きたために断念された。しかし、一二月になると毛は共産党内に設置された憲法起草小組のメンバー（陳伯達・胡喬木・田家英）を帯同し、憲法草案を起草するため杭州に向かった。[*5]

杭州における起草工作は一九五四年一月九日から開始された。二月一七日には最初の憲法草案の起草を終え、毛沢東は劉少奇が主宰する北京の党中央政治局に草案を提出して検討を要請した。その後、北京における討議を踏まえながら、杭州の起草小組は二回にわたり草案を練り直し（「二読稿」・「三読稿」）、結局、三月九日に提出した四回目の修正案（「四読稿」）が、中央政治局拡大会議を通過して「憲法草案初稿」となった。[*6] 杭州において具体的な起草工作は胡喬木と田家英が担当したが、「憲法起草小組の全ての工作は毛沢東自らの指導と参加の下に進められ、「憲法草案のどの一章、どの一節、どの一条についても毛主席は親しく討論に参加した」」という。また、「多くの条文は毛沢東自身が起草したもの」であったとされる。[*7] 一九五四年憲法の起草段階において、毛沢東は条文の細部に至るまで強い影響力を発揮していたといえよう。

「憲法草案初稿」は、条文等に調整が施された後、一九五四年三月二三日に共産党中央委員会から憲法起草委員会に回付された。ここまでの経緯より明らかなように、一九五四年憲法の草案は共産党単独で確定されたのである。憲法草案を受け取った憲法起草委員会は、三月二三日から六月一一日にかけて前後九回にわたる正式会議を開催したが、並行して三月三一日から人民政治協商会議全国委員会（以下、全国人民政協）の組織した憲草座談会が討論を開始した。憲草座談会は、民主党派・無党派人士・各人民団体等を母体に一七の座談小組（二～四人で構成）を組織し、四月二八日までの間に二六〇回（各組平均二〇回余り）もの討論を重ねた。また、四月から六月の間には、各省市の指導機関、各民主党派・各人民団体の地方組織と軍の指導機関も憲法草案に関する討論を展開し、さらに六月一六日から九月一一日にかけて憲法草案の「全民討論」が実施された。九月八日に開かれた憲法起草委員会第八次会議は、「全民討論」の状況を踏まえながら若干の修正を加えて憲法草案を承認し、次いで翌九日の中央人民政府委員会で憲法草案を全人代に提出することが決定された。[*8]

一方、全人代の召集に向けて、早くも一九五三年二月一一日には中央人民政府委員会で「全国人民代表大会及地方各級人民代表大会選挙法」が決定された（三月一日公布）。三月四日には中央選挙委員会より「基層選挙」（社会末端選挙区での人民による直接選挙）工作に関する指示が出され、一九五三年の下半期から全国で基層選挙が始まり、翌一九五四年五月末に完了した。[*9] さらに、同年の六月と七月に省・直轄市・自治区級の人代代表一万六六八〇名が選出された後、七月末から八月中旬にかけて各地で全人代代表選挙が行われ、全国二五省、内蒙古自治区、西蔵地方、昌都地区と一四直轄市で一一三六名を選出、それに軍人代表六〇名、国外華僑代表三〇名を加えて一二二六名の全人代代表が出揃った。[*10] かくして、一九五四年九月一五日に第一期全人代が開幕し、九月二〇日に憲法草案に関する投票が行われた結果、投票総数と同じ同意票一一九七票（満票）で一九五四年憲法が採択されるに至る。[*11]

2　一九五四年憲法と人民代表大会制

(1)　一九五四年憲法下の国家編成

以上、駆け足で一九五四年憲法の制定までを概観したが、ここからは歴史の時間を一旦引き戻して本題に入っていくことにしよう。

一九四七年元旦に中華民国憲法が公布されたことにより、立法院の下で復活した西欧的議会制であったが、国共内戦での国民党の敗退、共産党による人民共和国の建国によってそれは再度放棄された。中国議会史上、一九二四年に段祺瑞執政政府が「法統」（臨時約法）の失効を宣言したことに次ぐ二度目の放棄である（正確には、立法院を含む一九四七年憲法体制下の統治機構は、国民党とともに台湾に移転したのだが）。そして、政権を掌握した共産党が導入した新たな議会制度が、上述した経緯で成立した人民代表大会制であった。*12

一九四九年一〇月に成立した人民共和国は、一九五四年憲法の制定に至るまで、臨時憲法の役割を果たした「中国人民政治協商会議共同綱領」*13の下で、人民政治協商会議によって授権された中央人民政府委員会が独占的に行政・立法・司法の三権を掌握した。*14政治運営の組織原則である民主集中制はすでにこの時期から実施されていたが、人民代表大会が制度化されるにともない、この二つの制度が統治形態の根幹を支えることとなった。つまり、人民共和国における統治形態の性格は、民主集中制に基づく〈全人代―中央各国家機関〉の制度的構成に集約されていた。

第Ⅲ章の冒頭で指摘しておいたように、共産党にとって人民代表大会制は西欧的な三権分立と議会制民主主義の克服をめざすものであり、その点で孫文の国民大会構想と軌を一にしていた。また、議会＝全人代を統治機関の頂上に据えるという発想は、共産党の構想が孫文の構想と同じく、民国初年以来の「議会専制」の系譜、すなわち議会権力の強化を民主主義の制度的強化と同一視する立憲的志向――ないし議会の民主主義的要素の極端な強化――を究極の形で継承するものであることを示唆していた。

しかし、その一方で、孫文の〈国民大会―五権政府〉構想は制度的に具体化される上で多くの問題をはらんでいたが、〈全人代―中央各国家機関〉の制度設計は、それよりもはるかに洗練された制度的内実を備えていた。ただし、ここでいう「洗練」とは、全人代に「議会専制」的権力を余すことなく行使させる設計上の精緻さにおいてではなく、強大な権力を擬制へと変換する仕掛けの巧妙さにおいて形容し得るものであった。以下、この点を一九五四年憲法の規定に即しながら確認していくことにしよう。*15同憲法下の統治機構を図示した図表11を併せ参照されたい。

図表11　人民代表大会制下の統治機構

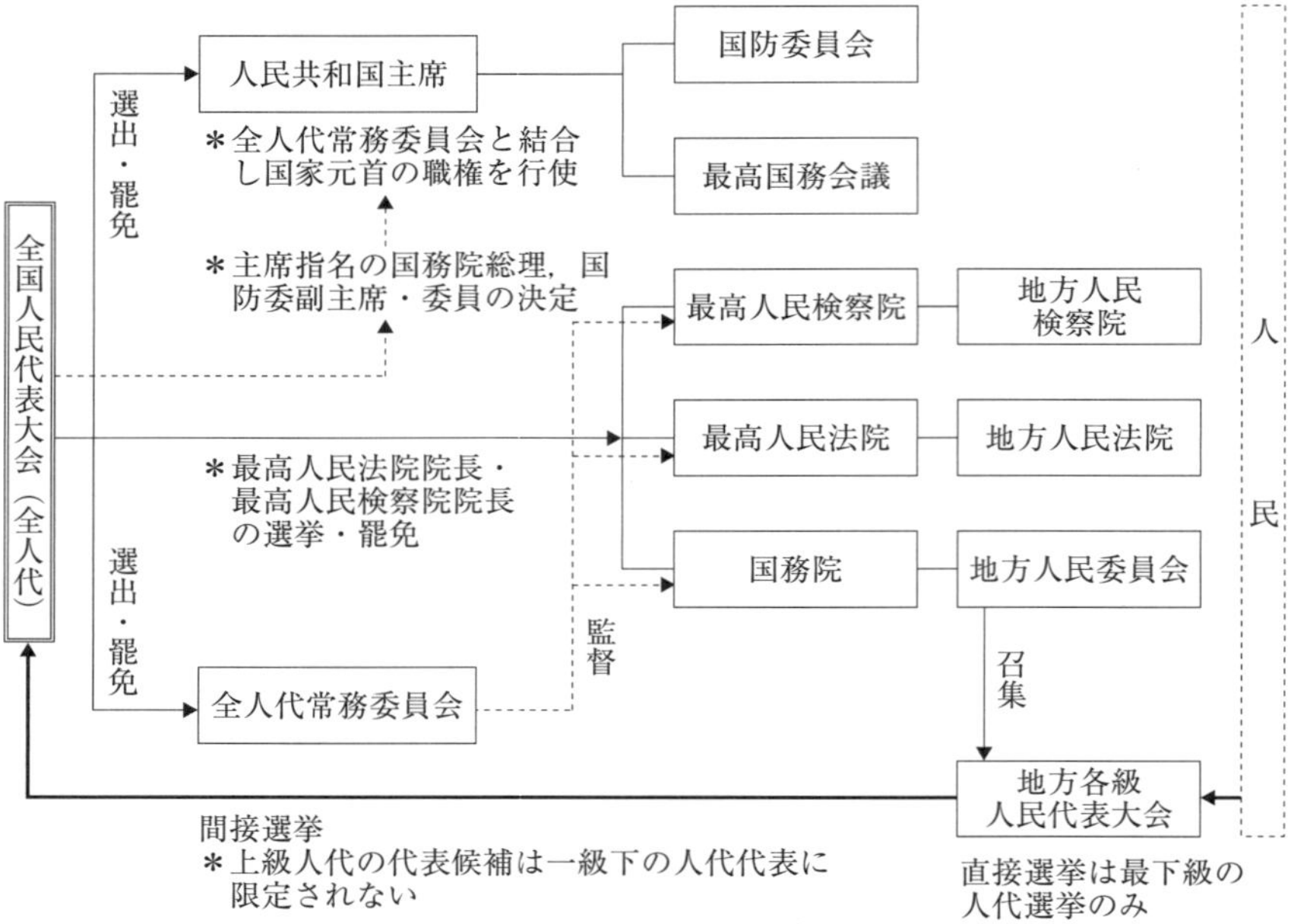

全人代は、西欧的な議会と異なり、立法権を排他的に行使し行政権と司法権を従属させる「議行合一」の国会であり、それゆえ三権を一手に束ねる「最高の国家権力機関」として、人民共和国統治機構の頂点に位置づけられる。全人代は、毎年一回召集され、召集権を持つのは後述する全人代常務委員会である（第二一・二二・二五条）。その主要な権限を列挙するなら、立法権に関わる憲法の改正や法律の制定に加えて、憲法実施の監督、国家予算・決算の審査・承認、戦争及び平和の問題に関する決定等から、中央各国家機関の最高人事決定権——つまり、人民共和国主席（以下、国家主席）・副主席、最高人民法院院長、最高人民検察院検察長の選挙と罷免、国家主席の指名に基づく国務院総理・国防委員会副主席及び同委員の決定と罷免、国務院総理の指名に基づく国務院構成メンバーの決定と罷免——など極めて広汎に及ぶ（第二七・二八条）。

また、全人代には常設機関として全人代常務委員会が設置され、全人代は常務委員会の委員長・副委員長・委員等を選挙・罷免し、常務委員会は全人代に対して責任と報告義務を負う（第三〇・三三条）。常務委員会は全人代に準じた職権を行使するとともに、全人代にない権限まで有していた。その主要なものを列挙すれば、全人代代表選挙の主宰と全人代の召集、法律の解釈と法令の制定（なお、一九五五年の第一期全人代第二回会議によって「単行法規」の制定権も与えられた）[*16]、国務院・最高人民法院・最高人民検察院の監督、憲法・法律・法令に抵触する国務院の決議・命令の取消、全人代閉会期間における国務院副総理・各部部長等の個別的任免の決定、最高人民法院副院長・裁判官等の任免、最高人民検察院副検察長・検察員等の任免などのほか、駐外全権代表の任免及び条約の批准・廃棄の決定、全人代閉会期間中における戦争状態の宣言、全国総動員または局部的動員の決定、戒厳令施行の決定など、独自の権限を上げることができる（第三一条）。

ここで想起したいのは、中華民国の時代にも議会（代議制機関）の閉会期間中に常設機関を設けようとする発想がしばしば登場していたことである。①民国初年の天壇憲草における国会委員会（第Ⅰ章参照）、そして②戦前の五五憲草の起草過程において提起された国民委員会や国民大会委員会（第Ⅴ章参照）、③戦時中の期成憲草が主張した国民大会議政会（第Ⅵ章参照）などの国民大会常設機関がそれに当たる。ただし、最後の国民大会議政会は、孫文の〈国民大会―五権政府〉構想を三権分立の見地から換骨奪胎するものだったから、政府執行権力の活動を議会（代議制機関）に従属させ統制するために構想された前二者とは性格が異なっている。もちろん、全人代常務委員会が前二者の系譜――すなわち「議会専制」の系譜――に属すことは贅言を要さない。議会（代議制機関）の閉会中に常設機関を設けようとする発想は、「議会専制」的な志向と極めて親和的であったといえよう。

注目すべきは、劉少奇が一九五四年九月の全人代会議で憲法草案に関して報告した際、全人代常務委員会は国家元首の職権を国家主席と「結合して行使する」と述べている点である。[*17]全人代常務委員会という一機関をまるごと国家元首に想定しているのは、後述するように全人代の権力を「至高無上」と位置づけることからくる論理的な要請にほかならない。他方、全人代によって選出される国家主席は、軍を統帥するとともに国家副主席・全人代常務委員長・国務院総理及びその他の関係者から構成される最高国務会議――その意見は全人代・同常務委員会・国務院等に送付して審議され正式の決定となる――を統裁する点で（第四二・四三条）、けっして名目的な存在ではなかった。[*18]

したがって、中央の各国家機関――全人代に対して責任と報告義務を負う国務院・最高人民法院・最高人民検察院、及び国家主席が主裁する国防委員会――は、全人代により選出され国家元首の職権を共同行使する国家主席と全人代常務委員会とを媒介にして、おのおの全人代と直接・間接の管理＝従属関係を結び、全人代に授権された行政・司法及び軍事に関わる諸業務・諸機能を分掌している（権力の分掌ではない）。つまり、〈全人代―中央各国家機関〉の制度的構成は、全人代を頂点に戴く専制的＝一元的な国家編成にほかならなかった。これは、第Ⅰ章で見た袁世凱の新約法体制＝大総統親裁、第Ⅲ章・第Ⅴ章で見た孫文の五権憲法構想及び五五憲草の制度設計と、基本的に同質の制度的編成であることを意味する。異なるところは、分立する国家諸機関を一元的に総攬・統合する主体が、前者のように大総統であるのか、後二者のように国民・人民の代表によって構成される議会（代議制機関）であるのかという違いに過ぎない。

かくして専制的に構成された〈全人代―中央各国家機関〉を頭部とし、地方各級の〈人代―国家機関〉に至るヒエラルヒー、つまり人民代表大会制を「民主」的と称し得る最大の根拠は、全国及び地方各級人代が「一切の権力」を握るとされた「人民」（第二条）によって選挙されるという点にある。だからこそ、「人民」の代表からなる人民代表大会の権力は、「民意」を一元的に集約し表出する点で、「人民」そのものとともに「無限」「至高無上」とまで形容され、[*19]したがって一九五四年憲法は、国家元首の地位を担う国家主席と全人代常務委員会にも全人代に対する解散権を与えていなかった。

(2) 人民代表大会制と解散権

それでは、この解散権について共産党指導者はどのように考えていたのだろうか。一九五四年三月二三日、憲法起草委員会第一次会議で憲法草案初稿起草工作に関する報告がなされた際のことである。報告が人民代表大会制の内容に及び、資本主義国家の大統領が国会を解散できる点に触れたとき、毛沢東はわざわざ口を差し挟み、「われわれの主席・総理は何れも全国人民代表大会によって生み出されたものだ。必ず全国人民代表大会に服従しなければならず、如来仏の掌から跳び出すことはできない」と述べていた。また、報告の説明が国家主席に関する段になると、毛は改めて「資本主義国家の大統領は国会を解散できるが、われわれの主席は全国人民代表大会を解散することはできない。反対に全国人民代表大会は主席を罷免することができる」と強調している。[*20] とくに毛沢東の後の発言は、民国初年に制定された臨時約法が、臨時参議院に臨時大総統の弾劾権を認めながら、臨時大総統には解散権を与えなかったことを彷彿させる。解散権の否定——つまり立法・行政両権の相互抑制の否定——という点からも、人民代表大会制が権力の分立と均衡を排除する「議会専制」の系譜に位置づけられるものであったことは明らかであろう。同時にそこには、議会の自由主義的要素を排除しつつ「民意」の至高性を一方的に強調する、孫文と同じ極端な民主主義的議会観の典型を見ることができる。

ただし、解散権の否定については、共産党以外の知識人から憲法草案に対する意見聴取の過程において疑問や修正意見が提出されていた。既述のように、全国人民政協は一九五四年三月三一日より民主党派・無党派の民主人士を中心とした憲草座談会を開催した。その際、四月七日から一二日に開かれた全人代に関する意見聴取において、「全国人民代表大会を解散する条文を加えるべき」という意見が出されている。また、四月一〇日から一九日の国家主席の規定に関する座談会の席上では、国家主席に全人代と全人代常務委員会の決定に対する停止的拒否権（再議権）と「必要なときに主席が全国人民大会を解散できる」権限を追加する修正意見が提起され、憲草座談会として「国家主席が国家元首であることを明確にし、その基礎の上に、さらに国家主席が全国人民大会を解散する権限を明確にする」という意見を憲法草案起草委員会に提出することが決定された。[*21]

解散権に関する意見は、全国人民政協の憲草座談会のような中央レベルに限らず、一九五四年四月から六月にかけて全国各地で実施された地方討論でも表明されていた。例えば、五月三日から一三日の地方討論で提出された「全国人民代表大会で意見が不一致だった場合、主席あるいは議長〔全人代常務委員会委員長を指す〕によって解散を宣布することができるのかどうか？　地方各級人民代表大会で意見が一致しない場合、上級が解散を宣布できるのかどうか？」という意見は、[*22]権力の分立・均衡を重視する西欧的な議会観を踏まえていたといえるだろう。恐らく、こうした意見の多くが、民主党派・無党派の知識人・商工業界人士によるものであったことは間違いあるまい。

全国各地の非共産党の知識人たちが、一方において毛沢東が自ら起草に参与した憲法草案の修正は不可能だという無力感を抱きつつ、[*23]他方において西欧的な憲法観・議会観に基づき疑問や意見を表明していたことは、以下の事例からも確認することができる。四川省では、「民主人士」から「全国人民代表大会及びその常務委員会・主席・国務院総理が相互に掣肘しあって矛盾は発生しないのか？　われわれの政治制度は「三権分立」なのか？「司法の独立」は問題を生じないのか？」という疑問が提出されていた。また、彼らのなかには、今回の憲法草案を袁世凱の新約法や蔣介石の五五憲草とのアナロジーで理解しようとする者もいたという。これなどは、本書における新約法（第Ⅰ章）と五五憲草（第Ⅴ章）の分析を踏まえれば、権力分立の観点から一九五四年憲法の本質をかなり正確につかみ出していた可能性がある。[*24]同様に、長沙の「民主人士」も、資本主義国家の内閣・議会・大統領とのアナロジーで、国務院・全人代・国家主席・全人代常務委員会委員長・国務院総理等々の権力関係に注目していた。[*25]

南京のある織布廠の工場長は、国民党の「約法」を引き合いに出しながら、憲法が言論・集会・結社・信仰の自由等を法律によって制限することに反対していた。[*26]彼の関心は、もっぱら一片の法律によって私有権（所有する工場）

が奪われてしまうことにあったが、少なくとも自由主義的な文脈において基本的人権を理解していたことは確かであろう。恐らく、上述した中央・地方で解散権の否定に対して出された疑問や意見も、こうした自由主義的思考を根底に置いていたものと考えられる。一九五四年憲法の制定当時、民主党派・無党派の知識人・商工業者層の間には、自由主義に立脚した権力分立的な憲法観・議会観が、依然として存在していたのである。

しかしながら、共産党は解散権に関する知識人の疑問・意見を一顧だにすることはなかった。それは、ソビエト制度に起源を持つ人民代表大会制を採用する限り当然の対応であったといえるだろう。ただし、すでに第Ⅲ章において孫文の構想を検討した私たちは、以上に分析してきた〈全人代―中央各国家機関〉の一元的な制度編成、全人代の至高性を保障するための解散権の原理的排除という論点から、全人代にも孫文の〈国民大会―五権政府〉構想と同質の問題点がはらまれていることに容易に気づかされる。

すなわち、国民大会の代表構成がそうでなければならなかったように、〈全人代―中央各国家機関〉が安定して稼働するためには、社会の政治的多元化にともなう「人民」内部の対立が全人代の代表構成に反映され、その結果、激しい党派抗争が生じるような事態は許されないということである。中央国家機関は全て全人代に隷属しているため、全人代が議会制民主主義下の議会のように、政治理念や政策基調を異にする政党・党派間の熾烈な競合の場にでもなれば、その対立は全人代常務委員会のみならず、国務院・最高人民法院・最高人民検察院等の人事や意思決定にまで波及して、全人代を頂点とする統治権力全体の一元性と一体性を揺るがしかねないのである。[*27] しかも、上述のように国家主席と全人代常務委員会は全人代を解散することができないから、政治的混乱を制度的に抑制ないし収束させることは困難とならざるを得ない。この問題を解決するためには、全人代の代表構成もまた、孫文の国民大会がそうであったように、政党・党派間の安定した協調関係、あるいは一党の安定的ないし絶対的優位、究極には一党独占状態にあることが必須の条件になってくる。

3　選挙と議会専制の擬制化

(1)　人代選挙制度の狡知

それでは、〈全人代—中央各国家機関〉が安定して稼働する「必須の条件」はいかにして確保されるのだろうか。憲法起草委員会の席上、毛沢東が国家主席や国務院総理は全人代の「掌から跳び出すことはできない」と語り、「主席は全国人民代表大会を解散することはできない」と自信をもって述べたとき、彼は全人代が共産党の統制を離れて国家意思の形成を左右し、あるいは全人代内部の対立が先鋭化して国家意思の確定が困難になることなど全く想定していなかったはずである。それは、もちろん共産党の絶対的優位と党の「領導」性という現実に基づいていたであろうが、彼のその確信を制度的に担保するものこそ、巧妙に仕組まれた全国及び地方各級人代の選挙制度——「多段階間接選挙」[*28]による選挙過程の管理と制御——にほかならなかった。

「多段階間接選挙」の過程を首尾よく支配・統制し、全人代の代表構成を操作することができるならば、共産党は「一切の権力」を握る「人民」に由来し憲法が全人代に保障した「至高」の権力を一切抑制する必要がなくなる。つまり、選挙に基づく人民代表大会の「民主」性を一方で誇示しながら、他方において全人代の「議会専制」的権力を擬制化することで、中央国家諸機関の安定的かつ効率的な運用、ひいては全人代に束縛されない専制的な政治運営が可能となるからである。

「多段階間接選挙」という仕組みは、一九一八年ソビエト・ロシア憲法（レーニン憲法）の選挙制度を継承したものであった。[*29]一九五三年二月に中央人民政府委員会を通過した「全国人民代表大会及地方各級人民代表大会選挙法」（以下、「選挙法」）によると、[*30]人民による人代代表の直接選挙は基層選挙区——郷、鎮、市が管轄する区、及び区を設置していない市――に限定され、選挙区は選挙民の居住状況に基づいて設定された。これに対して、基層選挙区以上、すなわち全国、省、県及び区を設置している市の人代代表は、それぞれ一級下の人代が間接選挙によって選出し、しかも上級人代の代表候補者は一級下の人代代表に限定されないことになっていた。

また、代表候補者は自由に立候補できるわけではなく、選挙区あるいは選挙母体が作成する名簿に記載されて初めて候補者になることができたが、その候補者名簿は共産党、民主党派、人民団体、それらに属さない選挙民あるいはその代表が連合ないし単独で提出するものとされた。この過程で、立候補者の選定をめぐり事前の協議と調整が行われ、後述するように党派間の力関係を反映して上級（共産党）の指定した人物が候補者として天下るような事態も起きてくる。つまり、基層選挙区以外の人代代表は必ずしも人民による直接の信託を受ける必要がなく、またその選挙区と無関係の人物が上級人代の代表になることもできたわけである。この「多段階間接選挙」による限り、社会末端の地方人代から頂点の全人代へとヒエラルヒーを上昇していくほど、選挙によって表出される「一切の権力を握る人民」の意思は幾重にも濾過され希釈されてしまうだろう。

なお、一九五四年九月に全人代で採択された「地方各級人民代表大会及地方各級人民委員会組織法」の規定では[*31]、地方各級人代の召集権は基本的に同級の人民委員会（地方人民政府）が握り、さらに一九五四年憲法は地方各級人代に全人代常務委員会のような常設機関の設置を認めていなかったため、各級人代の同級政府に対する監督機能はほとんど有名無実となっている。[*32]その意味で、基層以外の各級人代の実質的な役割は、同級政府のメンバーと上級人代代表を粛々と選出することのみにあったといってよい。

すでに人民代表大会が制度化される以前から、地方各級人代の職権を代行した人民代表会議[*33]が各級人民政府を選出する過程において、候補者の事前協議・調整とそれによる「等額選挙」（候補者と代表定数が同じ選挙）が定着し始めており、また一九五四年憲法が制定された頃から、都市では職域単位や街道居民委員会等を通じて党による基層社会の掌握・管理が進み始めていた。[*34] したがって、上述した全国・地方各級人代の「選挙法」に基づく限り、共産党は直接選挙を行う基層社会（郷、鎮、市管轄の区、区未設の市）を掌握・管理し、候補者の事前調整と等額選挙を通して各級人代の選挙過程を首尾よくコントロールすれば、基層から中央に至る人代において絶対的優位、その気になれば独占状態すら容易に達成することが可能であったといえよう。[*35]

既述のように、一元的かつ集権的に編成された各級の〈人民代表大会―国家機関〉のヒエラルヒーを「民主」的と称し得る根拠は、各級人代の代表が「人民」という「一切の権力」の源泉から信託を受けているという点にあった。しかし、共産党の社会掌握を基礎とした選挙制度の採用と選挙過程の操作を通じて、その根拠はいともたやすく擬制へと転じていく。もちろん、民主党派や無党派の代表が全国人民代表大会で一定の議席を占めたとしても――したがって、全人代常務委員会や国務院において一定の比重を占めたとしても――、それらの勢力は共産党の社会統制と「領導」の下で政治的独自性を喪失し、また狡知な選挙工作によって「多党合作」を装う代表構成自体が織り込みずみのものとなっているから、全人代を頂点とする統治権力の一体性は何ら揺らぐことがない。かくして、人民代表大会が「民主」的である根拠と、それゆえに有すべき「議会専制」的な「至高」の権力はともに擬制と化し、全国・地方各級人代の「議会の意思」は共産党の決定を追認する形式的な意味しか持たなくなる。[*36]

(2) 選挙制度をめぐる共産党と国民党

ここで触れておきたいのは、人民代表大会制と孫文・国民党の国民大会構想との対比である。第Ⅲ章で明らかにしたように、孫文が思い描いた国民大会は、その権力を強大にすれば五権政府の安定的・効率的な政治運営を損なう「議会専制」の危険性が生じ、逆にその権力を抑制すれば、〈国民大会―五権政府〉構想の「民主」的な根拠が制度の上で劣化・磨耗してしまうジレンマを抱えていた。このジレンマが、現実の憲法起草作業において国民党を大いに悩ませたのである。とするなら、国民大会に強大な権力を与え、同時にこのジレンマを解消するために、国民党も共産党が人民代表大会に対して行ったように、国民大会の選挙過程を支配・統制し国民大会の権力を擬制化すればよかったのではないか。

しかし、実際に国民党が選択した処方箋は、五五憲草が示すように国民大会の権力を抑制して政府の安定性と効率性を確保することだった。恐らく、国民党が共産党の採った方法を選んだとしても、後述するように、その社会掌握能力の限界ゆえに選挙過程を十全に支配することは困難であったと思われる。しかも孫文の構想にせよ、それに準拠しようとした五五憲草や戦後の中華民国憲法にせよ、県・市を基本単位とした国民の直接選挙によって国民大会代表を選出しようとしており、人民代表大会制のような「多段階間接選挙」を採用していない（第Ⅲ・第Ⅴ・第Ⅶ章）。この点から見て、そもそも国民党は共産党のような処方を想定していなかったのではないだろうか。[*37]

国民党という政党は、確かにロシア型革命政党の組織原則を採用したが、〈国民大会―五権政府〉構想を考案した孫文がそうであったように、西欧的な立憲国家観の洗礼を受けていた点で共産党とは明らかに異質であった。また、党内の指導的人物のなかにリベラルな勢力が存在したことは第Ⅶ章で述べたとおりである。共産党のように議会（人民代表大会）を地方から中央へと一元的・集権的に整序・編成するのでなく、議会の多元性・多層性（地方議会の独立性、地方自治）を許容した上で、国家の頂点に国民大会を接ぎ木する孫文・国民党の志向性から、上述した意味における両党の異質さが明瞭に浮かび上がってくる。また、そうした性格ゆえに、国民党は西欧的三権分立に立脚した中華民国憲法を受け容れることができたのだ、ということも可能であろう。

中華民国成立以来の国会選挙を振り返ると、北京政府期における第一期国会（旧国会）と第二期国会（新国会）の選挙は、衆参両院の議席数や財産・納税額・教育水準等の選挙（被選挙）資格に異同があるものの、何れも限定された資格のある男子だけの制限選挙として実施された。依拠すべき正確な統計を欠く悪条件の下で、張朋園が試算した結果によると、全国総人口に選挙民が占める比率は、第一期国会が一〇・五〇%、第二期国会が一四・八八%であった。[*38]何れにせよ、制限選挙の下で、当時の共和制国家が国会選挙を通じて接点を持った社会（選挙民）は、ほんの一部に過ぎなかったのである。

ところが、「普通選挙[*39]」が実施されるようになると、国家は国会選挙を媒介としてより本格的に社会と向き合わなければならなくなった。近現代中国において初めて普通選挙に基づく全国的な国政選挙が実施されたのは、戦後の行憲国民大会・立法院選挙においてであった。このときは満二〇歳以上に選挙権、満二三歳以上に被選挙権が与えられたが、張朋園の試算によれば総人口に占める選挙民の割合は一挙に五三%にまで跳ね上がっている。[*40]人民共和国成立後に実施された人民代表大会の選挙では、満一八歳以上に選挙権と被選挙権が与えられたから、総人口に占める選挙民の割合は、確実に国民大会・立法院選挙のときよりも高くなっていたと推測される。つまり、国民大会・立法院選挙の際に政権政党であった国民党も、人民代表大会選挙に臨んだ共産党も、ともに農村を含んだ広大な社会へと組織的・制度的に深く浸透し、様々な利害を持った、非識字者を含む膨大な選挙民を社会の末端から首尾よく掌握する必要があったのである。

だが、既述のように、国民党はこうした課題に応えるだけの社会把握能力を十分に備えていなかったように思われる。国民大会・立法院選挙において同党は確かに大勝した。ただし、それは共産党と民主党派のなかでもっとも有力であった民主同盟が選挙をボイコットしたことに加え、地方党組織と地方実力者が結託し、多分に違法・暴力行為をともなう投票操作が各地で横行した挙句の大勝であった。[*41]国民党の選挙勝利は、既存の社会的諸関係に依存したものであって、必ずしも党権力が組織的・制度的に社会へ浸透していた結果ではなかったのである。これに対して共産党は、すでに人民代表大会制を実施する以前から、都市・農村において地方各級人代の権限を代行する人民代表会議の制度化に着手し、党権力による社会掌握と統制とを着々と進めていた。[*42]両党の社会把握能力には非常な懸隔があったのである。全人代の「至高」の権力を擬制化した共産党の選挙操作技術は、社会を末端から把握・統制する能力があって初めて可能となるものであった。

(3) くすぶる選挙への不満

だが、一九五四年九月の第一期全人代開催に向け実施された全国・地方各級代表選挙において、共産党の選挙工作は必ずしも完璧であったわけではなく、全国各地で選挙方法に対する不満や批判の声が上がっていた。そうした批判・不満は、主に候補者名簿の事前調整と等額選挙に向けられたが、それにともなう混乱はとくに基層選挙区のレベルで、しかも都市だけでなく農村においても発生していた。[*43]

四川省の長寿県葛蘭郷では、選挙委員会が共産党、人民団体、工商業聯合会(以下、工商聯)等と協議して候補者名簿を作成したにもかかわらず、選挙民のなかには「代表名簿は上級が決定したものだ。その上、われわれにどんな選挙をしろというのか」と訴え、候補者名簿の作成と等額選挙は「民主主義ではない」と批判する者がいた。[*44] また、河北省清苑県大庄鎮・蒲窪郷の農民たちは、候補者を共産党が事前に選定したことに反発し、「先に候補者を提出してから選挙を行うのは真の民主主義ではない」と主張していた。こうした農民の動きを前にして、当地の選挙工作組は「党の指導を放棄しない」という条件の下で、「下から上への方式」による候補者選定を試みざるを得なかった。[*45] また、遼東省鳳城県でも、「一部の農民」が候補者を「下から提出することが民主主義だ」と見なしており、多くの村で「下から」の候補者提出方式が採用されたという。[*46]

さらに南京市の陵園区苜蓿園郷の選挙では、ある「機関幹部」(選挙工作に従事した政府機関スタッフを指すか)が、等額選挙は非民主的であるとして候補者一名を名簿に追加し、それを見た農民も二名の候補者を新たに提出した。そのため、選挙大会では候補者一二名から代表定員九名を選出せざるを得なくなり、票数が分散して五名しか当選に必要な過半数票を獲得できなかった。[*47] これは、選挙工作を推進する側にも、等額選挙に対する疑念が伏在していたことを窺わせる事実といえよう。以上のように、農民たちは各地の基層選挙において、ときに選挙工作者を巻き込みながら、候補者名簿の上からの押しつけと等額選挙に対する不満を果敢に表明していたのである。

同様の不満の声は、基層選挙だけでなく、地方人代が上級人代代表を選挙する際にも聞かれた。一九五四年八月、広西省第一期人代は全人代代表の選挙を実施し三八名の候補者全員が大多数の票を獲得して当選した。しかし、民主党派の国民党革命委員会や農工党、全国工商聯に属する同省人代代表は、広西省で活動したこともない他省の人物が全人代代表候補者に名を連ね当選したこと、漢族の一六名の候補者のうち一一名は中央の指定であるため広西省人代の意向が十分に反映されないこと、等々に対する不満を口にしていた。[*48] 一九五四年七月に全国人民政協の常務委員会拡大会議は、共産党中央が指名した全人代代表候補者の名簿を、各省市人代が選挙する全人代代表候補者名簿の一部とすることを決定した。[*49] 広西省人代代表の口から漏れ出た不満の呻きは、こうして天下ってきた候補者名簿によってもたらされたのであった。また、広西省と無関係な他省人が全人代代表に選出された事実は、上級人代の代表候補者を一級下の人代代表に限定しない、という「選挙法」の規定が忠実に実践されていたことを物語っていた。

一方、都市では、以上のような候補者の事前調整や等額選挙に対する直接的な批判とは別に、選挙制度の根幹に関わるような疑問も提起されていた。例えば、共産党の湖南省委員会宣伝部が長沙市郊外の機械廠で工場の宣伝員を召集し座談会を開催したところ、参加者から、なぜ「多段階間接選挙」なのか、「間接選挙によって、われわれの意見は直接中央まで届くのだろうか」という疑問が出されたという。[*50] また重慶市では、「選挙法」の学習運動に参加した衛生業務の関係者が、「選挙法」に自由な選挙運動を認める規定がないことを取り上げ「民主主義ではない」と批判していた。[*51] 既述のように、「多段階間接選挙」は人民が直接表出する選挙意思を巧みに希釈するものであり、長沙の例はその制度上の狡知に直感的にせよ気づいていたように思われる。また、重慶の例は、「自由選挙」の原則から「選挙法」の欠陥を直截に突いた批判といえるだろう。

4 小結

全体的に見れば、当時、大部分の大衆の一九五四年憲法と人代選挙に対する認識は曖昧模糊としており、[*52] 以上に紹介した知識人・商工業者や農民による疑問の提示、不満の吐露といった事例は局部的なものに止まったと考えられる。確かに、彼らの口から吐き出された疑問や不満が、中国の民主主義や立憲政治を考える上で貴重な意味を持っていたことは間違いない。しかし、結局は党派間の圧倒的な力関係のなかで、共産党は自らの構想と思惑のとおりに憲法を制定し、全人代に至る各級人代の選挙を基本的に支配・統制することができたといえよう。

全人代を頭部に戴く一九五四年憲法下の統治体制は、一元的な国家編成をとっている点で、孫文が構想した国民大会を頂点とする国家編成だけでなく、専制王朝のそれとも基本的に同質であった。王朝の三省六部的な諸機構、五権政府を構成する行政・立法・司法・監察・考試の五院、そして人民共和国の中央国家機関を構成する国務院・最高人民法院・最高人民検察院等の何れもが、相互に併存・分立しながら「至高無上」の権力を有する皇帝、国民大会、全人代に隷属していた。皇帝と国民大会、全人代とを区別するのは、「至高」性の源泉を「天命」に置くのか、それとも選挙を媒介として「国民」ないし「人民」に置くのかという違いに過ぎなかった。序論で述べた「天命＝民意」的統治観念から「議会＝民意」的統治観念への横滑り的な移行は、王朝と国民党・共産党の国家編成上の類似からも見て取れるように思われる。

したがって、国民大会と同じく全人代においても、選挙こそ「人民」の「民意」が一元的な国家編成を「民主」的にコントロールし得る必須の手段であったのだが、同時に全人代が表出する「民意」（代表構成）を共産党が十全に支配できない限り体制の安定性と効率性は保障されなかった。孫文は、「憲政」期における政治的な多元化とそこでの国民党の優越性については楽観的に考え、党が社会に浸透し選挙を統制する重要性をあまり意識していなかったように思える。それだけに、孫文死後の国民党にとって、「訓政」期における地方自治の建設という課題は極めて重い意味を持っていた。しかし、日中戦争前から戦後に至る努力にもかかわらず、地方自治の建設は十分な成果を上げることができず[*53]、結局、国民党は戦後の国政選挙において、既存の社会的諸関係に依存した選挙工作を展開せざるを得なかった。そして、その事実と符合するかのように、国民党の制憲論議は、むしろ「政権」機関である国民大会の権力を直接的に抑制し、「治権」機関＝五権政府の専制的な自立性を高める方向に向かっていったのである。

ところが、共産党は国民党とは全く違った方向を選択した。共産党は党の「領導」の下で政治的な多元化を抑止しつつ、党の社会への組織的浸透を前提として、巧妙な選挙法を捻出し周到な選挙工作を展開した。これによって、各級人代の代表構成と意思決定をコントロールし、また全人代を頂点とする専制的な国家編成に「民主」的な装いを施すことができたのである。専制に親和性を持っていた孫文の制度構想に比べて、共産党の人民代表大会制は執政党の専制を確実に保障する点で、はるかに洗練された制度であった。人民代表大会の権力設計は、民国初年以来の「議会専制」的志向――権力の均衡と抑制を排除する民主主義的議会観――の極北に位置した。しかし、だからこそ、成立と同時に創案者の共産党によって徹底的に擬制化されたのである。

既述のように、全国・地方各級人代のヒエラルヒーは、地方から中央へと一元的に整序・編成された集権的組織体としての内実を備えていた。これは、人民代表大会制の組織原理が、「中央と地方とが単一の階層構造のなかで上部構造と下部構造として構成」される中国の伝統的国制[*54]と図らずも親和的であることを意味した。清末に西欧的立憲制とそれに随伴する行財政制度の導入がめざされたとき、その障害となり改変すべき対象と見なされたのは、ほかでもない専制王朝下の伝統的国制であった[*55]。ところが、近代中国における立憲的議会制の展開において、「民主」の制度化を究極まで推し進めようとする志向の行きついた先が、実は伝統的国制に親和的な人民代表大会制であったという事実は、何とも強烈な歴史のアイロニーといえるのではないか。

確かに、共産党（党組織機構）による政治・経済・社会に対する直接的支配が突出するにつれ、「最高の国家権力機関」である全人代の機能はほとんど形骸化していった。[*56] しかし、以上の分析から明らかなように、人民代表大会制がたとえ制度に忠実な形で稼働したとしても、それは統治形態の民主性を保障するものではなく、むしろ執政党の専制を保障し、それを前提にしてこそ安定して機能するものだったのである。

註

＊1　「中央人民政府委員会関於召開全国人民代表大会及地方各級人民代表大会的決議」（全国人大常委会弁公庁・中共中央文献研究室編『人民代表大会制度重要文献選編』（一）、中国民主法制出版社・中央文献出版社、二〇一五年、一三三～一三五頁）。ただし、実際に全国人民代表大会が開催されたのは翌一九五四年九月であった。

＊2　「中南各民主人士対召開全国代表大会的看法和疑慮」（『内部参考』第二〇号、一九五三年一月二六日）。『内部参考』は共産党の高級幹部に提供されていた内部情報資料である。詳しくは、黄正楷「一九五〇年代中共新華社《内部参考》的功能与転変」（国立政治大学東亜研究所修士論文、二〇〇六年）を参照。

＊3　毛沢東の「革命史観」については、拙稿「中華民国史と「歴史の語り」」（田中仁編『21世紀の東アジアと歴史問題―思索と対話のための政治史論』法律文化社、二〇一七年、所収）を参照。中国の「社会主義的民主」と人民代表大会制の問題点については、毛里和子「政治体制の特徴とその改革」（野村浩一編『現代中国の政治世界』岩波講座現代中国第Ⅰ巻、一九八九年、所収）、同『新版現代中国政治』（名古屋大学出版会、二〇〇四年）第三章を参照されたい。

＊4　主に参照したのは、韓大元『一九五四年憲法制定過程』（法律出版社、二〇一四年）第三章～第七章である。このほか、許崇徳『中華人民共和国憲法史』（福建人民出版社、二〇〇三年）第七章～第八章、味岡徹「現代中国憲政の出発」（『聖心女子大学論叢』第一二九集、二〇一七年六月）も参照した。なお、韓大元の上掲書は同『一九五四年憲法与新中国憲政』（湖南人民出版社、二〇〇四年）を改訂したものである。

一九五四年憲法の起草・審議過程に関する本格的な分析は、多くの檔案が未公開な史料環境の下では極めて困難である。だが、韓大元の研究は、檔案史料の一部を用いて共産党指導者や民主人士の発言を紹介している点で史料的価値も高い。以下の叙述においても、積極的に活用していきたい。

＊5 前掲、韓大元『一九五四年憲法制定過程』七八〜八〇頁、八二〜八三頁。

＊6 前掲、韓大元『一九五四年憲法制定過程』一〇四〜一〇八頁。

＊7 前掲、韓大元『一九五四年憲法制定過程』九一頁。

＊8 前掲、韓大元『一九五四年憲法制定過程』一〇八頁、一一九〜一二一頁、一五六頁、三一九〜三二〇頁、三三八頁。孫宏雲「法学者・政治学者と一九五四年憲法の制定」(中村元哉編『憲政から見た現代中国』東京大学出版会、二〇一八年、所収)は、以上の制憲工作の過程に参加した周鯁生・銭端升・羅隆基・張志譲ら党外知識人の意見内容について検討している。それによると、彼らの意見の大部分は語句・修辞・文体等の技術的な修正提案に留まり、国体・政体・人権等に関する意見は少なく、「決定的な意義をもたなかった」と結論づけられている。後述するように、制憲工作の過程において非共産党の知識人は権力分立に関わる貴重な意見を提出していたが、全体的に見て憲法の内容に影響を与えることがなかったのは確かであろう。

＊9 前掲、韓大元『一九五四年憲法制定過程』三三四〜三三五頁。

＊10 「中央選挙委員会関於中華人民共和国第一届全国人民代表大会代表選挙工作完成的報告」(前掲『人民代表大会制度重要文献選編』(一)一八七〜一八八頁)。

＊11 前掲、韓大元『一九五四年憲法制定過程』三七八頁。

＊12 人民代表大会制に関する近年の研究として、日本では加茂具樹『現代中国政治と人民代表大会—人代の機能改革と「領導・被領導」関係の変化』(慶應義塾大学出版会、二〇〇六年)がある。最近の中国では、陳家剛『現代中国民主制度的建構与運行—第一届全国人大研究(一九五四—一九五九)』(広東人民出版社、二〇一〇年)、劉政『人民代表大会制度的歴史足跡(増訂版)』(中国民主法制出版社、二〇一四年)などがある。

＊13 土岐茂「共同綱領の憲法的性格」(『早稲田法学会誌』第三四巻、一九八三年)。

＊14 「中国人民政治協商会議共同綱領」第一三条(前掲『人民代表大会制度重要文献選編』(一)七八頁)、前掲許崇徳『中華人民共和国憲法史』九五〜九六頁。

＊15 一九五四年憲法については、「中華人民共和国憲法」(前掲『人民代表大会制度重要文献選編』(一)二三四〜二五三頁)による。

＊16　前掲、韓大元『一九五四年憲法制定過程』三九七頁。
＊17　劉少奇「関於中華人民共和国憲法草案的報告」（前掲『人民代表大会制度重要文献選編』（一）二一三頁）。
＊18　統帥権は国防委員会にはなく、国家主席が全人代や全人代常務委員会に拘束されることなく独立して行使する（外務省アジア局第二課『中華人民共和国憲法の分析』一九五四年、三五〜三六頁）。また、最高国務会議の召集と審議内容についても国家主席の裁量権は絶大で、最高国務会議が示す「意見」は国家意思の決定において実質的な影響力を発揮した（前掲、許崇徳『中華人民共和国憲法史』三二七〜三二八頁）。
＊19　例えば、石柏林・彭小平『中国近現代政治体制的演変与発展』（河南人民出版社、一九九一年）五〇五頁、袁瑞良『人民代表大会制度形成発展史』（人民出版社、一九九四年）三九四頁。
＊20　前掲、韓大元『一九五四年憲法制定過程』二七二頁。国家元首の職権を共同で行使する国家主席と全人代常務委員会が全人代の権力を超越できないことは、全人代会議における劉少奇の憲法草案に関する説明においても繰り返されている（前掲、劉少奇「関於中華人民共和国憲法草案的報告」二一三頁）。
＊21　前掲、韓大元『一九五四年憲法制定過程』一三五頁、一四〇頁、一四一〜一四二頁。
＊22　前掲、韓大元『一九五四年憲法制定過程』一八〇頁。
＊23　例えば、「江蘇省各民主党派和工商界的上層人士対憲法草案初稿的反応」（『内部参考』第九五号、一九五四年四月二八日）、「重慶市資本家、民主人士討論憲法草案的情況」（同上、第一一三号、一九五四年五月二一日）、「津市資本家対憲法草案的反応」（同上、第一四〇号、一九五四年六月二五日）、「四川・江蘇等地各界人民対憲法草案的反応」（同上、第一四六号、一九五四年七月二日）などを参照。
＊24　前掲「四川・江蘇等地各界人民対憲法草案的反応」。
＊25　「全国各地各界人民対憲法草案的反応」（『内部参考』第一六五号、一九五四年七月二四日）。このほか、瀋陽の高級技術職員のなかにも、憲法草案の国家機構を孫文の五権憲法構想や資本主義国家の三権分立的国家機構と対比させる動きがあった（「瀋陽市少数高級技職人員対憲法草案的認識模糊」同上、第一六三号、一九五四年七月二二日）。
＊26　「南京・瀋陽資本家和民主人士対憲法草案的反応」（『内部参考』第一一七号、一九五四年五月二六日）。
＊27　一九九〇年代からの地方各級人代の改革と地位向上が、「一党支配体制の改善」や「政治的民主化」に寄与したことは否定できない（唐亮「改革期の中国における人民代表大会の改革と役割強化」（『アジア経済』第四〇巻六号、一九九九年）。しかし、人民代表

大会制の改革が、全人代を頂点に戴く一元的な国家編成をそのままにして多党制や競争的選挙の導入に進むなら（現在、その可能性は小さいが）、本文で述べたような理由から政治的混乱を招来する危険性がある。

＊28 「多段階間接選挙」という表現は、林来梵『中国における主権・代表と選挙』（晃洋書房、一九九六年）に基づく。

＊29 劉迪「人民代表大会代表選挙制度の問題点」（『比較法学』第三四巻一号、二〇〇〇年）。ただし、ソ連では一九三六年憲法（スターリン憲法）から各級ソビエトの選挙は直接選挙となっている。

＊30 「中華人民共和国全国人民代表大会及地方各級人民代表大会選挙法」（前掲『人民代表大会制度重要文献選編』（一）一三六～一四七頁）。

＊31 「中華人民共和国地方各級人民代表大会和地方各級人民委員会組織法」（前掲『人民代表大会制度重要文献選編』（一）二七八～二八七頁）。

＊32 地方各級人代における常設機関の設置については、憲法起草過程において修正意見が出されていた。しかし、①地方各級人代には全人代のように立法権がなく、管掌する地域が狭く会議の召集も容易であるため常任機関を設置する必要がないこと、②地方各級人民委員会は地方各級人代の執行機関であり、同時に同級人代の常設機関の職権も行使すること、を理由に常設機関の設置は憲法起草委員会において採用されなかった（前掲、劉少奇「関於中華人民共和国憲法草案的報告」二二九～二三〇頁）。二〇〇〇年代になって出版された人民代表大会監督制度の改革を射程に入れた著作は、地方各級人代における常設機関の未設置が執行機関（地方各級人民委員会）に対する監督機能を損なったと明確に認めている（林伯海『人民代表大会監督制度的分析与構建』中国社会科学出版社、二〇〇四年、七七頁）。

＊33 「人民代表会議」は、人民共和国成立前の一九四八年から一九五四年の全人代開催まで存続した。人民代表会議制度を詳細に検討した専著として、杜崎群傑『中国共産党による「人民代表会議」制度の創成と政治過程―権力と正統性をめぐって』（御茶の水書房、二〇一五年）がある。

＊34 西村成雄『二〇世紀中国の政治空間―「中華民族的国民国家」の凝集力』（青木書店、二〇〇四年）二〇三～二〇四頁。

＊35 人民代表会議と人民代表大会の基層選挙工作については、北京を事例として中岡まりが具体的に分析し、「選挙という政権建設のための制度の中に党の一元的支配を可能にするシステムが含まれていた」ことを明らかにしている（中岡まり「中国共産党による政権機関の建設―建国初期の北京市を例として」『法学政治学論究』第三六号、一九九八年、同「中国共産党政権の正当性の強化―一九五六年北京市第二期人民代表大会選挙を例として」同上、第五一号、二〇〇一年）。また、一九七九年選挙法についてではあ

るが、前掲林来梵『中国における主権・代表と選挙』一三六～一三九頁の叙述も参照のこと。

＊36 例えば、第一期全人代の一二二六名の代表のうち、共産党は六六八名（五四・四八％）、民主党派は二七四名（二二・三五％）、無党派二八四名（二三・一六％）であった（前掲、袁瑞良『人民代表大会制度形成発展史』三九六頁）。

＊37 ただし、国民党は積み上げ式の「多段階間接選挙」を、戦後の地方民意機構（保民大会―郷鎮民代表会―県参議会―省参議会）に限定して採用している。笹川裕史『中華人民共和国誕生の社会史』（講談社、二〇一一年）六九～七〇頁を参照。

＊38 張朋園『中国民主政治的困境、一九〇九―一九四九―晩清以来歴届議会選挙述論』（聯経出版、二〇〇七年、以下『中国民主政治的困境』と略す）二〇九頁。

＊39 ただし、後述するように、共産党による人民代表大会基層選挙は候補者を事前調整する「等額選挙」であり、また挙手による投票も行われた。その意味で、厳密には「自由選挙」の要件を欠いていたと言わなければならない。

＊40 前掲、張朋園『中国民主政治的困境』一六六～一六八頁。

＊41 前掲、張朋園『中国民主政治的困境』一七八～一八九頁、横山宏章『中華民国史―専制と民主の相剋』（三一書房、一九九六年）一九六～二〇二頁。また、「憲政」実施における競争選挙と中国社会との矛盾を、梁漱溟と費孝通の言説を素材に分析した野村浩一「近代中国における『民主・憲政』のゆくえ（中）」（『思想』第一〇七三号、二〇一三年）も参照されたい。

＊42 前掲、西村『二〇世紀中国の政治空間―「中華民族的国民国家」の凝集力』一九九～二〇五頁、杜崎『中国共産党による「人民代表会議」制度の創成と政治過程―権力と正統性をめぐって』第一章を参照。

＊43 各地の人代選挙の状況については、水羽信男「中国社会と選挙―一九五四年の人民代表大会選挙を中心として」（前掲、中村編『憲政から見た現代中国』所収）も参照のこと。

＊44 「四川長寿葛蘭郷公佈候選人名単中群衆的反応」（『内部参考』第一二八号、一九五三年六月六日）。

＊45 「河北省蒲窪等郷老区農民対選挙方法的意見」（『内部参考』第一六八号、一九五三年七月二一日）。

＊46 「遼東鳳城県普選試点中群衆対候選人有不正確的認識」（『内部参考』第一四一号、一九五三年六月二二日）、「鳳城県普選試点区参加選挙的人很少」（同上、第一四五号、一九五三年六月二六日）。

＊47 「江蘇各地機関幹部不積極参加普選運動」（『内部参考』第二一八号、一九五三年九月一七日）。なお、「選挙法」によれば、基層選挙は半数以上の選挙民が出席する選挙大会で行われ（第五六条）、候補者は過半数の得票で当選することができた（第五九条）。

＊48 「広西省人民代表在提名選挙全国人民代表大会代表時的思想情況」（『内部参考』第一九五号、一九五四年八月三〇日）。

＊49　前掲、韓大元『一九五四年憲法制定過程』三三六〜三三七頁。
＊50　「湖南普選工作推遅到九月份進行」（『内部参考』第一四〇号、一九五三年六月二〇日）。
＊51　「重慶工商・宗教・医務界人士対普選的看法」（『内部参考』第一四五号、一九五三年六月二六日）。
＊52　例えば、上海や無錫の労働者は憲法の条文をよく理解できず、「憲法」を音が同じ「県法」・「仙法」と取り違えたり、「憲兵法」と誤解したりしたという（前掲「全国各地各界人民対憲法草案的反応」、「無錫市各工廠対憲法草案的宣伝討論不深不透」『内部参考』第一七一号、一九五四年七月三一日）。選挙に対する無理解については、前掲水羽「中国社会と選挙―一九五四年の人民代表大会選挙を中心として」もすでに指摘している。
＊53　安井三吉「中国国民政府論―未完の訓政」（『世界歴史』第二四巻、岩波書店、一九九八年）。
＊54　岩井茂樹『中国近世財政史の研究』（京都大学学術出版会、二〇〇四年）四一八頁。
＊55　さしあたり、拙著『近代中国の中央と地方―民国前期の国家統合と行財政』（汲古書院、二〇〇八年）緒論を参照されたい。
＊56　前掲、袁瑞良『人民代表大会制度形成発展史』四九二頁以下。

結論　議会専制の系譜

中華民国の時代は、三八年の短い期間であったにもかかわらず、政権と政治環境が目まぐるしく変動した。だが、立憲政治と議会制の展開に注目したとき、その政治的な変転に関わらず、ほぼ一貫して存在していたのは議会権力を過度に強化しようとする立憲的志向であった。一九一一年の辛亥革命を契機に登場したこの志向は、確かに共和制と民主主義の制度的強化をめざしていたが、行政権を議会の足下に拝跪させ統御しようとする点で、「議会専制」の政治形態を招かずにはおかなかった。辛亥革命から民国初年に至る時期が、そうした立憲的志向の起点となっていたこと、したがって近代中国憲政史において極めて重要な位置を占めていたことは銘記されてよい。

立法権と行政権のあるべき均衡を逸脱した「議会専制」は、臨時約法の下で民国の成立とともに議会と政府との間に深刻な対立を引き起こした。それにもかかわらず、一九一二年から二四年まで存続した西欧的議会制は、臨時約法の影響下にあり続けたため、最後まで一貫して「議会専制」的な権限を保持していた。その上、その間に起草ないし公布された憲法（草案）は、新国会による起草案（一九一九年）を例外として、天壇憲草（一九一四年）にせよ曹錕憲法（一九二三年）にせよ、やはり国会に「議会専制」的な権限を保障しようとしていた。[*1] 長い中断の後、西欧的議会制が復活したのは戦後の一九四七年に中華民国憲法が施行されてからであった。そして、同憲法下に成立した立法院は、中国の国会史上初めて「議会専制」の系譜を離れ、制度上、立法権と行政権の相互均衡の下に成立した立憲的議会となった。だが、この立法院でさえ、憲法運用のレベルにおいて辛亥革命以来の「議会専制」の志向から自由ではあり得なかった。

「議会専制」の志向は、行政権との権力的な均衡と抑制を重視する自由主義的な議会観よりも、「民意」の至高性と議会による「民意」の表出に確信を抱く民主主義的な議会観によって強く裏打ちされていた。「議会専制」の系譜とは、議会の民主主義的要素を強化しようとする志向が、自由主義的要素を重視する志向を圧倒し続けた歴史でもあった。したがって、民国期の議会と憲法（草案）をめぐる政治的対立は、行政府と立法府との権力関係が焦点とならざるを得なかったが、そこから窺うことができたのは、近代中国において安定した立憲政治の枠組みを実現することの難しさであった。

その理由として挙げられるのは、第一に政治的対立の深刻さから、抗争する勢力が競い合うかのように立法権ないし行政権を強化しようとし、両者の志向が両極端に奔る傾向が強かった点である。民国初年の臨時参議院の権力は、袁世凱政府を従属させる点で「議会専制」と称するに十分なほど強力であったし、その反動として生まれた袁世凱の新約法体制（大総統親裁）は、行政権の独立を追求するあまり、国会を強く大総統に従属させようとした。また、民国末年に臨時条款が蔣介石に与えた緊急処分権は、国共内戦下の特殊な政治状況に対処するためであったとはいえ、立法・行政両権に関する憲法規定を軽視してまで総統権力を強化しようとする欲求の現れだった。

第二に指摘すべきは、熾烈な政治的対立の下で、立法府を強化するにせよ、行政府を強化するにせよ、それらが特定の個人を想定して構想されざるを得なかった点である。民国初年の臨時約法が規定した臨時参議院の「議会専制」は、袁世凱個人の権力を弱めるために設計され、新約法が規定した大総統親裁は、逆に袁世凱という強力な個性と能力を前提として構想された。一方、戦後の中華民国憲法の制定過程において、共産党は総統に就任するはずの蔣介石の権力を削るため立法院の議院内閣制的な権限を支持し、逆に国民党は常に蔣介石の指導力を意識して総統権限の強化を図ろうとした（この国民党の傾向は、戦前の五五憲草起草過程においても同様であった）。

第三に、民国初年以来、国会の活動期間が短く断続的であったため、議会権限、ひいては立憲政治を運用する経験の蓄積が妨げられたことも理由として上げておくべきだろう。民国期に実際に活動した国会は、臨時参議院、二度にわたり復活した旧国会、新国会、そして戦後の立法院を数えるが、序論で紹介したように何れも活動期間は一年弱から二年余りに過ぎず、しかも断続的であった。また、その期間の多くは、政府との対立や憲法起草工作などに費やされ、あるいは内戦の特殊状況下で議会運営を強いられたため、持続的に議会権限を運用する経験が不足していた。これは同時に、政府の側もまた議会対応の経験が不十分であったことを意味する。政府と国会の対立を円満に解決する慣行の未形成は、議会政治の経験を欠く民国初年はもちろん、民国末年に至るまで立法権と行政権をめぐる競合が過激に奔る一因になっていたように思われる。

総じて、以上に述べた要因が、「議会専制」をめざす立憲的志向と、行政権の独立・強化をめざす立憲的志向の対立をより深刻にし、安定した立憲政治を実現する上で制度的な選択の幅、相互の意見調整の可能性を著しく狭めたのである。

さて、一九二〇年代に権威を失墜させ一旦消滅した西欧的議会制に替わり、新たな「議会専制」の構想として登場したのが孫文の国民大会であり、ソビエト制度に起源を持つ中国共産党の人民代表大会であった。この二つの構想は、創案者の主観では西欧的議会制を超克するものとして提起された。だが、孫文にせよ共産党にせよ、その構想は国家諸機関を一元的かつ集権的に統合する議会（代議制機関）を統治権力の頂点に据える点で、紛れもなく「議会専制」の志向を民国初期の西欧的議会制から継承していた。三権分立を否定して議会の自由主義的要素を排除し、「民意」（国民・人民）の至高性を根拠に、議会の民主主義的要素を一方的に強調する孫文と共産党の構想は、「議会専制」の志向を究極の形で表現していたのである。ここにまた、本書冒頭で指摘した伝統的な「天命＝民意」的統治観念から「議会＝民意」的統治観念への横滑り的移行の、中国近代憲政史・議会史における制度的な帰結を見ることもできるだろう。

しかし、国民大会と人民代表大会が制度化されるなかで、「議会専制」の内実は変容していかざるを得なかった。なぜなら、両者の制度的具体化を通じて、議会（代議制機関）の権力はむしろ骨抜きにされていったからである。「国民」ないし「人民」の「至高の権力」を体現する国民大会と全国人民代表大会（全人代）は、原理的に政府から何ら規制を受けてはならなかった。そのため、実際の制度化においても、国民大会と全人代には政府機関を管理・統制する権限が与えられながら、政府機関の側には国民大会と全人代を解散する権限が認められていなかった。しかし、国民大会と全人代が、国民党と共産党の統制を離れて「至高の権力」を文字どおりに行使したならば、両党による安定した国家意思の支配と運営は大きく損なわれてしまう。したがって、国民党も共産党も、現実の政治において、国民大会と全人代が有すべき「至高の権力」を、抑制ないし擬制化しなければならなかったのである。

孫文が構想した国民大会の「至高の権力」は、戦前の五五憲草の起草過程において制限され、さらに戦後の制憲過程において完全に矮小化された。ただし、戦後における国民大会権力の抑制は、「議会専制」を骨抜きにするためではなく、西欧的三権分立の導入によって、国民大会という制度自体が不要となったためだった。一九四七年に公布された中華民国憲法は、国民党が共産党との内戦に敗れて台湾に逃走した後、臨時条款の延長と追加によって総統権力が一層強化され、事実上の機能停止状態に陥った。だが、大陸では疑似的な〈大統領―議院内閣制〉（半大統領制）に止まった同憲法下の統治体制は、李登輝時代の六回にわたる憲法改正（一九九一〜二〇〇〇年）をバネにして、本来的な〈大統領―議院内閣制〉（半大統領制）へと向かっていった。とくに一九九七年の第四次改正では、総統の行政院院長任命に対する立法院の同意権が廃止された一方で、立法院は行政院院長に対して不信任案を提出し、不信任案が決議されると総統は行政院院長の更迭か立法院の解散を選択できるようになった。また、この間の一九九六年には国民による総統の直接選挙が実現した。さらに二〇〇五年になると、憲法改正と領土変更のために必要な非常設機関として残っていた国民大会が廃止され、憲法の改正は立法院を通過した後、国民投票によって確定されることになった。[*2]

これらの一連の変革は、政治協商会議による修改原則（一九四六年）の合意事項――不信任決議権と解散権、総統の直接選挙、国民大会の「無形」化、つまり国民投票への換骨奪胎等々――が実に六〇年もの歳月を費やして実現したことを意味した。このプロセスは、孫文の〈国民大会―五権政府〉構想が、西欧的立憲制に淘汰されていく長い歴史過程にほかならなかった。孫文の五権憲法構想は、ここにおいて、戦前・戦後に自由主義的知識人が主張した三権分立構想に最終的に敗北したのである。

一方、現在も大陸に存続する人民代表大会制にとって、共産党による社会統制と選挙過程の支配が、依然として安定的稼働の必須の前提となっている。「議会専制」的権力を擬制化することによって成り立つ人民代表大会制は、共産党が自らの体制を「民主」的であると誇示する制度的な根拠となっている。だが、その一党独裁体制が、実は議会権力の強化を民主主義の制度的な徹底・強化と見なす、民国以来の立憲的志向の帰結であったという事実は、歴史的逆説以外の何ものでもないといえよう。

中国の政治的民主化にとって、各級人代の改革と地位向上が重要な要件の一つであることは誰しも否定できない。[*3] ただし、注意しておくべきは、人民代表大会を本来的な議会として機能させる制度改革は、議会の民主主義的要素と自由主義的要素を調和させたものでなければならないという点である。

もし、全人代を頂点とする一元的な国家編成が維持されたまま、競争選挙が導入されるまで改革が進むなら（共産党の統制が緩み、そうした事態に立ち至る可能性は極めて低いように思われるが）、それを民主化の進展として手放しで喜ぶわけにはいかない。競争選挙によって、確かに「民意」を国政に反映させる議会の民主主義的要素は本来の意味で強化されるだろうが、その結果、各級人代とりわけ全人代を舞台に、「至高の権力」の行使をめぐって党派・勢力間の熾烈な政治的対立が惹起される可能性が高いからである。しかも、本書で明らかにしたように、〈全人代―中央国家諸機関〉の内的構造は、こうした対立を制御し抑制する自由主義的な機制（解散権等の権力的均衡と抑制のメカニズム）を欠いているため、全人代における収拾不能の混乱が国政の停滞あるいは危機へと波及しかねない。その場合、袁世凱による旧国会の解体がそうであったように、党・政府によって強権的に全人代の機能が停止されるという最悪のシナリオさえ予測されるのである。[*4]

註

＊1　なお、一九二五年に臨時約法以来の「法統」を放棄し、旧国会を最終的に解体した段祺瑞の臨時執政政府は、一九二五年一二月に五編一四章一六〇条からなる憲法草案を起草している。同憲法草案では、国会の衆議院に大総統・国務総理・国務員に対する弾劾権のほか、国務総理・国務員に対する不信任権を与え、さらに同院の閉会中には天壇憲草の国会委員会とほぼ同じ権限を持つ衆議院常任委員会の設置を認めている。これに対し、大総統には衆議院の解散権が与えられていたが、解散には参議院の同意が必要であった。議会の権限は以前に比して抑制されてはいるが、依然として「議会専制」的な志向は命脈を保っていたといえよう（石川忠雄『中国憲法史』慶應通信、一九五二年、六一～六五頁）。

＊2　以上の点については、松田康博「台湾における憲政の展開過程概論—独裁か民主か？中華民国か台湾か？」（『現代中国研究』第三一号、二〇一二年）の手際よい整理を参照されたい。一九九七年の第四次憲法改正が規定した総統の立法院解散権は、立法院が行政院院長の不信任案を可決したときに限定された受動的なものであった。この点は、一九四六年の政治協商会議による修改原則の規定と同じである（第Ⅵ章参照）。

＊3　人民代表大会の改革と地位向上の帰趨を、人代の「機能改革」と党の「領導」の維持・強化との複雑な関係から展望する業績として、加茂具樹『現代中国政治と人民代表大会—人代の機能改革と「領導・被領導」関係の変化』（慶應義塾大学出版会、二〇〇六年）を参照されたい。また、石塚迅は、法学の観点から人民代表大会制を修正する制度的枠組みとして立憲主義（違憲審査制）の可能性に期待をかけ、立憲主義と民主主義の接合が望ましい選択であるとする（同「現代中国の立憲主義と民主主義」石塚迅・中村元哉・山本真『憲政と近現代中国—国家、社会、個人』現代人文社、二〇一〇年、所収）。

＊4　以上の意味において、劉暁波が「〇八憲章」のなかで、民主的選挙制度の全面実施とともに権力の分立と相互牽制の制度的確立を主張していたことは、人民代表大会制の制度改革についてもあてはまるだろう（李暁蓉・張祖樺主編『零八憲章』開放出版社、二〇〇九年、一三～一五頁）。

参考資料・文献一覧

1　公報・議事録・報告書及び新聞雑誌類

『政府公報』
『国民政府公報』
『総統府公報』

『憲法起草委員会会議録』（旧国会）　＊李貴連主編『民国北京政府制憲史料』（線装書局、二〇〇七年）収録を利用
『憲法会議公報』（旧国会）　＊同右
『憲法起草委員会会議録』（新国会）　＊同右
中国第二歴史檔案館編『国民政府立法院会議録』（広西師範大学出版社、二〇〇四年）
全国経済会議秘書処編『全国経済会議専刊』（学海出版社影印版、一九七三年）
国難会議秘書処編『国難会議紀録』（文海出版社、一九八四年影印版）
立法院中華民国憲法草案宣伝委員会編『中華民国憲法草案説明書』（正中書局、一九四〇年）
憲政実施協進会秘書処『憲政実施協進会工作報告』（一九四四年八月）
憲政実施協進会『五五憲草意見整理及研討結果』（一九四五年五月）
国民大会秘書処『国民大会実録』（一九四六年）

『晨報』／『大公報（上海）』／『民国日報（上海）』／『申報』／『時報』
『文匯報』／『新華日報』／『中央日報（南京）』
『憲法新聞』　＊李貴連主編『民国北京政府制憲史料二編』（線装書局、二〇〇八年）収録を利用
『東方雑誌』／『国聞週報』／『上海総商会月報』／『銀行週報』
『民主』／『憲政月刊』／『再生』
『内部参考』

2　公刊資史料集類

中文（編著者名拼音順）

陳旭麓・郝盛潮主編『孫中山集外集』（上海人民出版社、一九九〇年）
重慶市政協文史資料研究会・中共重慶市委党校編『国民参政会紀実』上巻（重慶出版社、一九八五年）
重慶市政協文史資料研究委員会・中共重慶市委党校編『政治協商会議紀実』上巻（重慶出版社、一九八九年）
広東省社会科学院歴史研究所等合編『孫中山全集』全一一巻（中華書局、一九八一～八六年）
故宮博物院明清檔案部編『清末預備立憲檔案史料』上・下冊（中華書局、一九七九年）
国民参政会史料編纂委員会編『国民参政会史料』（国民参政会在台歴届参政員聯議会、一九六二年）
国民大会秘書処『国民大会代表対於中華民国憲法草案意見彙編』上・下冊（発行年不詳）
郭卿友主編『中華民国時期軍政職官誌』上（甘粛人民出版社、一九九〇年）
国民政府法制局編『増訂国民政府現行法規』（商務印書館、一九二九年）
胡春恵編『民国憲政運動』（正中書局、一九七八年）
経世文社編『民国経世文編』法律一（沈雲龍主編・近代中国史料叢刊第五〇輯、文海出版社、一九七〇年）
雷　震『制憲述要』（友聯出版社、一九五七年）
雷震著／薛化元主編『中華民国制憲史―制憲的歴史軌跡（一九一二―一九四五）』（稲郷出版社、二〇〇九年）
雷震著／薛化元主編『中華民国制憲史―政治協商会議憲法草案』（稲郷出版社、二〇〇九年）
雷震著／薛化元主編『中華民国制憲史―制憲国民大会』（稲郷出版社、二〇一一年）
李貴連主編『民国北京政府制憲史料』全一六冊（線装書局、二〇〇七年）
李貴連主編『民国北京政府制憲史料二編』全一八冊（線装書局、二〇〇八年）
李強選編『北洋時期国会会議記録彙編』全一六冊（国家図書館出版社、二〇一一年）
劉晴波主編『楊度集』（湖南人民出版社、一九八六年）
李啓成点校『資政院議場会議速記録―晩清預備国会論辯実録』（上海三聯書店、二〇一一年）
繆全吉『中国制憲史資料彙編―憲法篇』（国史館、一九八九年）

秦孝儀主編『中華民国重要史料初編―対日抗戦時期』第七編／戦後中国（二）（中国国民党中央委員会党史委員会、一九八一年）
全国人大常委会弁公庁・中共中央文献研究室編『人民代表大会制度重要文献選編』（一）（中国民主法制出版社・中央文献出版社、二〇一五年）
《上海工商社団志》編纂委員会編『上海工商社団志』（上海社会科学院出版社、二〇〇一年）
天津市档案館・天津社会科学院歴史研究所・天津市工商業聯合会『天津商会檔案匯編（一九二八―一九三七）』上（天津人民出版社、一九九六年）
呉経熊・黄公覚『中国制憲史』（商務印書館、一九三七年、ただし『民国叢書』第四編二七収録のテキストを使用）
徐友春主編『民国人物大辞典』（河北人民出版社、一九九一年）
姚崧齢『張公権先生年譜初稿』上冊（伝記文学出版社、一九八二年）
張其昀主編『国父全書』（国防研究院、一九六〇年）
中国第二歴史檔案館『国民党政府政治制度檔案史料選編』上（安徽教育出版社、一九九四年）
中国国民党中央委員会党史編纂委員会編輯『革命文献』（中央文物供応社）
中国社会科学院近代史研究所／厳如平・熊尚厚主編『民国人物伝』第八巻（中華書局、一九九六年）
中国銀行総行・中国第二歴史檔案館編『中国銀行行史資料匯編』上編（一九一二―一九四九）一（檔案出版社、一九九一年）

日文（編著者名五〇音順）

内閣官房内閣調査室『中華人民共和国組織別人名表』一九五七・五九・六二・六五年版
深町英夫編訳『孫文革命文集』（岩波書店、二〇一一年）

3　論　著

中文（編著者名拼音順）

卞　琳『南京国民政府訓政前期立法体制研究（一九二八―一九三七）』（法律出版社、二〇一二年）
別　琳『進歩党与民初政治（一九一二―一九一四）』（四川大学出版社、二〇一五年）
曾済羣『中華民国憲政法制与党政関係』（五南図書出版公司、一九九五年）

暢　鑫『民六後之財政与軍閥』（文林書局、発行年不詳）
程舒偉『議会政治与近代中国』（商務印書館、二〇〇六年）
陳盛清「論孫中山的〝五権憲法〟思想」（『学術月刊』一九五七年第九期）
陳家剛『現代中国民主制度的建構与運行―第一届全国人大研究（一九五四―一九五九）』（広東人民出版社、二〇一〇年）
鄧麗蘭『域外観念与本土政制変遷―二〇世紀二三十年代中国知識界的政制設計与参政』（中国人民大学出版社、二〇〇三年）
谷麗娟・袁香甫『中華民国国会史』（全三巻、中華書局、二〇一二年）
黄正楷「一九五〇年代中共新華社《内部参考》的功能与転変」（国立政治大学東亜研究所修士論文、二〇〇六年）
韓信夫等編『中華民国大事記』第五冊（中国文史出版社、一九九七年）
韓大元『一九五四年憲法制定過程』（法律出版社、二〇一四年）
韓大元『一九五四年憲法与新中国憲政』（湖南人民出版社、二〇〇四年）
荊月新『一九四七年憲法体制下的中央立法権研究』（法律出版社、二〇一二年）
荊知仁『中国立憲史』（聯経出版事業公司、一九八四年）
金冲及主編『孫中山研究論文集（一九四九―一九八四）』下（四川人民出版社、一九八六年）
林伯海『人民代表大会監督制度的分析与構建』（中国社会科学出版社、二〇〇四年）
劉景泉『北京民国政府議会政治研究』（天津教育出版社、二〇〇六年）
劉勁松『民初議会政治研究（一九一一―一九一三年）』（中国社会科学出版社、二〇一四年）
劉　政『人民代表大会制度的歴史足跡（増訂版）』（中国民主法制出版社、二〇一四年）
李暁蓉・張祖樺主編『零八憲章』（開放出版社、二〇〇九年）
李進修『中国近代政治制度史綱』（求実出版社、一九八八年）
羅俊強「行憲第一届立法委員之研究（一九四八―一九四九）」（国立政治大学歴史系修士論文、二〇〇〇年）
馬建華・王玉茹「近代中国国内匯兌市場初探」（『近代史研究』二〇一三年第六期）
聶　鑫『中国近代国会制度的変遷―以国会権限為中心』（上海人民出版社、二〇一五年）
牛　彤『孫中山憲政思想研究』（華夏出版社、二〇〇三年）
彭樹勛編『中華民国行憲以来之立法院』（成文出版社、一九八六年）

銭端升『民国政制史』上冊（商務印書館、一九三九年）
《上海新聞志》編纂委員会編『上海新聞志』（上海社会科学院出版社、二〇〇〇年）
石柏林・彭小平『中国近現代政治体制的演変与発展』（河南人民出版社、一九九一年）
石柏林『旧中国憲法五十年―国家権力配置研究』（湖南大学出版社、二〇〇八年）
石畢凡『近代中国自由主義憲政思潮研究』（山東人民出版社、二〇〇四年）
唐徳剛『袁氏当国』（広西師範大学出版社、二〇〇四年）
王建華『夭折的合法反対―民初政党政治研究（一九一二―一九一三）』（江蘇人民出版社、二〇一〇年）
王　敏『民国国会簡史』（中国民主法制出版社、二〇一五年）
王　強「商権、財政与党争―中国銀行〝民六則例風波〟述論」（『江蘇社会科学』二〇〇七年第二期）
王永祥『中国現代憲政運動史』（人民出版社、一九九六年）
汪朝光『中華民国史』第三編第五巻（李新総編、中華書局、二〇〇〇年）
王良卿『三民主義青年団与中国国民党関係研究（一九三八―一九四九）』（近代中国出版社、一九九八年）
聞黎明「〝国民大会議政会〟芻議―抗戦時期改革中央政治体制的重大設計」（『抗日戦争史研究』一九九六年第三期）
聞黎明『第三種力量与抗戦時期的中国政治』（上海書店出版社、二〇〇四年）
謝　慧『西南聯大与抗戦時期的憲政運動』（社会科学文献出版社、二〇一〇年）
熊秋良『移植与嬗変―民国北京政府時期国会選挙制度研究』（江蘇人民出版社、二〇一〇年）
薛　恒『民国議会制度研究（一九一一―一九二四）』（中国社会科学出版社、二〇〇八年）
薛化元『民主憲政与民族主義的弁証発展―張君勱思想研究』（稲禾出版社、一九九三年）
徐　矛『中華民国政治制度史』（上海人民出版社、一九九二年）
許崇徳『中華人民共和国憲法史』（福建人民出版社、二〇〇三年）
厳　泉『失敗的遺産―中華首届国会制憲一九一三―一九二三』（広西師範大学出版社、二〇〇七年）
厳　泉『民国製造―国会政治制度的運作一九一二―一九二四』（江蘇文芸出版社、二〇一二年）
厳　泉『民国初年的国会政治』（新星出版社、二〇一四年）
楊緒盟『移植与異化―民国初年中国政党政治研究（修訂版）』（人民出版社、二〇〇九年）

楊天宏「論《臨時約法》対民国政体的設計規劃」（『近代史研究』一九九八年第一期）
姚崧齢『中国銀行二十四年発展史』（伝記文学出版社、一九七六年）
葉利軍『民国北京政府時期選挙制度研究』（湖南人民出版社、二〇〇七年）
袁瑞良『人民代表大会制度形成発展史』（人民出版社、一九九四年）
虞和平『商会与中国早期現代化』（上海人民出版社、一九九三年）
張模民『北洋政府国務総理列伝』（台湾商務印書館、一九八四年）
張朋園『中国民主政治的困境、一九〇九―一九四九―晩清以来歴届議会選挙述論』（聯経出版、二〇〇七年）
張　永『民国初年的進歩党与議会政党政治』（北京大学出版社、二〇〇八年）
張玉法『民国初年的政党』（中央研究院近代史研究所専刊四九、一九八五年）
鄭大華『張君勱伝』（中華書局、一九九七年）
鄭大華『民国思想史論』（社会科学文献出版社、二〇〇六年）

日文（編著者名五〇音順）
味岡　徹「現代中国憲政の出発」（『聖心女子大学論叢』第一二九集、二〇一七年六月）
池田　誠「孫文の「以党治国」論について―「権」と「能」の均衡による「全民政治」への期待」（同『孫文と中国革命』法律文化社、一九八三年、所収）
石川忠雄『中国憲法史』（慶應通信、一九五二年）
石塚　迅・中村元哉・山本　真『憲政と近現代中国―国家、社会、個人』（現代人文社、二〇一〇年）
石塚　迅「現代中国の立憲主義と民主主義」（前掲『憲政と近現代中国―国家、社会、個人』所収）
伊藤之雄「近代日本の議会制の発展と立憲君主制の形成」（比較法史学会編『法生活と文明史』未来社、二〇〇三年、所収）
伊藤之雄『政党政治と天皇』（日本の歴史二二、講談社学術文庫版、二〇一〇年）
今関源成「第五共和制の基本的枠組み」（奥島孝康・中村紘一編『フランスの政治』早稲田大学出版部、一九九三年、所収）
岩井茂樹『中国近世財政史の研究』（京都大学学術出版会、二〇〇四年）
岩谷　將「訓政制度設計をめぐる蔣介石・胡漢民対立」（『アジア研究』第五三巻二号、二〇〇七年）

上村貞美「フランス第五共和制における緊急権」（『法学雑誌』第二〇巻四号、一九七四年）
小山　勉『トクヴィル―民主主義の三つの学校』（ちくま学芸文庫、二〇〇六年）
金子　肇「一九二〇年代前半における各省『法団』勢力と北京政府」（横山英編『中国の近代化と地方政治』勁草書房、一九八五年、所収）
金子　肇「上海資本家階級と国民党統治（一九二七―二九）―馮少山追放の政治史的意義」（『史学研究』第一七六号、一九八七年）
金子　肇「商民協会と中国国民党（一九二七―一九三〇）―上海商民協会を中心に」（『歴史学研究』第五九八号、一九八九年）
金子　肇「馮少山の「訓政」批判と「国民」形成」（曽田三郎編『中国近代化過程の指導者たち』東方書店、一九九七年、所収）
金子　肇「中華民国の国家統合と政治的合意形成―「各省の合意」と「国民の合意」」（『現代中国研究』第三号、一九九八年）
金子　肇『近代中国の中央と地方―民国前期の国家統合と行財政』（汲古書院、二〇〇八年）
金子　肇「権力の均衡と角逐―民国前期における体制の模索」（深町英夫編『中国政治体制一〇〇年』中央大学出版部、二〇〇九年、所収）
金子　肇「民国初期の改革と政治的統合の隘路」（辛亥革命百周年記念論集編集委員会編『総合研究　辛亥革命』岩波書店、二〇一二年、所収）
金子　肇「中華民国史と「歴史の語り」」（田中仁編『21世紀の東アジアと歴史問題―思索と対話のための政治史論』法律文化社、二〇一七年、所収）
金子　肇「中国の憲法制定事業と日本」（水羽信男編『アジアから考える―日本人が「アジアの世紀」を生きるために』有志舎、二〇一七年、所収）
加茂具樹『現代中国政治と人民代表大会―人代の機能改革と「領導・被領導」関係の変化』（慶應義塾大学出版会、二〇〇六年）
外務省アジア局第二課『中華人民共和国憲法の分析』（一九五四年）
楠瀬正明「中華民国の成立と臨時参議院」（横山英・曽田三郎『中国の近代化と政治的統合』溪水社、一九九二年、所収）
楠瀬正明「中華民国初期の憲法構想―いわゆる天壇憲法制定過程を中心に」（『地域文化研究』第二〇号、一九九四年）
黒田明伸「二〇世紀初期揚子江中下流域の貨幣流通」（角山栄編著『日本領事館報告の研究』同文館出版、一九八六年、所収）
笹川裕史『中華人民共和国誕生の社会史』（講談社、二〇一一年）
佐藤　功『比較政治制度』（東京大学出版会、一九六七年）

銭端升／及川恒忠訳『最近支那政治制度史』上冊（慶應出版社、一九四三年）
曽田三郎『立憲国家中国への始動—明治憲政と近代中国』（思文閣出版、二〇〇九年）
曽田三郎『中華民国の誕生と大正初期の日本人』（思文閣出版、二〇一三年）
孫　宏雲「孫文「五権憲法」思想の変遷」（『孫文研究』第三七号、二〇〇五年）
孫　宏雲「法学者・政治学者と一九五四年憲法の制定」（中村元哉編『憲政から見た現代中国』東京大学出版会、二〇一八年、所収）
滝村隆一『国家論大綱』第一巻上（勁草書房、二〇〇三年）
田中比呂志『近代中国の政治統合と地域社会—立憲・地方自治・地域エリート』（研文出版、二〇一〇年）
陳　謙平「一党独裁制から多党「襯託」制へ—憲法施行国民大会とその戦後政治への影響」（久保亨編著『一九四九年前後の中国』汲古書院、二〇〇六年、所収）
陳　來幸『近代中国の総商会制度—繋がる華人の世界』（京都大学学術出版会、二〇一六年）
唐　亮「改革期の中国における人民代表大会の改革と役割強化」（『アジア経済』第四〇巻六号、一九九九年）
土岐　茂「共同綱領の憲法的性格」（『早稲田法学会誌』第三四巻、一九八三年）
トクヴィル『アメリカのデモクラシー』第一巻上（松本礼二訳、岩波文庫版、二〇〇五年）
鳥海　靖『日本近代史講義—明治立憲制の形成とその理念』（東京大学出版会、一九八八年）
中岡まり「中国共産党による政権機関の建設—建国初期の北京市を例として」（『法学政治学論究』第三六号、一九九八年）
中岡まり「中国共産党政権の正当性の強化—一九五六年北京市第二期人民代表大会選挙を例として」（『法学政治学論究』第五一号、二〇〇一年）
中村元哉『戦後中国の憲政実施と言論の自由　一九四五—四九』（東京大学出版会、二〇〇四年）
中村元哉「国民党「党治」下の憲法制定活動—張知本と呉経熊の自由・権利論」（中央大学人文科学研究所編『中華民国の模索と苦境　一九二八～一九四九』中央大学出版部、二〇一〇年、所収）
中村元哉「現代中国の憲政論と世界認識」（『現代中国』第八五号、二〇一一年）
中村元哉「戦時中国の憲法制定史」（久保亨・波多野澄雄・西村成雄編『戦時期中国経済発展と社会変容』慶應義塾大学出版会、二〇一四年、所収）
中村元哉『対立と共存の日中関係史—共和国としての中国』（講談社、二〇一七年）

西村成雄『中国ナショナリズムと民主主義』（研文出版、一九九一年）
西村成雄『二〇世紀中国の政治空間—「中華民族的国民国家」の凝集力』（青木書店、二〇〇四年）
西村成雄「憲政をめぐる公共空間と訓政体制—一九四四年重慶の政治過程」（久保亨・嵯峨隆編『中華民国の憲政と独裁 一九一二—一九四九』慶應義塾大学出版会、二〇一一年、所収）
西村成雄「民国政治における正統性問題—政治的委任＝代表関係の新経路」（渡辺信一郎・西村成雄編『中国の国家体制をどうみるか—伝統と近代』汲古書院、二〇一七年、所収）
野沢　豊「中国における統一戦線の形成過程—第一次国共合作と国民会議」（『思想』第四七七号、一九六四年）
野村浩一「近代中国における「民主・憲政」のゆくえ（中）」（『思想』第一〇七三号、二〇一三年）
坂野潤治『日本憲政史』（東京大学出版会、二〇〇八年）
坂野潤治『近代日本の国家構想 一八七一—一九三六』（岩波現代文庫版、二〇〇九年）
深町英夫編『中国議会一〇〇年史—誰が誰を代表してきたのか』（東京大学出版会、二〇一五年）
深町英夫『孫文—近代化の岐路』（岩波書店、二〇一六年）
待鳥聡史『代議制民主主義—「民意」と「政治家」を問い直す』（中公新書二三四七、二〇一五年）
松田康博「台湾における憲政の展開過程概論—独裁か民主か？中華民国か台湾か？」（『現代中国研究』第三一号、二〇一二年）
水羽信男「中国社会と選挙—一九五四年の人民代表大会選挙を中心として」（前掲『憲政から見た現代中国』所収）
三谷太一郎「政党内閣期の条件」（伊藤隆・中村隆英編『近代日本研究入門』東京大学出版会、一九七七年、所収）
光田　剛「訓政開始と訓政の構想—孫文の「建国大綱」構想と胡漢民の訓政構想」（前掲『中華民国の模索と苦境 一九二八〜一九四九』所収）
宮澤俊義・田中二郎『中華民国憲法確定草案』（中華民国法制研究会、一九三六年）
村田雄二郎「中国皇帝と天皇」（山内昌之・増田一夫・村田雄二郎編『帝国とは何か』岩波書店、一九九七年、所収）
毛里和子「政治体制の特徴とその改革」（野村浩一編『現代中国の政治世界』岩波講座現代中国第Ⅰ巻、一九八九年、所収）
毛里和子『新版現代中国政治』（名古屋大学出版会、二〇〇四年）
杜崎群傑『中国共産党による「人民代表会議」制度の創成と政治過程—権力と正統性をめぐって』（御茶の水書房、二〇一五年）
安井三吉「中国国民政府論—未完の訓政」（『世界歴史』第二四巻、岩波書店、一九九八年、所収）

安田　浩「政党内閣期の天皇制」（『憲法問題』創刊号、一九九〇年）

安田　浩『天皇の政治史—睦仁・嘉仁・裕仁の時代』（青木書店、一九九八年）

山田辰雄「袁世凱の政治と帝制論」（宇野重昭・天児慧『二〇世紀の中国—政治変動と国際契機』東京大学出版会、一九九四年、所収）

山田辰雄「袁世凱帝制論再考—フランク・J・グッドナウと楊度」（山田辰雄編『歴史のなかの現代中国』勁草書房、一九九六年、所収）

ヤング、アーネスト・P／藤岡喜久男訳『袁世凱総統—「開発独裁」の先駆』（光風社出版、一九九四年）

横山宏章『中華民国史—専制と民主の相剋』（三一書房、一九九六年）

横山　英「国民革命期における中国共産党の政治的統合構想」（横山英・曽田三郎編『中国の近代化と政治的統合』溪水社、一九九二年、所収）

吉澤誠一郎「中華民国顧問グッドナウによる国制の模索」（斯波義信編『モリソンパンフレットの世界—近代アジアとモリソンコレクションⅡ』東洋文庫、二〇一六年、所収）

劉　迪「人民代表大会代表選挙制度の問題点」（『比較法学』第三四巻一号、二〇〇〇年）

林　来梵『中国における主権・代表と選挙』（晃洋書房、一九九六年）

英文（著者名アルファベット順）

Andrew J. Nathan, *Peking Politics 1918-1923: Factionalism and the Failure of Constitutionalism* (Berkley. Los Angeles. London, University of California Press, 1976).

Ernest P. Young, *The Presidency of Yuan Shih-k'ai: Liberalism and Dictatorship in Early Republican China* (Ann Arbor: The University of Michigan Press, 1977).

あとがき

本書の成り立ちのきっかけは、姫田光義編著『戦後中国国民政府史の研究』（中央大学出版部、二〇〇一年）、久保亨編著『一九四九年前後の中国』（汲古書院、二〇〇六年）に、戦後の「憲政」改革と立法院、孫文・共産党及び中華民国憲法の統治構想に関して論文を発表したことにある。一方、「議会専制」という着想は、一九九七年に中央大学人文科学研究所「民国史研究」チームが主催したシンポジウムの報告で、初めて提示する機会を与えられた。このときは、臨時約法が規定する統治形態を「議会専制」として論じたに過ぎなかったが、姫田さんと久保さんの論文集に参加できたおかげで、「議会専制」というモチーフの下に、民国初年の臨時約法から人民共和国成立当初に至る中国議会史を、体系的にまとめることはできないかと考えるようになった。

ところが、個別論文を書きため著作にまとめようとする段になり、はたと立ち止まらざるを得なかった。収録すべき論文の多くは説明がともすれば重複し、考察が不十分なところも多かったからである。さらに、一九一〇年代に関する分析が圧倒的に不足していた。これでは中国議会史を体系的に論ずることなど、とてもおぼつかない。そう悟った私は、それまで書いた論文の多くをいったん解体し、本書各章の核となる部分を選び抜き、さらに新たな史料を加味しながら内容を再構成していった。そのため、序章と終章はもちろん、他の章でも新たに書き下ろし、あるいは加筆したところがとても多くなった。以下、本書に「動員」した既発表論文を掲げておく。各章のうち、元論文の原形をほぼ留めているのは第Ⅱ章（⑬）、第Ⅳ章（①②）、第Ⅷ章（⑥）だけである。

① 「上海資本家階級と国民党統治（一九二七—二九）——馮少山追放の政治史的意義」（『史学研究』第一七六号、一九八

七年）
②「馮少山の「訓政」批判と「国民」形成」（曽田三郎編『中国近代化過程の指導者たち』東方書店、一九九七年、所収）
③「中華民国の国家統合と政治的合意形成――「各省の合意」と「国民の合意」」（『現代中国研究』第三号、一九九八年）
④「戦後の憲政実施と立法院改革」（姫田光義編著『戦後国民政府史の研究』中央大学出版部、二〇〇一年、所収）
⑤「国民党による憲法施行体制の統治形態――孫文の統治構想、人民共和国の統治形態との対比から」（久保亨編著『一九四九年前後の中国』汲古書院、二〇〇六年、所収）
⑥「国共内戦下の立法院と一九四七年憲法体制」（『近きに在りて』第五三号、二〇〇八年）
⑦「国家統合の模索と諮詢機関の役割」（拙著『近代中国の中央と地方――民国前期の国家統合と行財政』汲古書院、二〇〇八年、所収）
⑧「権力の均衡と角逐――民国前期における体制の模索」（深町英夫編『中国政治体制一〇〇年』中央大学出版部、二〇〇九年、所収）
⑨「知識人と政治体制の民主的変革――『憲政』への移行をめぐって」（村田雄二郎編『リベラリズムの中国』有志舎、二〇一一年、所収）
⑩「民国初期の改革と政治的統合の隘路」（辛亥革命百周年記念論集編集委員会編『総合研究 辛亥革命』岩波書店、二〇一二年、所収）
⑪「近代中国における民主の制度化と憲政」（『現代中国研究』第三一号、二〇一二年）
⑫「近現代中国の立憲制と議会専制の系譜」（『新しい歴史学のために』第二八五号、二〇一四年）
⑬「民意に服さぬ代表――新国会の「議会専制」」（深町英夫編『中国議会一〇〇年史』東京大学出版会、二〇一五年、所収）
⑭「中国の憲法制定事業と日本」（水羽信男編『アジアから考える――日本人が「アジアの世紀」を生きるために』有志舎、

二〇一七年、所収）

私は、一九八九年の六・四事件（天安門事件）を契機として、徐々に近現代中国の政治構造や統治形態の分析を研究テーマとして意識するようになった。六・四事件によって、中国の「政治」や「権力」に対する認識の甘さを思い知らされたからである。また、政治構造や統治形態の変化を軸に、「国家」を正面に据えて中国近現代史を再構成することで、中国の現実的な諸課題とも接点を持ち得るのではないかと考えたからである。中央・地方関係に着目して、専制王朝から人民共和国に至る中国独特の政治構造を見通そうとした前著（『近代中国の中央と地方――民国前期の国家統合と行財政』）、そして現在の中国・台湾の政治体制を射程に収め、中国議会史を描き出そうとする本書は、何れも以上のような問題意識を出発点としている。また、序章に記したような日本の中国政治イメージに対する危惧も、やはり同様の問題意識に根差している。

前著にせよ本書にせよ、共通するのは、一定のテーマの下に中国近現代史を体系的に再構成しようとする方法である。私としては、こうした方法を通じて歴史を現在にまで駆け下り、そのテーマに即した課題を現在の中国から抽出していくことができたらと思っている。そうしたことが、歴史学の特性を際立たせ、社会に対して歴史学ならではの中国像・中国認識を発信することに繋がるのではないだろうか。そうした方法（願望？）が本書において成功しているのか怪しいところだが、今後もこうした観点は持ち続けたいと考えている。本書の内容ともども、読者の皆さんのご批判を仰ぎたい。

最後に、厳しい出版事情のなかで、本書の刊行を快く引き受けて下さった有志舎代表取締役の永滝稔氏に、心からお礼を申し上げる。私もまた、出版業を「志の業」とし、日本・東アジアの近現代史を中心に数多くの学術書を手掛けてこられた永滝氏に、敬意を抱く者の一人である。理想を追い続ける永滝氏の熱い「志」に、本書が少しなりとも応えることができたとしたら、これにまさる喜びはない。

二〇一八年一二月

金子　肇

索　引

〈事　項〉

あ　行

安徽派　14, 65, 68, 69, 72, 73, 78, 79, 82, 83, 92
安直戦争　83, 92
安福倶楽部　65-87, 92
安福系　➡安福倶楽部
安福国会　14, 66, 67, 69, 85, 179

か　行

会計検査　➡審計
戒厳令　31-33, 46, 209-212, 225, 238-240, 243, 257
解散権　24, 26, 33, 35-39, 42, 43, 55, 57, 63, 71, 84-86, 91, 93, 99, 107, 166, 168, 179, 188, 192, 194, 196, 202, 212, 214, 228, 258-261, 281, 282
革新倶楽部　225, 226, 231, 241, 242, 244
監察院　93, 96, 102, 104, 112, 115, 127, 128, 134, 139-145, 147, 149, 150, 162, 164-166, 168, 176, 182, 188, 189, 191, 193, 203, 204, 207-209, 269
議院内閣制　146, 168, 180, 188, 192, 193, 195, 196, 202, 208, 209, 213, 214, 228, 278, 280
議院法　81
議院法要領　23
議会制民主主義　1, 93, 94, 255, 261
期成憲草　159-161, 163-171, 177-179, 182, 183, 186, 190, 191
己未倶楽部　72, 73, 76, 78, 79
旧交通系　73, 75, 79
救国会派　158, 162, 181, 185
旧国会　6, 7, 14, 21, 56, 57, 60, 65-67, 69-71, 74, 81, 84, 86, 87, 92, 93, 121, 265, 266, 279, 282
共産党　1, 2, 5, 7, 8, 12, 14-16, 18, 27, 94, 157, 158, 161, 162, 184-187, 189-191, 194, 196, 199, 207, 211, 213, 217, 220, 222, 233, 235, 237, 241, 243, 244, 251-253, 255, 259-272, 275, 278-281
行政院　15, 93, 96, 101, 104, 112, 114, 115, 135, 137, 138, 140, 146-148, 151, 152, 164-168, 173, 177, 179, 180, 182, 184, 188-199, 201-204, 206-211, 213, 214, 217, 221-223, 225-240, 242-248, 269, 280, 282
行政院会議　209, 211, 238-240
郷村建設派　158, 170, 185
教令　31, 33, 46, 48, 74, 75
共和建設討論会　27, 59
共和党　27, 28, 30, 35-37, 40, 59
緊急権　31-33, 43
緊急財政処分　23, 41, 48
緊急処分権　210-213, 220, 238, 240, 241, 278
緊急措置権　212
緊急命令権　41-43, 46, 48, 139, 140, 148, 152, 167, 204, 209-211, 225, 238, 240
君主立憲重大信条　23
訓政　15, 93, 95, 96, 112-124, 127, 128, 133-135, 156, 159, 160, 185, 189, 251, 270
訓政綱領　114
訓政時期約法　15, 114
経済会議　119-122, 126, 127
研究系　65, 68, 73
憲政（孫文）　15, 93, 95, 96, 98, 99, 101, 102, 108, 109, 112, 116, 118-120, 122, 123, 128, 129, 133-136, 159, 161, 163, 171-173, 175-179, 183-186, 188, 207, 213-215, 222-224, 242, 243, 251, 252, 270
憲政運動　8, 15, 108, 113, 128, 129, 159, 160, 163, 174, 186, 201
憲政期成会　159-164, 166, 168, 169, 172, 178, 181, 182, 186, 191, 197
憲政実施協進会　155, 159, 160, 171-175, 178, 179, 183, 186, 190, 191, 197
憲草修改原則　109, 128, 159, 180, 186, 187, 189-194, 202, 208, 214, 281, 282
権能区分　95, 101, 104-106, 108, 110, 123, 135, 142-147, 151, 169, 176, 178, 179
憲法会議　34, 56, 57
憲法改正権　➡憲法修正権
憲法起草委員会（旧国会）　22, 31, 34, 35, 38-40, 43, 48, 55, 56, 60
憲法起草委員会（新国会）　85, 86
憲法研究会系　➡研究系
憲法修正権　34, 42, 102, 137, 141, 164, 203, 207, 256

憲法制定権　40, 42
憲法大綱（清朝）　23
五院政府　112-116, 119
行憲国民大会　204, 206, 210, 212, 219, 220, 222, 224, 266
考試院　93, 96, 102, 104, 112, 115, 141-144, 147, 148, 164, 188, 203, 207-209, 269
抗戦建国綱領　158
光緒新政　3, 13, 22, 69
国政調査権　193, 198, 199
国難会議　127, 134
国防委員会　256, 258, 273
国民委員会　141, 146, 160, 257
国民会議　94, 118-123
国民革命　14, 94, 118, 125
国民参政会　127, 157-163, 170-173, 178, 180, 182, 197, 214
国民政府　15, 100, 108, 112, 114-117, 119, 121, 122, 127, 129, 131, 133, 136, 138, 140, 159, 162, 170, 171, 185, 196, 197, 200
国民政府建国大綱　95, 96, 101, 104-108, 112, 120, 134, 152, 156, 190
国民政府組織法　114, 115, 123, 127
国民大会　2, 4, 7, 12, 15, 27, 93-96, 98-110, 114, 120, 128, 134, 135, 137-147, 149, 150, 155, 157, 159-161, 163-171, 173, 175-179, 185-190, 201-203, 205-208, 211, 213, 222, 223, 255, 257, 261, 264-265, 269, 270, 279-281
国民大会委員会　141-143, 160, 257
国民大会議政会　15, 164-171, 177-179, 182, 183, 190, 257
国民党（中国国民党）　2, 7, 12, 14, 15, 93, 94, 100, 108, 112-118, 120-128, 131, 133-135, 137-139, 142, 146, 149, 152, 155, 157-163, 168, 170-173, 175-180, 183-187, 189-197, 199-207, 209-215, 217, 220-225, 227, 230, 231, 237, 242, 244, 245, 251, 252, 255, 260, 264-266, 268-270, 275, 278, 280
国民党（民国初年）　13, 27, 30, 31, 35-38, 40, 44, 45, 55, 56, 59, 65-67, 70, 86, 91
国民党革命委員会　268
国務員　25-28, 31-33, 35-39, 41-44, 57-59, 71, 85, 86, 93, 282
国務院（人民共和国）　256-258, 260, 261, 264, 269
国務院（民国）　25, 26, 31, 32, 40, 44-46, 53, 56, 70-72, 75, 80, 81, 84, 121
国務院総理　256, 258, 260, 262
国務会議　114-116, 123, 129
国務総理　14, 25, 28, 29, 32, 33, 35, 36, 38, 41-43, 56, 65, 72, 73, 76, 78, 80, 84, 93, 282
五権　➡治権
五権憲法　11, 93, 95-97, 102, 103, 105, 106, 110, 111, 123, 137, 138, 142, 144-146, 152, 155, 170, 176, 178, 183, 188, 189, 200, 201, 203, 204, 206, 208, 214, 215, 258, 273, 281
五権政府　93-96, 98-101, 103, 105-108, 112, 134, 135, 138, 140-142, 145, 150, 151, 160, 164, 168, 179, 255, 257, 261, 264, 265, 269, 270, 281
五権分立　93, 96, 97, 108, 112, 155, 169, 199, 213
五五憲草　15, 94, 100, 106, 109, 128, 133-136, 140, 141, 143-145, 147-157, 159, 160, 162-175, 178-180, 184, 186-193, 196, 199-203, 205, 207, 208, 213, 215, 257, 258, 260, 265, 278, 280
国会委員会　32, 33, 39, 41-43, 56, 60, 160, 257, 282
国会組織法　34, 68, 71, 90
国会非常会議　66
国家社会党　158, 161, 162, 185
国家主席　➡人民共和国主席
顧問院　44, 45
昆明憲草　152-165, 169, 178, 181, 182

さ　行

再議（権）　23, 26, 33, 47, 48, 71, 79, 80-83, 85, 144, 148, 151, 167, 192-196, 198, 199, 202-206, 208-214, 217, 219, 225, 226, 228, 229, 232-236, 238, 240, 242, 259
最高人民検察院　256-258, 261, 269
最高人民法院　256-258, 261, 269
参議院（旧国会）　21, 30-33, 36, 38, 41, 42, 71, 93
参議院（新国会）　69-71, 73, 75, 76, 78-82, 85, 86, 90
参議院議員選挙法　68, 70, 121
三権分立　12, 18, 35, 42, 50, 93, 94, 96, 97, 100, 107, 108, 111, 121, 135, 150-152, 179, 183, 188-190, 196, 199, 203, 207, 208, 213, 214, 219, 223, 243, 252, 255, 257, 260, 265, 273, 279-281
参政院　46-49, 51, 54, 55
三青団（旧三民主義青年団）系　225, 245, 246
CC 系　225, 231, 244, 246, 250
諮議局　22, 69, 123
資政院　22, 23, 69, 123

司法院　93, 96, 102, 104, 141-144, 147, 148, 164, 188, 203, 207-209, 269
衆議院（旧国会）　21, 30-33, 35-39, 41-43, 57, 86, 91, 93
衆議院（新国会）　69-73, 75, 76, 78, 79, 81-83, 85, 86
衆議院議員選挙法　69, 70, 121
粛政庁　47, 51
将軍府　46, 47, 51
省約法　24, 54
職業教育派　158, 161, 162, 185
職能代表制　119-122, 127
辛亥革命　2, 4, 6, 13, 19, 20, 23-25, 29, 54, 68, 95, 277
審計　41, 42, 193, 204, 208, 233
新国会　6, 14, 21, 26, 66-73, 75, 76, 81, 83-86, 92, 265, 266, 277, 279
新政　➡光緒新政
新政倶楽部　225, 234, 237, 244
進歩党　30, 31, 35, 36, 38, 39, 59, 65, 69, 86, 91
人民共和国主席　256-262, 273
人民政協　➡人民政治協商会議
人民政治協商会議　129, 253, 255, 259, 260, 268
人民政治協商会議共同綱領　255
人民代表会議　263, 266, 274
人民代表大会　2, 7, 12, 16, 27, 94, 252, 254-256, 258-266, 270, 271, 273, 275, 279-282
新約法　7, 14, 41, 45, 47-50, 53-57, 121, 258, 260, 278
スターリン憲法　274
政協会議　➡政治協商会議
政協憲草　184, 187, 194, 197, 199-206, 208, 209, 213-215, 219
政権　93-95, 97-100, 102, 104-108, 110, 114, 118, 124, 126, 135, 139, 141-146, 149, 150, 155, 160, 164-171, 175-179, 187, 188, 200, 202, 203, 207, 213, 222, 270
制憲国民大会　184, 186, 187, 196, 197, 199-201, 204-206, 212, 215, 218, 221, 251
政治会議　40, 41, 49, 91
政治協商会議　109, 128, 159, 160, 180, 184-187, 189-192, 197, 208, 213, 214, 281, 282
政事堂　46, 47, 51
青年党　158, 161, 162, 177, 185, 187, 189-191, 197, 200, 203, 205, 224
責任内閣　36, 37, 196, 237
1954 年憲法　➡中華人民共和国憲法
全国人民代表大会　16, 251, 252, 254-264, 267-271, 273-275
全国人民代表大会及地方各級人民代表大会選挙法　254, 262, 264, 268, 269, 275
全人代　➡全国人民代表大会
全人代常務委員会　256-261, 263, 264, 273
全民政治　97, 98, 100, 105, 117, 118-120
曹錕憲法　92, 277
曹錕賄選　67, 84, 92
総統　15, 57, 65, 69, 75, 96, 101, 102, 135, 137-145, 147-152, 156, 164-169, 173, 179, 180, 184, 188, 193-195, 197-204, 206-214, 217, 219-223, 225-232, 235, 237-244, 247, 250, 278, 280-282
総統制　44, 45, 50, 134, 200
ソビエト　16, 94, 119, 135, 261, 262, 274, 279

た　行

第一期国会　➡旧国会
第三党　158, 185, 268
大総統　13, 14, 31-34, 36-51, 53-59, 65, 71-76, 78-81, 85-87, 90, 92, 93, 102, 121, 125, 258, 278, 282
大総統親裁　8, 50, 51, 53, 55, 56, 258, 278
大総統制　➡総統制
大総統選挙会　31, 40, 54
大総統府　44-47, 51
大統領　96, 188, 211, 212, 214, 220, 259, 260, 280
大統領制　8, 21, 50, 134, 195, 202
第二革命　30, 31, 35
第二期国会　➡新国会
大日本帝国憲法　5, 50
多段階間接選挙　262, 263, 265, 268, 275
弾劾権　24, 26, 32, 33, 48, 71, 93, 97, 140, 144, 170, 182, 188, 208, 259, 282
単独責任制　28, 148, 167
治権　93-95, 98-102, 104-107, 110, 113, 114, 116, 135, 138, 141-145, 150-152, 165, 168, 169, 175, 178, 179, 183, 188, 200, 213, 233, 270
中央人民政府委員会　251, 252, 254, 255, 262
中央政治会議　114-116, 121-123, 129, 130, 207
中華人民共和国憲法　16, 252-255, 258, 260, 261, 263, 269
中華民国憲法　7, 15, 16, 160, 163, 178, 180, 184, 187, 199, 201, 206-210, 212-215, 219, 221-225, 228, 243, 244, 251, 254, 265, 277, 278, 280
中華民国約法　➡新約法

中華民国臨時政府組織大綱　20, 24
中華民国臨時政府組織法草案　21, 24
中華民国臨時約法　➡臨時約法
中華民族解放行動委員会　161
中行則例　➡中国銀行則例
中国銀行則例　68, 72-86, 90
中国同盟会　13, 27, 28, 30, 44, 54, 55, 59
中政会　➡中央政治会議
直隷派　65, 67, 75, 82, 92, 118, 125
帝国議会　5, 43, 50, 51
停止的拒否権　➡再議（権）
天壇憲草　22, 25, 30-35, 41-43, 46, 48, 55-57, 60, 85, 86, 160, 257, 277, 282
同意権　24-29, 32, 33, 35, 36, 38, 39, 41-43, 48, 55, 71, 72, 79, 84-86, 93, 102, 144, 147, 188, 191, 207-209, 225, 226, 228-231, 242, 244, 280
統一共和党　27, 28, 59
統一党　30, 59, 91
動員戡乱時期臨時条款　204, 210-212, 219-223, 229, 237-243, 250, 278, 280
等額選挙　263, 264, 267, 268, 275

な　行

南京臨時政府　20, 21, 24, 27
日中戦争　5, 15, 100, 108, 113, 128, 133, 134, 155-158, 160, 171, 178, 180, 184-186, 189, 190, 213, 214, 270
農工党　➡第三党

は　行

半大統領制　188, 214, 280
万能政府　105, 107, 142, 150, 156, 177
非常国会　66
不信任（決議）権　33, 35, 38, 39, 41-43, 57, 85, 86, 93, 138, 146, 147, 151, 152, 155, 164-166, 168, 170, 179, 182, 188, 191-196, 198, 199, 209, 214, 228, 280-282
フランス第五共和制　211, 212, 220, 250
フランス第三共和制　21, 54, 63
平政院　47
北京政府　67, 68, 74, 75, 92, 107, 112, 120, 121, 133, 265
編制権　31, 42
法院　25, 43, 46, 47, 188
奉直戦争　92
法統　4, 67, 92, 255, 282

ま　行

満洲事変　15, 126-128, 133, 157, 159
民主建国会　128, 129
民主社会党　135, 187, 197, 199, 200, 203, 205, 224
民主集中制　94, 252, 255
民主政団同盟　162, 172, 185
民主促進会　128, 129
民主党　27, 30, 40, 59
民主党派　15, 129, 157, 158, 161, 163, 170-172, 175, 185, 213, 214, 253, 254, 259-261, 263, 264, 266, 268, 275
民主同盟　15, 185, 187, 190-192, 196, 199, 200, 266
明治憲法（体制）　43, 50, 51-53, 55, 56

や　行

四権　➡政権
約法会議　41, 45, 49, 91

ら　行

陸海軍統率辦事処　46, 47, 51
立憲主義　9, 11, 18, 68, 69, 282
立法院（袁世凱政権）　46-51, 53-55
立法院（訓政時期）　15, 115-124, 126-128, 130, 134-139, 141, 142, 144, 145, 148, 149, 151, 152, 154, 156, 159, 174, 197, 199
立法院（憲政時期）　7, 15, 16, 94, 96, 100-108, 110, 113, 118, 123, 128, 135, 136, 138-152, 155, 156, 159, 160, 164-171, 175-180, 183, 184, 188-199, 201-215, 217-247, 250, 254, 255, 266, 277-280, 282
立法院議事規則　229, 231
立法院組織法　118, 219, 226, 227
臨時参議院　5, 13, 14, 19-21, 24-32, 35, 40, 44, 45, 55, 59, 67-69, 71, 72, 74, 75, 81, 86, 121, 196, 230, 259, 278, 279
臨時大総統　20, 24-29, 34, 59, 71, 81, 259
臨時約法　4, 7, 8, 13, 14, 19-22, 24-27, 29-36, 38, 40-42, 44, 46, 48, 54-56, 59, 65, 67, 71, 72, 75, 79, 81, 83-87, 92, 99, 107, 179, 215, 230, 255, 259, 277, 278, 282
レーニン憲法　262

わ　行

ワイマール憲法　119
賄選憲法　➡曹錕憲法

〈人　名〉

あ 行

有賀長雄　42-44, 49, 51
伊藤博文　52
易宗夔　36, 37
袁世凱　7, 13, 14, 19, 20, 22, 24, 27-31, 34, 35, 39-46, 49-51, 53-57, 60, 65, 74, 91, 99, 121, 258, 260, 278, 282
王印川　35-37 , 86, 91
王雲五　173, 174, 185, 191, 197
汪栄宝　22
王介安　117
王暁籟　117, 126
王敬芳　38
王克敏　74
王人文　28, 29
王世杰　172, 173, 183, 185, 191-195, 197, 201, 205, 214, 215, 217
王正廷　30
汪大燮　49
王寵恵　142, 156, 173, 174-177, 191, 196-199, 201, 203, 205, 215
翁文灝　231, 232, 247
汪彭年　36, 59
王揖唐　79, 83
王有蘭　21
王用賓　35, 36
大隈重信　52

か 行

何応欽　237, 242, 243, 247
何遂　139
龔心湛　78-83, 85
許世英　28, 29
許凌青　251
靳雲鵬　72, 73
金紹先　231, 232, 241-243,
金鳴盛　109
虞洽卿　126
瞿曽澤　140
グッドナウ, フランク・ジョンソン　42, 44, 45, 49-51, 55
景耀月　21
黄雲鵬　22, 36
黄炎培　161, 162, 172, 173, 176, 185, 191
孔庚　173, 201
高崗　253
黄公覚　154
孔祥熙　117, 172, 173
杭立武　162, 181
胡漢民　112, 117, 118, 123, 124
胡喬木　253
呉玉章　185, 189, 191
胡鈞　73, 75, 86
谷鐘秀　37, 59
呉経熊　136, 137, 139, 154, 173, 174, 191, 196, 197, 201, 205, 215, 217
顧鼇　40
呉尚鷹　137, 139, 140, 173, 191
胡適　163, 201
呉宗慈　37
呉宗濂　73, 75
胡兆祥　162, 181
伍朝枢　36-38,
呉鼎昌　119, 172, 173
呉鉄城　172, 173, 185, 192, 197

さ 行

蔡鍔　40
左舜生　161, 162, 172, 173, 197
薩孟武　149, 160, 173, 175-177
施肇曽　74
周恩来　173, 185, 191, 253
周学熙　29
周樹模　72
周炳琳　162, 163, 173
周覧（周鯁生）　161-163, 191, 272
朱家驊　172-174, 225
朱啓鈐　29, 76
朱恵清　229
朱鴻達　117
朱兆莘　36
焦易堂　137
蔣介石　15, 112, 133, 134, 139, 146, 149, 150, 152, 159, 161, 163, 170-174, 185, 186, 197, 200, 201, 206, 207, 210-213, 215, 220, 222, 223, 225, 230, 231, 236, 237, 240, 241, 244, 247, 260, 278
蔣経国　220

鐘才宏　59
蔣作賓　29
饒漱石　253
章伯鈞　161, 162, 185, 191
邵力子　172, 185, 191, 197
徐樹錚　65, 69, 72, 73, 82, 83, 85
徐世昌　53, 72, 73, 75, 76, 78-80
徐傅霖　44, 201
沈鈞儒　181, 185
沈秉堃　28, 29
秦邦憲　191
鄒殿邦　117
鄒韜奮　181
石芝坤　126
施愚　40
銭端升　50, 162, 173, 272
銭能訓　72, 73, 78, 79
曽琦　185, 189, 191
宋教仁　21, 24
曹玉徳　59
曹錕　87
宋子文　122, 172, 173
宋述樵　202, 242
副島義一　21
蘇民生　117
孫毓筠　28, 29
孫科　134, 136, 137, 139, 142, 146, 172-174, 185, 189, 191, 197, 199, 201, 205, 206, 214, 215, 225, 237, 246, 247
孫潤宇　36, 37, 59
孫鐘　22, 35, 36
孫文　2, 4, 7, 11, 12, 15, 20, 24, 27, 66, 67, 93-108, 110, 112, 113, 116-123, 126, 128, 134, 135, 137, 138, 142, 143, 145-147, 150-152, 155, 156, 159, 160, 167, 169, 170, 176, 178, 179, 183, 186-190, 213, 215, 222, 252, 255, 257-259, 261, 264, 265, 269, 270, 273, 279-281

た　行

戴季陶　117
段祺瑞　14, 28, 29, 53, 56, 65, 68, 69, 71-73, 84, 92, 255, 282
段世垣　36
張一鵬　21
張勲　65
張群　172, 173, 185, 231
張君勱　161-163, 165, 170, 173, 174, 182, 185, 187, 190-197, 199, 203, 205, 206, 209, 214, 244
張継　30
張慶楨　237
張公権　74, 76, 80, 82, 83, 85
張国溶　36
張志譲　173, 174, 272
張燮元　74
張申府　181, 185
張治祥　59
張知本　106, 137, 145
張定璠　117
張道藩　173, 176, 177
趙秉鈞　28, 29
張耀曽　22, 36, 37, 59
張瀾　162, 172, 185
張厲生　172, 173, 185, 201
褚輔成　162, 173, 181
陳果夫　146
陳輝徳　74
陳肇英　137
陳啓天　173, 174, 185, 191, 197, 201
陳国祥　30
陳茹玄　202, 226, 227
陳伯達　253
陳布雷　173, 174, 185, 191, 197
陳銘鑑　36, 38
陳立夫　146, 185, 246
丁世嶧　59
程徳全　40
鄭万瞻　72, 75
寺尾亨　21
田家英　253
湯漪　59
湯化龍　30, 65
童冠賢　246
唐紹儀　28, 76
唐星　251
董必武　162, 173, 181, 185, 191
陶孟和　162
陶履謙　138

は　行

馬寅初　137, 139
馬君武　21
パラウド　44　➡フランス人であることまで分かるがフルネームが不明
原敬　52

范源廉　28, 29
潘公展　146, 204
潘履園　74
ピゴット，フランシス・テイラー　44
繆嘉銘　185, 191, 197
馮耿光　74, 75, 80, 83
馮国璋　53, 65, 69, 75
馮少山　15, 112-114, 117-123, 125-128, 151
傅作義　240
傅斯年　162, 173, 185, 189, 191
傅秉常　137-139, 142, 143, 145
聞蘭亭　117
方淑伯　117
穆藕初　117
穂積八束　55

ま　行

美濃部達吉　55
明治天皇　52
毛沢東　252, 253, 259, 260, 262

や　行

山県有朋　52
熊希齢　74
熊式輝　172, 173
楊永泰　59
葉楚傖　139
楊度　49
吉野作造　55

ら　行

雷震　135, 142, 152, 156, 172, 174, 182, 192, 196-199, 203, 215, 217
羅文榦　162, 165
羅隆基　162-165, 169, 185, 191-193, 214, 272
藍公武　59
李維漢　191
李永新　162, 173, 181
李家浦　72
陸徴祥　28, 29
李継楨　86
李勁風　74
李慶芳　22, 39
李璜　162, 173, 177
李国珍　59
李士偉　74
李盛鐸　76, 79
李宗仁　220, 237, 241, 242
李中襄　162, 173, 174, 176, 181
李登輝　211, 280
李文範　139
劉恩格　37
劉冠雄　28, 29
劉揆一　29
劉暁波　18, 282
劉健羣　246
劉若曽　49
劉少奇　253, 257, 273
劉崇佑　59
劉不同　234
梁寒操　139, 140, 173
梁啓超　65, 68, 71, 73-75
梁士詒　53, 73
梁漱溟　170, 173, 185
李律閣　74
林彬　138-140, 152, 173, 174, 191, 197
林葆恒　74
黎元洪　40, 49, 56, 65, 66, 74, 125
盧学溥　74
盧広績　117
呂志伊　21

金子　肇（かねこ　はじめ）
1959年、島根県生まれ。広島大学文学部卒業。広島大学大学院文学研究科博士課程後期単位取得退学。博士（文学）。
現在、広島大学大学院文学研究科教授（歴史文化学講座）
主要業績：『近代中国の中央と地方―民国前期の国家統合と行財政』（汲古書院、2008年）、『中国議会100年史―誰が誰を代表してきたのか』（共著、東京大学出版会、2015年）、『戦時秩序に巣食う声―日中戦争・国共内戦・朝鮮戦争と中国社会』（共著、創土社、2017年）、『日中終戦と戦後アジアへの展望』（共著、慶應義塾大学出版会、2017年）など。

近代中国の国会と憲政
――議会専制の系譜――

2019年3月25日　第1刷発行

著　者　金子　肇
発行者　永滝　稔
発行所　有限会社　有　志　舎
〒166-0003　東京都杉並区高円寺南4-19-2、クラブハウスビル1階
電話　03-5929-7350　　FAX　03-5929-7352
http://yushisha.sakura.ne.jp
振替口座　00110-2-666491
DTP　言海書房
装　幀　伊勢功治
印　刷　株式会社シナノ
製　本　株式会社シナノ

ISBN978-4-908672-29-3